NOUVEAU
TABLEAU DE PARIS
AU XIX.me SIECLE.

V.

PARIS. — IMPRIMERIE D'ÉVERAT,
rue du Cadran, n° 16.

NOUVEAU
TABLEAU DE PARIS
AU XIXme SIECLE.

TOME CINQUIÈME.

PARIS.
MADAME CHARLES-BÉCHET, ÉDITEUR,
59, quai des Augustins, au 1er;
ET MM. ÉDOUARD LEGRAND ET J. BERGOUNIOUX,
Aussi 59, quai des Augustins.

M DCCC XXXV.

PARIS
MODERNE.

LES
EXISTENCES PROBLÉMATIQUES.

Il n'y a pas d'effets sans cause. Ceci passe pour une vérité si suffisamment établie que je me dispense de la prouver; d'autant que si j'en croyais mon penchant naturel à la discussion, je me sentirais fort disposé à déclarer que c'est une des plus énormes sottises du vocabulaire de la logique humaine; et certes ce ne serait pas le cas, attendu que j'ai besoin que ce soit une vérité.

Aucun de mes lecteurs n'ignore, je suppose, que le besoin qu'on a d'une chose est la suprême raison de sa vérité.

Il est humain de tuer les enfans qui naissent difformes. Vérité spartiate et féroce, née de la cherté des vivres dans cette république hargneuse de Lacédémone, dont on nous enseigne encore à l'école les citoyens comme des modèles de vertu.

Les rois sont les représentans de Dieu sur la terre. Vérité sacrilége, qui ne tendrait pas à moins qu'à montrer, le plus souvent, Dieu comme un bourreau, un inceste et un filou; vérité née de l'audace de quelques-uns et de l'imbécillité de tous, détrônée par quatre ou cinq autres vérités aussi respectables, parmi lesquelles il faut ranger la charte-vérité.

Les noirs sont faits pour être esclaves. Vérité qui a duré trois siècles; née du besoin européen de sucrer son café, et qui n'est point tombée, comme se l'imagine le vulgaire, devant la philantropie des législateurs; mais tout simplement devant l'invention du sucre de betterave.

Il y a beaucoup de ces grandes vérités; puis il y en a une foule de petites à l'usage de la vie commune, qui presque toutes ont été l'expression d'un besoin d'une certaine époque. Je ne puis préciser à laquelle a pu servir plus particulièrement l'axiome que j'ai mis en avant : il semble appartenir de toute éternité à la fatuité humaine, et me paraît par conséquent ne devoir finir qu'avec le monde. Donc, quelle que soit mon opinion à son égard, je le prends pour moi comme il est accepté par tous, et je dis sans crainte d'être démenti : Il n'y a pas d'effet sans cause. Puis, en vertu du pouvoir discrétionnaire de ma nécessité, j'ajoute : Il n'y a pas de problème sans solution. A cette proposition il y a cent mille objections concluantes, qui sont... Mais ce serait beaucoup trop long à vous dire. Je me contente de répondre à ces cent mille objections : Il n'y a pas de problème sans solution pour l'homme de génie. Qui est bien attrapé, ce sont les raisonneurs, à qui l'on peut toujours dire à propos de tout : Attendez l'homme de génie, il viendra demain.

Maintenant que j'ai bien posé les grands principes de mon œuvre, ces deux axiomes incontestables :

Il n'y a pas d'effet sans cause ;

Il n'y a pas de problème sans solution, vous voyez tout de suite à quoi cela me mène.

1º Il n'y a pas d'effet sans cause : *ergo* toute existence qui est a une raison d'être.

2° Il n'y a pas de problème sans solution : encore *ergo* il n'y a pas d'existence problématique dont on ne puisse trouver l'inconnu. Car ce serait une véritable déception, déception et dérision!!! comme dit le drame moderne, d'aborder la série des existences problématiques qui tourmentent l'imaginative des Parisiens, sans initier nos lecteurs à ces existences. Cet article serait, de cette façon, un répertoire d'énigmes, et voilà six ans passés, je crois, que le *Mercure de France* est mort.

Quoique le champ des existences problématiques soit immense, la corruption du siècle l'a beaucoup resserré, en admettant au nombre des métiers avoués ceux qui, exercés autrefois dans le mystère, produisaient de ces fortunes dont personne ne connaissait la source. Par exemple : il y a à peine trente ans, être attaché à la police comme agent, ou au pouvoir comme écrivain salarié, était chose qui se cachait de mille manières, sous un costume d'ouvrier, de commissionnaire, de laquais, ou sous un air de commis, de solliciteur, de provincial; de là, salaire inconnu, fortune sans explication, existence problématique. Aujourd'hui c'est différent; ces deux professions, celle du policier et celle de l'écrivain vendu, s'exercent publiquement; et quoiqu'elles ne soient pas encore patentées, elles ont des marques distinctives très-connues, l'habit bleu et le chapeau à trois cornes pour la première, et pour la seconde la croix d'honneur. Ce qui ne veut pas dire que toutes les croix d'honneur ont été achetées à ce prix, mais plutôt que la croix d'honneur a été le prix de tous ces marchés.

Il y a vingt ans, nous aurions rangé dans les existences problématiques le joueur de bourse: depuis quinze ans c'est un état qui mène à tout, même au ministère, quand on n'y est pas. Avant la révolution de 1830, un failli éclaboussant ses créanciers eût demandé une solution; aujourd'hui tout le monde sait qu'il n'y a que les banqueroutiers qui ont quelque chose. Nous ne rangerons pas non plus dans les existences problématiques les fils de famille, qui ruissellent d'or sans un sou vaillant, les femmes qui n'ont qu'une jolie figure et mènent train de prince. Ce problème, résolu cent fois, a toujours donné pour terme final, l'usurier pour les uns et l'entreteneur pour les autres.

A vrai dire, la mathématique sociale a fait de grands pas, et bien des difficultés insurmontables pour nos pères sont devenues de nos jours des problèmes d'écolier. Mais comme la province est tant soit peu écolière par rapport à nos mœurs parisiennes, nous arrêterons là nos exclusions et nous commencerons la catégorie des existences problématiques.

Pour procéder logiquement, on pourrait dire qu'il y a deux espèces d'existences problématiques : les existences problématiques radicales et les existences problématiques relatives. Celles qui, au premier abord, ont l'air de se soutenir en l'air comme un ballon, sans point d'appui d'aucune sorte; derrière lesquelles il n'y a ni famille à ruiner, ni passé à continuer, ni avenir à dévorer; et celles qui vivent sur une pointe d'aiguille, sur une place de douze cents francs, sur un quart de vaudeville, larges et grandes sur cette étroite base.

La plus sublime de ces positions, la plus pittoresque, celle qui fournirait un héros plein de caractère et de couleur à un roman des temps passés, c'est celle du *Marlou*. Qu'on me pardonne le mot; les plus prudes femmes ne craindraient pas de le lire s'il était vieux de deux siècles; s'il chatoyait en style suranné à côté de *Ribaudes* et de *Ribelliers*, qui ne veulent pas dire autre chose. La perspective du passé, qui efface dans les vieux récits les teintes trop ordurières de leurs portraits, le ferait accepter comme peinture de mœurs. Que de pères de famille ont dans leur salon de vieux tableaux hollandais où des femmes en vertugadin boivent sur les genoux de cavaliers en pourpoint, et qui ne voudraient pas laisser passer le seuil de leur maison à une lithographie où un commis en frac presse la main à une bourgeoise en mousseline ! Qu'y faire ? Nous peignons aussi des mœurs, et le marlou est de notre domaine, il faut qu'il entre ; nous tâcherons de lui mettre des habits propres.

Si le jour vous vous promenez dans Paris, aux abords de certaines rues, aux environs de certains estaminets, vous verrez des hommes, la plupart grands, carrément faits ; quelques-uns petits, frêles, avec un joli visage ; point ou presque point de tailles moyennes ; tous le teint have, les cheveux cirés, une pipe à la bouche, la redingote boutonnée, la cravate noire, le chapeau à l'oreille et le pantalon à la cosaque avec des poches sur la cuisse, qui servent de gants à ces messieurs.

Si vous suiviez, durant de longues journées, les occupations de ces hommes, vous les verriez sortir le matin de quelque rue malfamée, mal éveillés d'un mauvais sommeil, mesurant avec rage les persiennes fermées des paisibles dormeurs des quartiers honnêtes. Ils entrent d'abord chez un marchand de consolation, et avalent sans mâcher quatre ou cinq verres d'eau-de-vie; dont ils entrent tout l'orifice dans leur bouche et qu'ils vident d'un coup dans leur estomac; ceci est l'un des talens du métier. Après cela ils se frottent les yeux et cherchent d'ordinaire quelque chose à faire pour la journée. A quelque degré de vice qu'on soit descendu, les pensées du matin sont presque toujours assez bonnes; ce premier moment de vertu est une hésitation entre le travail et la fainéantise : et puis il y a les sermens de la nuit; on a juré de gagner sa vie; on le voudrait : il y a à cette heure une foule d'ouvriers qui passent et vont à leurs ateliers; ils sont gais, heureux, bien portans; c'est un sujet de pénibles réflexions. Mais le bon exemple n'est pas comme le vice, la santé n'est pas comme le choléra, le bon n'est pas contagieux. L'heure se passe à réfléchir et la faim arrive, il faut déjeuner. Manger quand on n'a pas gagné son pain est un commencement d'inconduite; il n'y a que celui qui paie avec l'argent de sa sueur, qui soit sobre. Le déjeuner du marlou est une première orgie; elle se passe entre quatre ou cinq, avec du vin blanc, des huîtres et des côtelettes de cochon. Au sortir de là, quelques-uns vont à une salle d'armes inconnue, ou à une académie renommée de savate et de bâton. Plusieurs, qu'on appelle les industriels, s'établissent en vendeurs et en acheteurs de chaînes de sûreté et de bijoux contrôlés à trois francs l'article. Mais, soit que vous accompagniez les uns ou les autres, vous trouverez que les premiers dépensent de l'argent et que les seconds n'en gagnent pas. Un dîner où l'ivresse est aussi invariable que la charcuterie use à la débauche les forces inoccupées de cette jeunesse; puis vient le soir, et l'estaminet s'ouvre avec la poule; les bouteilles de bière, les petits verres d'eau-de-vie, les paris, l'insulte au malheureux égaré dans ces coupe-gorges, son mouchoir volé, son chapeau changé, les cigares, la pipe, la fumée d'une chaudière à vapeur. D'autres sont attachés à l'admiration du public pour quelque grand talent théâtral, et vont au parterre dispenser cette admiration, avec l'insolence d'un poignet aussi vigoureux pour assommer que pour applaudir. Ceux-là sont querelleurs et forts d'un habit qui, pour être râpé, n'en est pas moins un habit; ils vous proposent un duel si vous sifflez, et vous insultent jusqu'à vous faire oublier le mépris qu'ils vous inspirent. Enfin la nuit arrive; et la patrouille grise, qui se connaît en physionomies, est peu indulgente pour la rencontre de ces messieurs; aussi les voyez-vous tous disparaître comme des frelons dans les guêpiers d'où ils sont sortis.

Là s'arrête l'inquisition de l'observateur superficiel et de jour : celui-là les a vus jeter de l'argent sur les tables de cabaret et sur le tapis des billards, et il s'imagine que c'est une journée faite ainsi, et que le lendemain il y aura misère. Le lendemain recommence et la même vie recommence; l'oisiveté, l'orgie et l'argent qui les paie. Quels sont donc ces hommes, des voleurs? non; des fabricans de fausse monnaie? non; des espions? non. Il y a doute, il y a existence problématique : où en est la solution? Elle est dans une épouvantable scène d'Henri Monnier, que je lui ai entendu raconter et que je ne sache pas qu'il ait osé écrire.

Voyez-vous, lecteur, vous voulez connaître Paris, et vous auriez peur d'y marcher la nuit avec nous. Vous ne voudriez pas entrer dans ce repaire, à la porte duquel nous avons laissé notre héros; vous craindriez de le suivre dans une espèce de salle éclairée par une chandelle, et où sommeillent quatre ou cinq femmes en parure outragée. Vous frémiriez de voir ce terrible sultan, s'appuyant sur sa lourde canne, tout aviné et l'œil farouche, consulter du regard l'état de désordre de sa favorite, et supputer avec une certitude effrayante et à la lassitude des traits de la malheureuse, toutes les pièces d'argent qu'elle a gagnées et qu'elle voudrait vainement lui soustraire : c'est l'heure de compter ; le maître, l'amant, le marlou, interroge. Il a des appréciations épouvantables, des intuitions horribles, pour deviner qui est venu, combien sont venus ; alors il lui faut sa part, la part du lion, la part de l'homme qui bat, qui menace d'assassiner et qui ; le jour de repos, donne en échange son bras et sa protection à la malheureuse, pour aller à une barrière essayer de danser et de se briser à une autre fatigue que celle de l'infamie. La menace commence ces horribles comptes-rendus, l'amour les achève ; oui, l'amour, car ces femmes aiment ces hommes. Ces femmes se vendent pour ces hommes ; se dépouillent pour ces hommes, et ne gardent que de quoi se faire belles pour eux ; pour eux elles se tuent de désespoir et meurent de jalousie ; ces hommes aussi sont jaloux et féroces.

A propos de ces passions qui bondissent dans la fange et s'y agitent lourdement, et qui semblent impossibles à l'esprit, qu'on me permette une question. La femme mariée qui a un amant lorsqu'elle appartient et se donne encore à son mari, dont elle vit; l'amant qui le sait et qui n'est pas jaloux de ce mari, sont-ils beaucoup plus explicables comme passion que l'infame et la malheureuse dont je vous ai parlé? la misère n'est-t-elle pas aussi forte qu'un contrat?

Joseph, jetez ces habits à la borne, ils sentent l'ail et la pipe; vous ferez apporter un bain, vous parfumerez mon linge. Il faut que je continue ma revue problématique; je me lèverai à midi, j'irai faire une visite à madame la comtesse Amelau; allez.

Et véritablement qu'est-ce que la comtesse Amelau? elle n'est plus jeune, elle n'a jamais été belle; on la renomme pour son esprit; elle vit avec luxe; on ne dit pas qu'elle ait jamais estimé son amour et fait fond sur cette estimation. On lui donne bien quelques amans, beaucoup, si vous voulez; mais aucun des mémoires de ces appartemens luxueux, ni de cette dépense journalière, n'a jamais été présenté à l'acquit de ces messieurs; aucun contrat de rentes n'est sorti pour madame Amelau du portefeuille de ses favoris, aucune donation; il y a même des hommes qui lui doivent leur fortune. Cette femme a le droit de parler d'ingrats sans parler de ses amans. Que fait-elle donc? on ne vit pas d'amour et elle ne vit pas de l'amour. Je le saurai et vous le saurez aussi, venez avec moi.

C'est dans une rue écartée, dans une petite maison seule, élégante, soignée, commode, avec des meubles bas, dont on a peine à se lever, des portes doubles, des tapis discrets, de petites pièces qui n'admettent que des causeries, un domestique composé d'un valet sans livrée et qui ne sait jamais si Madame est chez elle; d'une femme de chambre ou de charge fort bien montée en bijoux et moins jeune que sa maîtresse, qui ne l'est plus; enfin d'une cuisinière incapable d'un grand repas, mais sublime pour un couvert de quatre gourmands. Une fois admis dans ce sanctuaire, si vous êtes un homme d'esprit indépendant, riche, sans ambition, vous n'y trouvez que l'intérêt d'une causerie aimable et la chance de ne pas rentrer chez vous, un soir ou un autre. Cela sans marché, sans rétribution du plaisir donné; mais aussi sans passion, souvent sans lendemain, pour continuer à être amis jusqu'à une nouvelle rencontre ou jusqu'à ce que vous deveniez gênant et ennuyeux. Alors on vous renvoie si vous avez de l'esprit, et l'on vous laisse à la porte si vous êtes un sot. Pendant ce temps vous avez remarqué les allures de cette maison:

elle est ouverte à toutes les opinions politiques, mais n'est guère hantée par les notabilités d'opposition ou de pouvoir. Malgré l'épaisseur des portes vous avez su entendre des conversations animées dans une pièce voisine de celle où la comtesse vous reçoit toujours et vous laisse quelquefois pour aller s'occuper, comme elle dit, des soins de sa maison. Cela dure un an, dix ans, vingt ans, sans que jamais une gêne apparente pèse sur cette existence, sans que jamais une fortune patente vienne l'expliquer. Ceux qui n'ont jamais mis les pieds dans cet intérieur font bon marché de la difficulté et tranchent la question par une supposition d'espionnage. Mais pour celui qui a vu de près cette vie à huis-clos et presque solitaire, l'espionnage paraît une sotte raison. D'autant qu'on n'y dit guère que ce qui se dit tout haut et partout ailleurs, et que s'il devait s'y faire des confidences dangereuses, trop imbécile serait celui qui choisirait cet endroit, signalé comme il est par la voix publique.

Mais devenez plus tard un homme de quelque poids dans le pouvoir ou hors du pouvoir, et bientôt vous serez affilié aux secrets de cette existence. Soyez un grand millionnaire, ou son neveu, son cousin, son ami; soyez de même l'ami, le neveu, le cousin d'un ministre, et vous saurez tout : alors se développera le tableau des scènes merveilleuses qui s'y jouent.

« Ma chère amie, dit un des directeurs d'un ministère, un chef de division de quelque part, nous avons une fourniture à donner et personne ne se présente.

— Comment! pas même B...

— C'est un homme taré avec qui l'on ne peut plus rien faire. Il offre de beaux avantages, mais ce serait montrer la corde.

— Parlons-en à D...

— Oh! celui-ci est véritablement ruiné, il ne pourrait exécuter de marché. Dites-moi, n'avez-vous pas ici un petit jeune homme à qui j'ai entendu dire que le banquier Versaint était son oncle?

— Oui, vraiment.

— Voilà qui nous irait à merveille ; occupez-vous-en.

A la première visite du petit jeune homme, la comtesse profite de la manière dont elle est avec le novice ; s'il a parlé d'amour, elle est coquette ; s'il a été respectueux, elle fait de la maternité. Dans le premier cas, on débute ainsi :

— En vérité, vous êtes un fou, et vous feriez mieux d'employer votre temps à des choses ntiles ; certes vous êtes un aimable garçon, et en vérité je crois que je m'en suis beaucoup trop aperçue; mais j'ai détesté toute ma vie les hommes inoccupés, et je ne veux pas commencer par vous à perdre cette haine.

— Que vous êtes charmante! vous m'aimez donc un peu?

— Allons donc, enfant, est-ce qu'on dit ces choses-là à mon âge? c'est bien assez d'y penser.

— Ah! si j'osais vous comprendre!

— Tant pis pour vous, car vous verriez que je ne vous estime guère.

— Pourquoi?

— Comment, à vingt-deux ans, avec de l'esprit, une figure... eh bien oui, une figure que j'aime, comment n'êtes-vous pas quelque chose?

— Mais je suis tout ce que je puis être, employé chez mon oncle.

— A propos de votre oncle, il est vraiment bien étonnant! il vous laisse pourrir dans un bureau d'écritures, au lieu de vous mettre à la tête de quelque affaire. Tenez, dans ce moment, s'il voulait, il y a des millions à gagner dans une fourniture qui sera adjugée dans un mois.

— Oh! mon oncle ne connaît personne au pouvoir.

— Est-ce que je ne ferai pas tout ce que vous voudrez?

—Tout ce que je voudrai? Oh! alors vous m'aimerez, n'est-ce pas?

— Je vous aimerai, oui. Allons! voilà que vous me faites dire des folies, et vous m'en feriez faire qui n'en valent pas la peine en vérité. Je vous parle raison : voyons, parlons raison; parlons de vous, de votre avenir. Je serai votre vieille et constante amie, cela vaut mieux. Ainsi adressez-vous à votre oncle; devenez quelque chose, suivez les bons conseils que je vous donne, et alors vous aurez pour moi une affection que je n'aurai pas à regretter, car elle sera raisonnable. Laissez mes mains : vous me traitez comme une morte; me croyez-vous tout-à-fait glacée dans ma tombe? Et moi! je me laisse faire. C'est bien, à la bonne heure! encore, je ne veux pas de ces regards-là. Vous parlerez à votre oncle; dites-lui qu'il se fait un monstre des difficultés à vaincre pour obtenir ces entreprises de l'état..

— Mais il me prendra pour un fou.

— Parce que vous lui parlerez raison? D'ailleurs autorisez-vous de moi ; dites-lui tout... tout ce qui est raisonnable au moins. Allons! il se fait tard; si vous revenez demain, je ne vous reverrai qu'avec une réponse de votre oncle.

—Et si elle est mauvaise?

— Cela n'y fera rien; je ne vous demande pas de réussir, mais de suivre mes conseils.

Le lendemain, le neveu va trouver son oncle dans son bureau. Il lui déclare qu'il veut faire fortune et qu'il en a trouvé les moyens; à quoi le banquier lui répond : Fais.

— Il s'agit d'une fourniture, et si vous vouliez me confier quelques capitaux...

— A toi? tu es fou! Est-ce la fourniture des gants jaunes de tes camarades que tu veux obtenir, ou celle des maillots des danseuses de l'Opéra? ah! ah! ah! répond le banquier Versaint, qui rit beaucoup de sa plaisanterie.

— Non, mon oncle : il s'agit d'une affaire sérieuse, d'une affaire avec le gouvernement, et j'ai des moyens de l'obtenir.

— Oh! oh! oh! oh! Est-ce que tu es devenu l'ami intime du maréchal... ou du petit?... as-tu promis un million de pot-de-vin? Hein! Allons, retourne à ton bureau, et ne me romps plus la tête de ces fadaises.

— Mais, mon oncle, c'est indigne de me refuser le moyen de faire ma fortune : si vous aviez trouvé si peu d'appui vous ne seriez pas où vous êtes.

— Ah ça! dit le banquier sérieusement,

parle, qui t'a mis ces idées-là en tête? cela devient fatigant.

— Eh bien, répliqua le neveu, c'est la comtesse d'Amelau qui m'a dit que cela se ferait si vous vouliez.

— La comtesse d'Amelau?

— Oui, mon oncle.

— Et elle t'a dit de m'en parler?

— Oui, mon oncle.

Et le banquier se prend à réfléchir un moment, et finit sa réflexion par ces mots : « Tu es un imbécile, et la comtesse se moque de toi. »

Le neveu sort et retourne le soir chez sa dame; il lui explique son désespoir, le mauvais succès de sa tentative. La comtesse se fait tout dire et tout répéter; elle écoute si sérieusement qu'elle ne prend garde que de la main aux entreprises du jeune homme. Elle est pensive, il brûle. Une voiture s'arrête à la porte, et le valet entre un moment après, une carte à la main.

— Madame, un monsieur qui m'a prié de vous remettre cette carte fait demander si vous êtes visible pour lui.

— A l'instant, répond la comtesse, radieuse; faites-le entrer dans le salon du fond, j'y vais. Je vous quitte, mon ami, mais je ne vous en veux pas ; adieu, à demain, vous serez plus heureux une autre fois.

Puis le banquier Versaint obtient la fourniture sous le nom d'un malheureux, car l'espèce des prête-noms est encore une classe nombreuse et singulière.

Celui qui vend la fourniture a un prête-nom qui y est intéressé pour lui ; celui qui l'achète a un prête-nom qui endosse la responsabilité des injures des journaux ; celui qui s'est entremis a un prête-nom qui perçoit l'éventuel de sa commission. Ces existences de prête-nom sont le contraire des existences problématiques ; elles reposent sur d'immenses opérations et offrent une apparence de fortune derrière laquelle est la misère ; c'est volontiers comme de l'argenterie plaquée : au bout de quelques années le cuivre paraît.

Quant au neveu de cette histoire il a souvent été complétement oublié, et s'il devient plus heureux une autre fois, comme le lui a dit la comtesse, ce n'est pas par les fournituree qu'il en obtient.

Et là aussi se traitent les rapprochemens d'ennemis politiques, là se vendent les silences d'un orateur et ses indispositions le jour d'une loi de crédit supplémentaire. Là, les hommes tarés de tous les pouvoirs et que le hasard n'a pas mis en face l'un de l'autre se rencontrent aussi par hasard et se comprennent. Là on étourdit de jeunes consciences de l'éternel emploi de mots aristocratiques, on les altère des besoins du luxe.

Une de ces femmes a vendu, il y a peu de temps, à un ministre une ame candide et bonne qu'elle a dégoûtée de sa misère aux lueurs de ses bougies et aux parfums de ses boudoirs; puis elle aura ri comme une folle en touchant la moitié du prix de cette réputation perdue et de cette vie souillée.

A cette classe et dans une spécialité particulière, on a pu remarquer, du temps de Napoléon, une femme épousée sans fortune par son mari, et délaissée sans fortune un an après son mariage. Tant que dura l'empire, aucun salon n'eut plus d'éclat que le sien, aucune vie indépendante des liens du mariage plus de considération, aucune maison plus d'élégante richesse. On fit de cette femme une passion secrète de l'empereur, on en fit un agent de l'Angleterre; on en fit tout, excepté la maîtresse d'un vieux ministre qui l'entretenait de places. Je ne les nommerai ni l'un ni l'autre, car ce serait les nommer ensemble.

A la restauration, les places perdues par les protégés de la dame emportèrent avec elles bon nombre des pensions qu'elle percevait sur les émolumens, et l'on apprit par sa détresse ce qu'on n'avait pu savoir de ses temps heureux.

Maintenant que je vous ai expliqué tout cela, vous voilà comme les badauds en face d'un joueur de cartes qu'ils admirent tant qu'il ne leur a pas donné les secrets de l'escamotage, et dès qu'ils les savent s'écrient : N'est-ce que cela ? Et vous avez peut-être envie d'en faire autant et de trouver que ce qui s'explique si aisément n'est pas une existence problématique. Hé bien ! dites-moi, quel est cet homme de trente-cinq ans, fin, gracieux, spirituel, qui pourrait vendre son esprit, tant il en a, et qui devrait le vendre, tant il a peu d'argent, et qui cependant vit dans le meilleur monde, aborde les bouillottes les plus forcenées, ne craint pas d'avoir un quart de loge à l'Opéra, ne refuse pas une folie où il faudra de l'or, et suffit à tout cela ? Vous êtes de son salon, dites-moi qui il est, et épargnez-vous les sottes réponses des fonds secrets : je vous donne ma parole d'honneur que ce n'est pas cela. Prenez bien vos informations : il est de province, il est d'une famille pauvre, il a été regrattier littéraire, puis a disparu trois mois et est revenu riche sans qu'il ait un pouce de terre ni un sou de rente sous son nom. A-t-il trouvé ou volé un trésor? Suivez-le à la piste la nuit, le jour, à Paris, à la campagne : qu'avez-vous découvert ? Qu'il mange vingt mille francs de revenu et ne doit rien. D'où lui viennent ces vingt mille francs, vous ne savez ?

— C'est peut-être le bâtard d'un prince et d'une duchesse, qui lui font une pension.

— Non, ce n'est pas cela. Celui dont vous parlez, ce bâtard, c'est ce beau jeune homme qui est l'amant de votre femme et que vous prenez pour un seigneur danois d'une des premières familles du Nord : existence problématique.

— Alors c'est assurément un jésuite en robe courte laissé en vedette par la légitimité exilée.

— Encore moins ; c'est votre cousin le capitaine de cavalerie en non activité, que vous dites insolemment se faire payer par les femmes, qui est le jésuite, qui s'enivre avec l'argent de Dieu et qui surveille l'esprit religieux de la France au profit de la congrégation, avec sa tournure de sacripant : Existence problématique.

— Quel est donc ce monsieur ?

— Vous renoncez à le découvrir ?

— Oui.

— Véritablement ?

— Véritablement.

— Vous ne direz pas que ce que je vais vous apprendre est une niaiserie ?

— Non.

— Quand vous saurez le mot de l'énigme, vous ne prétendrez plus que ce n'était pas une énigme ?

— Non.

— Eh bien, cet homme est... A propos, donnez-moi le bras, venez avec moi au boulevart de Gand. Plus tard je vous dirai l'histoire de notre homme. Voyez ces deux femmes assises à côté l'une de l'autre, une vieille et grave, une jeune et timide : qu'en pensez-vous ?

— Mais, ce doit être une mère qui cherche à vendre sa fille.

— Infame !

— Hé bien, voyons, une tante.

— Imbécile, sot bourgeois que vous êtes ! toujours des suppositions atroces, immorales. Vous n'avez que deux réponses à toutes mes questions, les fonds secrets et la débauche. Oh ! par Dieu, les existences problématiques sont bien autrement riches que M. Thiers ; et la débauche non patentée est une mine qui n'a que des filets d'or usés comme des broderies de pair de France. Cette femme que vous voyez là est la bienfaitrice de son quartier, elle répand les aumônes autour d'elle.

— Elle est donc riche?

— Eh non! Si elle était riche, où serait l'existence problématique?

— Elle se prive donc de tout?

— Eh non! car alors elle vivrait pauvrement, c'est-à-dire selon ce qu'elle est, et dès-lors plus de solution à donner à une si juste conséquence d'un pareil principe. Cette femme-là est logée largement, nourrie grassement, vêtue chaudement, éclairée brillamment; elle donne abondamment; et pour cela elle a de revenu zéro.

— Mais, mon cher, c'est stupide d'être riche à ce compte.

— Pas précisément; mais ce n'est pas indispensable pour vivre comme si on l'était; vous en avez un exemple sous les yeux. Si les gens d'esprit n'avaient pas cette chance, croyez-vous qu'ils ne révolutionneraient pas le monde tous les huit jours? Au risque de vous désenchanter mon héroïne, je veux vous expliquer sa vie. Cette dame est dame de charité.

— J'entends, dame de charité en ce sens qu'elle la reçoit.

— En ce sens qu'elle la fait dans son quartier, qui n'est pas celui-ci; elle quête pour les pauvres, et, grace à une certaine dignité de manières, elle est peu refusée des gens qui n'ont pas envie de donner, et tire beaucoup de ceux qui en ont l'habitude.

—Hé bien, je comprends, elle garde une bonne part de ce qu'on lui donne.

—Allons donc! c'est de la friponnerie de portière. Elle verse exactement ce qu'elle reçoit. Cela lui a fait une réputation de probité merveilleuse, qui lui a valu son entrée dans les meilleures maisons du Marais. Avec cela elle a un nom assez honorable, une tournure distinguée; sa fille est belle comme un ange, et elles sont fort recherchées.

— Très-bien, pique-assiette femelle?

—Pas du tout, elle donne souvent à dîner à ce qu'il y a de mieux parmi les gourmands de la Place Royale.

— Que fait donc cette femme?

—Cette femme est à cent lieues en avant de nos spéculateurs les plus renommés pour lancer une affaire; cette femme dirige à sa volonté des capitaux énormes.

— Mais, en fait, d'où tire-t-elle son existence?

—Ah! vous y voilà. Cette femme est, dans son type le plus élevé, l'annonce vivante. Vous croyez qu'elle est ici pour se faire voir; elle est ici pour regarder. Elle était à trois heures aux Tuileries, a passé nécessairement par le concert des Champs-Élysées et finira sa soirée boulevart du temple. C'est là qu'elle se fait le goût, goût à la hauteur du Marais, et qui, si arriéré qu'il puisse être pour nous, est encore en avant de cette province. Demain, le marchand d'étoffes, la couturière, la marchande de modes seront appelés l'un après l'autre ; il y aura conseil avec chacun d'eux pour lancer au Marais une étoffe oubliée à Gand, une forme dédaignée par les boutiquières de la rue de la Paix. Qui se charge de cette entreprise? qui? la dame que voici. Car ce n'est pas une personne de peu que madame du Castella ; c'est une femme qu'on reçoit dans son salon, avec qui l'on cause; toujours mise avec une si élégante retenue qu'elle fait envie à toute la pruderie retirée au pays du Marais. Sa fille l'accompagne pour monter les petites ambitions des demoiselles du quartier : elle est si belle qu'elle fait beau tout ce qu'elle porte ; et la singerie de ses jeunes amies, la prétention de leurs mères ne sont satisfaites que lorsqu'elles savent d'où vient ce chapeau, d'où cette étoffe, d'où ces rubans? La mère donne les adresses en recommandant les fournisseurs, d'honnêtes gens qui donnent beaucoup aux pauvres et qu'on ne saurait trop encourager. Si je pouvais vous faire dîner chez elle, vous mangeriez la meilleure huile d'Aix, vous prendriez le plus excellent café, vous boiriez des vins exquis, tout cela de chez M. un tel, chez qui vous devriez vous servir, qui le mérite par sa charité, son honneur, sa probité, l'excellente qualité de ses marchandises. — Les tailleurs de la Chaussée-d'Antin ont des garçons bien bâtis, qu'ils habillent de beaux habits, mais dont ils ne font que des mannequins ridicules. Il y a telle femme de commis à douze cents francs, dont les jolis chapeaux intriguent plus d'une femme d'agent de change et la dépitent. Mais ces gens-là n'entrent pas dans le monde qu'ils doivent séduire, leurs patrons sont des imbéciles. Ces gens-là ne peuvent pas crier au passant : mon habit sort de chez Hullendorf; ou : mon chapeau de chez madame Martin : tandis que Madame du Castella est reçue partout, et partout elle a l'autorité d'une femme d'esprit, d'une femme distinguée, d'une femme charitable, d'une femme d'une probité rigide; elle est l'exemple, l'idole du Marais. Et puis, mon cher, elle a posé une admirable barrière à la curiosité, elle s'est faite colon de Saint-Domingue. D'abord elle recevait des secours, puis c'a été une indemnité : sublime et impénétrable invention qui répondait à tout ; car, qui jamais a pu savoir s'il y a eu des secours ou des indemnités accordés à ces malheureux ? Gâchis monstrueux où madame du Castella disait puiser, et qui a toujours été un arcane ignoré du vulgaire. En vous expliquant cette industrie, je ne vous en ai dit que la partie légère. Les choses solides, comme la partie linge, la partie meuble, se traitent plus en grand; elles s'enlèvent au comité de bienfaisance, non point, comme vous allez vous imaginer, en se chargeant de la fourniture, en volant comme un ministre sur les prix ; mais en imposant la fourniture par l'autorité d'une parole digne d'une assemblée politique, et toujours à cause de cette probité inattaquable et si rudement établie. Il ne faut pas vous imaginer que les commencemens aient été faciles, soit pour entraîner les pratiques, soit pour faire comprendre aux fournisseurs que tout ce qu'ils envoyaient à Madame du Castella devait être accompagné d'un mémoire acquitté; car elle est en règle, elle ne doit rien. Sans la révolution de juillet, qui a singulièrement ralenti la mode de la charité religieuse, cette jeune fille, autrement dit, sa demoiselle aurait aujourd'hui cent mille francs de dot : et elle les aura malgré la révolution;

car outre ses pauvres, à qui elle donna un peu, madame du Castella a une sœur à qui elle donne beaucoup. Cette sœur loge à Chaillot; cette sœur n'est autre qu'un petit magasin où se vendent les superfluités de la maison, qui se condensent, dès-lors, en argent et servent aux usages ordinaires, aux aumônes que cette digne femme ajoute à celles qu'elle recueille et aux économies qui permettront à madame du Castella de venir vivre en riche rentière, rue Taitbout, quand le secret de son existence problématique sera connu au Marais. Mais en vérité, je crois que vous ne m'écoutez pas?

— Je réfléchis que tout cela ne sont que des industries secrètes et non point des existences problématiques, et votre homme aux vingt mille livres de rente me paraît bien plus problématique.

— Parce que vous ne savez pas ce qu'il est. Voilà tout. Vous badaudez encore, je ne veux pas vous ôter cette joie parisienne: mais voyons, faut-il, selon vous, entendre par existence problématique celle qui le sera non-seulement pour le public, mais encore pour celui qui la mène; entendez-vous par ce mot celui qui se lève sans savoir s'il dînera, et qui se couche toujours après avoir dîné? alors nous voilà dans l'immense catégorie des chevaliers d'industrie.

— Parmi ceux-là, nous avons la chenille littéraire qui, à un titre quelconque, a son entrée dans un journal qui n'en sait rien quelquefois. Les habiles de cette espèce, grace à cette usurpation du nom de journalistes, s'introduisent chez les directeurs de théâtre et chez les libraires, et, sous prétexte d'articles qu'ils sont incapables de faire, ils obtiennent de l'un une loge, et, de l'autre, un exemplaire du livre nouveau qu'ils vont vendre pour les besoins de la semaine.

Dans le vulgaire de ces existences, vous avez celui qui achète à crédit à de crédules marchands, et cède à moitié prix à des magasins d'occasion.

Dans une autre classe et parmi un autre monde vous trouverez le créancier de l'état en liquidation. J'en connais un qui, depuis onze ans, doit toujours dans trois mois rentrer dans sept millions qui lui sont incontestablement dus. D'abord il empruntait par dix mille francs sur cette créance ; plus tard, et à mesure que cela s'est ébruité parmi les capitalistes, il a été réduit aux billets de cinq cents francs ; aujourd'hui il en est aux pièces de cent sous qu'il arrache à la cupidité de quelque rapace receveur de rentes.

Sur une échelle plus large, nous avons le faiseur d'entreprise et l'homme qui crée des compagnies d'actionnaires : ceux-là sont enserrés entre une existence problématique de mille écus par an et de cent mille francs. A ceux-là il faut des idées, l'idée d'un journal, d'une voiture, d'un canal, n'importe. L'idée trouvée, ils exposent leurs projets dans un prospectus prouvant cinquante pour cent de bénéfices aux actionnaires, et se réservent un tiers de l'entreprise. Quand la société va jusqu'à être constituée et à obtenir des versemens, alors on taille en plein drap dans la caisse, par un moyen inaperçu et finement glissé dans l'acte. Quand il n'y a que constitution sans commencement d'exécution, l'entrepreneur trouve toujours un imbécile à qui céder une portion de l'intérêt qu'il aura dans l'affaire quand elle marchera. Si elle reste en projet, on emprunte sur l'idée, car l'idée est un capital aujourd'hui; l'idée est une mise de fonds; l'idée est une fortune.

Pour celui-ci qui a un habit noir usé et dîne à trente-deux sous, mais qui cependant, si misérablement qu'il vive, n'a rien de saisissable et qui puisse sustenter cette misère; c'est ce que, dans notre pauvre jeunesse, nous appelions la roue de cuivre, l'homme de lettres mouvement; celui qui écrivait pour dix francs les ravissans articles que la ..... payait deux cents à M..... et qui l'ont mené à l'académie. Il s'est encore plus usé à ce métier que son habit lui-même. Il y a telle gloire littéraire, tel vampire gras de pensions qui a sucé trois ou quatre existences pareilles et a laissé sur la place, de ces cadavres ambulans, dont il paie le silence après avoir payé l'esprit.

A côté de lui vous rencontrez souvent un homme en redingote propre, à moustaches, l'air grave, des gants aux mains, quelque chose d'une grande infortune, d'une misère qui se ressent d'un vieux luxe. Cet homme a pris le métier de réfugié; le réfugié, depuis 1821, a remplacé l'émigré. Cet homme a été réfugié italien, réfugié espagnol, il est aujourd'hui réfugié polonais. Dans le café où il vit, dans la petite société qu'il fréquente, il s'appelle M. Simon, natif du Viennois, et chacun se demande d'où lui vient le peu qu'il dépense. Tout le monde l'ignore; en voici la source : Cet homme vient chez vous le matin, il se fait annoncer sous le nom de commandant... Je ne sais ; un nom qui finit en *ki*. Il a assez bonne façon pour qu'on le reçoive, qu'on le prie de s'asseoir et qu'on lui demande ce qu'il désire ; alors il vous dit le motif de sa visite : Il est Polonais, il est dans la misère, il vous offre des papiers qui attestent la vérité de ce qu'il dit : Gardez-les, monsieur, vous rougiriez de les lire ; il y a cent à parier contre un que c'est un fripon : oui, mais cet un vous arrête. Si véritablement c'était une malheureuse victime de ce sauvage Nicolas ; s'il y avait vérité dans cette misère, si c'était là une des belles infortunes proscrites jusque dans leur asile ! Infamie sur vous de lui avoir refusé un morceau de pain ! c'est une chance entre cent, elle serait entre dix mille que vous ne refuseriez pas. Vous lui glissez une pièce de cent sous qu'il reçoit les yeux baissés, et vous vous dites : J'aime mieux courir risque d'être dupe qu'ingrat. Car quel autre nom donner que celui d'ingratitude à notre abandon de ce noble pays, qui s'est dressé pour nous faire rempart, et que nous avons miné par derrière quand il était escaladé par devant.

Vous ne fréquentez pas d'assez mauvais lieux pour connaître le tourneur de rois, le fileur de cartes ; cet autre marlou à chaîne d'or, habitué des réunions de femmes entretenues, où l'on joue l'écarté en laissant vingt sous par passe au chandelier. Repaires infâmes, plus infâmes que les bouges publics et les maisons de jeu numérotées avec leur lanterne transparente. Tout cela n'a ni feu ni lieu, tout cela vit, mange, boit, se promène, existe.

Êtes-vous las de ces misères vicieuses, de ces existences qui s'appuient sur le vol et l'escroquerie. Voulez-vous des existences problématiques plus gaies, suivez ce courtier d'éloges qui possède juste le revenu qui paie son loyer et son habit, et dont la nourriture et les plaisirs sont en problème. Il connaît tout le journalisme, il est l'ami de tous les feuilletons; il a ses entrées à tous les théâtres; il a de l'esprit, assez d'esprit pour laisser tomber dans un foyer des mots assez sanglans sur votre compte, ou un éloge assez élégant pour qu'un journaliste le ramasse. Voulez-vous l'éloge, offrez-lui à dîner; voulez-vous un champion? qu'il ait son couvert mis tous les jours chez vous : alors c'est un prôneur ardent qui lutte, combat, séduit en votre faveur, et qui emporte quelquefois bien des convictions incertaines, obtient des ménagemens des inimitiés les plus vives, et mène à une douce fin une gloire dorée qui s'éteint. Voici un mot de cette existence problématique : un ami causant avec lui sur le boulevart, lui tend la main et lui dit : adieu, je vais dîner. — Avec plaisir répond notre homme; il lui prend le bras, et lui prend la moitié de son dîner.

Est-ce que vous croyez que la mode des vieux meubles est venue toute seule, là, à plaisir, comme un enfant sous une feuille de chou? Pas le moins du monde : ce sont les existences problématiques qui l'ont créée, ce sont les existences problématiques qui créent tout; c'est l'homme qui n'a pas de quoi dîner, qui cherche, imagine, enfante. Est-ce que c'est un millionnaire qui a inventé les journaux à six francs, les magasins pittoresques, les omnibus? Jamais. Tout ce qu'il y a de grand, d'utile, de magnifique, appartient à l'existence en problème, car il y a le côté génie dans l'existence problématique. Le grand peintre qui vit dix ans, en se cachant pour faire des enseignes; le grand musicien qui perd les yeux à copier les doubles croches de ceux qu'il écrasera demain; le mécanicien qui emprunte cent sous à son portier pour acheter du papier, où il dessinera le plan d'une machine merveilleuse qu'il présentera à un ministre de France qui le jettera au feu; ce sont là des existences problématiques. Aujourd'hui que l'un vend ses tableaux aux souverains, qui se les disputent, l'autre sa musique au poids des billets de banque, et que le troisième fait le tunnel de Londres; vous ne comprenez pas que tout cela ont été des existences si problématiques, que, huit jours plus tard que leur premier succès, ces trois hommes mouraient de faim. A ceux-là il a fallu du courage pour ne pas se faire commis, chanteurs des rues ou fourbisseurs, pour vivre de misère, d'emprunts, d'un travail honteux et insuffisant, et pour porter, à travers les ordures de cette vie, leur génie intact et pur jusqu'au siége élevé d'où il devait dominer les hommes.

Après cette revue incertaine, sans nœud, sans fil, sans drame, comme ces pièces du théâtre des Variétés, qui font passer sous nos yeux ce qui paraît ridicule aux vaudevillistes, c'est-à-dire tout ce qui n'est pas vaudeville; voulez-vous, comme dans ces pièces, un tableau général, où tous les acteurs soient en présence, chantant chacun son couplet surmonté d'un chœur final? laissez-moi vous conter une petite aventure qui s'est passée il y a quelque huit jours, et qui en vaut, ma foi, bien la peine, autant et plus qu'une chronique, quelle qu'elle soit.

Attendez! Deux mots, tout bas, entre nous et tout de suite, pour que je ne l'oublie pas. Je ne vous ai pas parlé, parmi les existences problématiques, d'un homme de cinquante-deux ans, décoré, mordant, spirituel, grand conteur d'anecdotes, sorti de l'armée avec rien, si ce n'est des façons de soldat, reçu par tout ce qu'il y a de plus élevé dans les salons de la moderne aristocratie, caressé, fêté, soigné, riant au nez de ceux qui le flattent, et leur payant l'hospitalité qu'il en reçoit par de rudes épigrammes. Cet homme, qui demeure dans un pauvre faubourg de Paris et se trouve si à l'aise dans les salons dorés, qui sans patrimoine élève sa famille, qui sans travail apparent donne de l'élégance à sa femme; cet homme a une existence plus problématique qu'aucune. Une fois on a rêvé de le poignarder et on a manqué de cœur, et on s'est mis à genoux devant lui; c'est Méphistophelès en habit bleu et en demi-bottes. Cet homme a des autographes; il a des lettres où un homme qui est devenu ministre empruntait un petit écu à un homme qui est devenu forçat. Cet homme a fouillé dans les portefeuilles, dans les archives du royaume; il s'y est introduit la nuit par un portier gagné; et là, sur un carton, un rat de cave d'une main et une plume de l'autre, il a copié des actes à faire frémir. Sous la restauration il a vendu quinze mille francs à un puissant de l'empire, l'ordre de faire exécuter....

. . . .

il y a cent volumes de mémoires sur cet événement; pas un seul n'a dit vrai, et puis : croyez l'histoire.

Encore un mot, une digression, avant d'arriver à mon tableau final : l'historique de deux fortunes bien solidement établies aujourd'hui, mais dont l'origine est restée problématique pour bien des personnes. Songez que je ne vous parle pas de petites gens, mais d'hommes dont l'un possède cent mille écus de rente, et l'autre est pair de France et millionnaire. Le premier était devenu, de misérable commis, intendant d'une princesse étrangère immensément riche, qu'il vola comme intendant. Ceci n'est point problématique : il est bien plus infaillible de devenir voleur en devenant intendant, que de devenir brave parce qu'on devient soldat, quoi qu'en disent les vaudevilles patriotiques chantés par Lepeintre aîné. Cet homme avait un instinct de bête féroce à l'égard de l'argent; il le sentait à une lieue comme un chacal un cadavre. Jamais il n'avait eu une idée politique, et cependant une de ces institutions communes aux grandes avidités lui fit acheter de sa maîtresse en 1811, et pour une misérable somme de trente mille francs, des droits à des bois d'émigrés séquestrés par la révolution, droits repoussés par deux jugemens formels du conseil d'état. La princesse mourut, et mil huit cent quatorze arriva sans que ledit intendant eût fait régulariser son acte d'acquisition. Avec les Bourbons commencèrent ces immenses restitutions de tout ce qui avait appartenu aux familles émigrées ou princières st qui n'avait point été vendu. Notre intendant se trouva riche de cinq millions. Mais ces restitutions, qui se faisaient facilement quand les anciens possesseurs se présentaient, étaient soumises à un énorme droit, quand les biens dont elles se composaient, avaient passé dans la main d'acquéreurs quelconques. Ces droits ne se calculaient plus sur le prix d'achat, mais sur la valeur réelle qu'on enflait le plus possible, pour ne pas trop faire bénéficier la roture des malheurs de la noblesse. Il ne s'agissait pas moins de douze cent mille francs pour notre homme. Il ne s'était pas habitué à payer au métier qu'il avait fait, et cela lui répugnait horriblement; il y rêvait le jour, il n'en dormait pas la nuit. Enfin une idée, une idée qui ne vous serait pas venue; à vous qui en achetez, à moi qui en vis, une idée lui vint.

Parmi les immenses paperasses de la princesse, une lettre l'avait frappé; cette lettre l'avait fait rire, cette lettre était souverainement ridicule; elle était à décrier un homme; il la lit, la relit, et bondit sauvagement. Je ne sais rien de féroce comme l'amour de l'argent. Il sort et va droit chez le directeur suprême de l'administration à laquelle il avait à payer ; il gagne garçons de bureaux, huissiers et autres.

— Que voulez-vous ?

— Voici : j'ai acheté les bois de la princesse de..... pour une somme de trente mille francs, et je n'ai pas fait régulariser l'acte.

— C'est bien : ces bois valent de cinq à six millions ; eh bien, ce sera douze ou quatorze cent mille francs à restituer sur cette friponnerie.

— C'est que je ne voudrais pas les restituer.

— Peste, vous ne trouvez pas l'affaire assez bonne ?

— Je la voudrais meilleure.

— Avez-vous inventé un moyen ?

— Oui !... Un million à qui ferait transcrire mon acte d'acquisition, comme reçu depuis trois ans.

— Et à qui proposez-vous cela ?

— A vous.

— Misérable, drôle, infâme, sortez ! (*derlin, derlin, derlin*). Huissier, chassez cet homme, et qu'il ne rentre plus ici.

L'intendant retourne chez lui.

— Comment va l'affaire ? lui dit sa femme.

— Très-bien, il m'a appelé misérable et m'a mis à la porte avec un coup de pied au...

— Bah !

— Oui, très-bien, très-bien.

Huit jours après, l'homme retourne chez son administrateur, fait tourner le dos aux huissiers du côté de la fenêtre; pour regarder le double louis qu'il vient de leur glisser, et s'élance dans le cabinet du puissant.

— Qui est là?

— Moi.

— Qui, vous?

— Moi, l'acquéreur des bois de la princesse.

— Comment, vous, misérable!!

— Pardon, c'est que j'avais oublié de vous dire qu'il y a outre le million, le titre de comte pour vous si..

— Insolent drôle.. mais on n'a jamais vu pareille impudence.. sortez..

— Monsieur.

— Sortez, ou je vous fais jeter par la fenêtre.

L'intendant s'en retourne.

— Comment va l'affaire?

— De mieux en mieux, il voulait me jeter par la fenêtre.

Autre semaine d'intervalle; autre visite.

— Comment, monsieur, c'est encore vous?

— Pardon, mille pardons; vous ne m'avez pas laissé achever la dernière fois. Outre le million et le titre de comte, il y a la pairie héréditaire pour vous, si.

— Monsieur, si je ne me respectais, je vous chasserais à coups de canne.

— Monsieur, un million, un titre de comte, la pairie.

— Encore, eh bien voilà... pan.

— Merci.

Il sort.

— Comment va l'affaire ?

— J'en suis à peu près sûr, il m'a donné deux coups de canne.

Que se disait cet intendant ? il se disait : Cet homme se débat trop violemment pour n'être pas violemment tenté. Ou bien la corruption n'aurait-elle pas cette horrible puissance du boa, qui s'attaque, pour les absorber, à des animaux trois fois gros comme lui, mais qui les enduit d'une bave telle, qu'ils finissent par passer dans l'étroit orifice de son cou.

Alors un mois d'attente ; un mois, admirez ! un mois tout entier pour laisser fermenter le million, le comté, la pairie. Au bout de ce mois le serpent arrive ; il entre.

— Oh! ça, monsieur, c'est une plaisanterie.
— Monsieur le comte.
— Allons, vous êtes fou, mon cher.

— Comme il plaira à votre seigneurie.

— Tenez, vous me faites pitié. Je veux bien raisonner avec vous, puisque rien ne peut vous chasser que la preuve que ce que vous voulez est impossible.

— Pas pour vous.

— Aussi impossible pour moi, que pour vous de me faire comte, millionnaire et pair de France.

— Mais si c'est possible pour moi, le reste le sera-t-il pour vous?

— Pardieu, je voudrais bien savoir le roman que vous imaginez; car à part les titres auxquels je ne crois pas, je ne comprends pas que vous dépensiez un million pour sauver douze cent mille francs : la différence n'en vaut pas la peine.

— Voici ce roman : Je possède une lettre de Louis XVIII, une lettre que la prétention littéraire de ce prince rachètera à tout prix. Si moi, je la proposais, on m'en offrirait ce qu'on peut m'estimer, quelques dixaines de mille francs. A un homme dans votre position, on ne peut pas donner moins d'un million; à la place où vous êtes, un titre de comte est nécessaire; après les services que vous avez rendus, la pairie vous est due; vous méritez tout cela, mais vous ne l'aurez qu'avec la lettre.

— Ma foi, monsieur, cette lettre est un grand talisman, si elle peut produire de si grandes choses; je voudrais bien la voir.

— En voici une copie.

Après avoir lu :

— Comment, le roi a écrit cela ! est-ce possible ! Et vous l'avez dans les mains ? Mon Dieu, si les libéraux s'en doutaient.

— On me l'achèterait un million par souscription ; le *Constitutionnel* offre cinquante mille francs pour deux lignes.

— Mais c'est un service à vendre à Sa Majesté ! Où est l'original de cette lettre ?

— En ma possession.

— Quand me l'apporterez-vous ?

— Le voici.

. . . . .

— Mon ami, comment va l'affaire ?

— Nous avons conclu ce matin.

Et il fut pair de France, comte et millionnaire, et l'intendant ne paya rien ; et je vous prie d'admirer cette sublime force de corruption, qui résiste aux coups de pieds au c.. et aux coups de canne ; avec tout autre, l'homme en place serait resté honnête homme.

Revenons à mon tableau final.

MONSIEUR GALARD.

Dans une maison de la rue Godot-Mauroy, dont le premier s'étendait en un appartement de quatre mille cinq cents francs, et dont le cinquième se morcelait en six appartemens de cent écus à quatre cents francs, vivaient, au premier, M. Bizoin, et au cinquième, madame Galard. Ce qu'était M. Bizoin, Dieu le sait. Dans son vaste appartement, tout meublé de magnifiques pièces et de superbes morceaux, il n'y avait rien de concordant; les rideaux n'allaient point avec les chaises; les chaises n'allaient point avec les fauteuils; les tentures mentaient aux tapis, et le maître n'allait à rien de tout cela. C'était un petit vieillard sale, ardent des yeux, et d'une parole impérative. Parmi toutes les pièces qu'il louait, il occupait la moindre; une sorte de cabinet en retour, avec un poêle en fonte, ouvert sur le dessus pour y caser une marmite; un lit avec des matelas en toile à carreaux, deux tables et un coffre. Quelques magnifiques voitures s'arrêtaient tous les matins devant sa porte, et y descendaient ce qu'il y avait de plus notable à Paris en grands capitalistes. Le vieux bonhomme les recevait dans son trou infect et ne les reconduisait jamais jusqu'à la porte. Mais toutes les fois qu'il avait une course à faire, il montait dans un des équipages visiteurs et le rendait ensuite à son maître, avec une tache de graisse et un mauvais compliment sur la maladresse de son cocher qui menait au pas. Certes, il lui passa plus d'une fois dans la tête de demander vingt sous d'indemnité au maître, sinon au valet, pour une course qui pouvait durer quinze minutes et où on avait mis quinze minutes et demie. Toutes les suppositions du quartier se réduisaient à celle-ci : C'est un savant qui a inventé des machines merveilleuses, ou c'est un vieil avare millionnaire, intéressé hautement dans les grandes entreprises industrielles du pays.

Quant à madame Galard, c'était une grande femme de cinquante-quatre ans, maigre, sèche, très-fuselée de tous ses membres, très-amenuisée de taille. Planche et bâtons. Elle ne manquait pas d'une certaine distinction et portait en soi un air de mélancolie qui s'expliquait facilement, du moment qu'on avait causé avec elle. Madame Galard avait perdu son mari, son mari qui était le père d'une grande fille de vingt ans, qui demeurait avec elle. Madame Galard avait un mot que je ne chercherai pas à expliquer, quoiqu'il pût être charmant, s'il voulait dire ce qu'il en avait l'air. Madame Galard disait, en montrant sa fille :

— Voilà le dernier adieu de M. Galard, en quittant cette terre.

J'ai bâti bien des romans sur ce mot ; mais le caractère de M. Galard les repoussait tous. C'était, de son vivant, un homme d'une belle figure blonde, à la parole douce et sereine, qui avait porté à sa femme un de ces amours constans et inaltérables qui ne vivent plus, même dans les romans. Du reste, une partie de la vie de M. Galard s'était passée à des voyages lointains; il avait fait deux fois le tour du monde et séjourné aux Indes. On pouvait attribuer à cette raison la passion de madame Galard pour la lecture des voyages ; elle était fort instruite à ce sujet et racontait des particularités qui prouvent que M. Galard était un bon observateur et un homme intrépide. Un jour qu'il avait quitté l'archipel grec, avec son ciel et ses parfums, pour revenir dans sa ville de Brest froide et boueuse, il s'était écrié à l'aspect du brouillard de nos côtes françaises : Quel dieu a précipité les sciences et les arts dans cette zone de pluie ! oh ! la Grèce, c'est le paradis perdu de la civilisation. Quoique M. Galard n'eût laissé aucune fortune à sa femme, cet homme avait tellement rempli d'amour les belles années de madame Galard et remplissait encore si pleinement le souvenir des laides, qu'elle n'en pouvait parler sans émotion, et qu'elle avait appris à sa fille à l'invoquer soir et matin dans ses prières accoutumées. La vie de madame Galard et de sa fille reposait sur un travail assidu de broderies et de bourses en filets. Tout ce qu'il y a de plus mesquin en produit, le doute perpétuel du dîner.

Entre ces deux femmes et l'avare du premier, rien n'existait de commun, aucune apparence que le hasard pût jamais relier ces deux existences comme n'a jamais dit Saint-Simon, le roi des existences problématiques, mais comme disent les Saint-Simoniens. Un lien, un fil conducteur allait cependant de l'une à l'autre. C'était un jeune homme qui était employé chez M. Bizoin, employé à quoi? à faire des chiffres de banque ou d'algèbre? personne ne le savait. Il avait pour appointemens un crédit ouvert chez un restaurateur à vingt-cinq sous, chez un tailleur à 50 p. cent de rabais; chez un bottier en chambre; chez une lingère du temple; le tout limité de manière à ne pas aller nu et à ne pas mourir de faim. Les quelques pièces de cent sous qu'il ne faisait sonner qu'à cinq cents pas au moins de la demeure de son patron, lui venaient d'une source inconnue, surtout à celui-ci ; car ce vieillard tombait en convulsion à l'idée d'un jeune homme qui a de l'argent. Outre les appointemens dont j'ai parlé, Édouard avait une chambre qui était porte à porte de celle de madame Galard. On peut vivre six ans à un premier sur le même pallier que son frère et ne pas s'en douter; au cinquième on se connaît à la troisième semaine; mille petits besoins de localité y poussent; point d'antichambre qui abrite si on oublie la porte entr'ouverte; on bat ses habits soi-même sur le pallier : on a un plomb commun. Que n'a-t-on pas de commun ! Et puis l'instinct de la misère à s'associer, pour causer ; association contre laquelle la sûreté du riche demande une loi; car on y trouve quelquefois le riche infâme et ridicule, ce qui n'est pas permis je suppose, puisque le riche est le roi du monde et que les rois sont inviolables : on y viendra.

Donc misère à misère, Édouard faisait quelquefois la société de ces dames à partie égale; il avait une certaine affection pour madame Galard, non-seulement parce qu'elle était bonne, mais à cause de ce culte respectueux qu'elle portait à son mari mort. Édouard avait de la poésie dans la tête, et une femme qui avait pu inspirer un si vif attachement à un homme aussi distingué que M. Galard, en recevait aux yeux d'Édouard une sorte de reflet de supériorité, à laquelle il se soumettait. Pour Louise, c'est-à-dire mademoiselle Galard, c'était une jeune fille, douce, soumise et qui trouvait à Édouard quelque chose de cet aspect plein de dignité que devait avoir son pauvre père. Au fond ces jeunes gens s'aimaient, et, comme tous les jeunes gens qui s'aiment et n'ont rien, ils pensèrent à se marier. Le jeune homme en parla à madame Galard, la réponse de celle-ci fut pleine d'émotion.

— Monsieur, lui dit-elle, mon mari m'a fait jurer sur son lit de mort de ne donner ma fille, si pauvre qu'elle fût, qu'à un homme digne d'elle. Ce n'était pas une de ces vaines recommandations, banales comme ces paroles stéréotypées pour chaque circonstance de la vie et qu'on se croit obligé de dire quand on s'y trouve et auxquelles on répond de même. Non, monsieur, le serment que m'a demandé M. Galard était sérieux et solennel; quand il se souleva sur lit', où il souffrait depuis un mois, on eût dit qu'il jetait à sa fille un appui dans l'avenir, dans la sainteté du serment qu'il exigeait de moi. Je ne doute ni de votre amour, ni de votre probité, mais je ne sais qui vous êtes, et ce seul nom d'Édouard que vous portez m'a fait supposer quelquefois...

Le jeune homme devint si rouge et si embarassé que madame Galard s'arrêta, comprenant qu'elle avait frappé trop juste ; puis, elle ajouta froidement :

— Je vous plains, monsieur.

La tentative d'Édouard en resta là, mais son amour continua à avancer. Mademoiselle Galard n'était pas présente aux sermens de sa mère, et elle ne s'était pas engagée à les tenir. Tout cela se passait cependant en mots à la dérobée, en serremens de mains, en tout ce qui paraît audace à un jeune homme de vingt-quatre ans et coupable à une fille de vingt, qui n'ont vu que des vieillards pour tout monde. Cependant le jeune homme devenait triste et ne proposait plus à M. Bizoin des billets pour le théâtre des Folies Dramatiques, billets que le vieillard acceptait toujours avec plaisir. Il parla à Edouard du changement qu'il remarquait en lui, et Édouard lui avoua franchement ce qu'il en était, et guidé par certains soupçons, il sembla demander à M. Bizoin, s'il ne pourrait pas l'éclairer sur sa famille qu'il ne connaissait pas. M. Bizoin, pour la première fois de sa vie, ne répondit pas tout de suite brusquement et par un refus ; il réfléchit et reprit solennellement.

— J'ai juré que vous n'épouseriez jamais

qu'une femme très-distinguée : quelle est cette dame Galard ?

Édouard ramassa tout ce qu'il avait saisi dans la conversation de l'histoire de madame Galard et en bâtit un résumé, d'où elle ressortait veuve d'un capitaine de vaisseau, très-distingué. M. Bizoin prit un almanach impérial, pour chercher le nom de Galard parmi les officiers de marine, et ne le trouva pas.

Il chercha dans un énorme manuscrit, où étaient des milliers d'adresses, des notes en toutes sortes de langues, et ne trouva pas davantage.

Puis, il se gratta la tête, et dit :

— Galard ? je connais ce nom Galard ! Galard de Brest. C'est possible : c'était peut-être dans la marine marchande. Cet homme est mort ?

— En 1815, pendant la chouannerie de cette époque.

M. Bizoin devint vert et répliqua :

— Je veux voir madame Galard.

Edouard au comble de la joie, bondit du premier au cinquième et va raconter sa bonne fortune. La jeune fille rêve que le vieillard les dotera ; la mère rêve que le vieillard épousera, le jeune homme rêve que la jeune fille lui appartiendra.

Le soir venu, le bonhomme monte, entre, salue, s'assied et dit :

— Votre mari était de Brest, madame ?

— Est-ce que vous êtes de ce pays, Monsieur ?

— Moi ? oui, non, je le connais quoique je n'y ai jamais été. Votre mari a été marin ?

— Ah ! est-ce que vous auriez servi sur mer ?

— Moi ? non, oui ; j'ai connu beaucoup de marins. Votre mari a servi dans la chouannerie ?

— Est-ce que vous étiez en Bretagne à cette époque.

— Moi ? oui, non, je connais beaucoup ce pays.

Pendant ce singulier dialogue, où l'interrogeant repondait à l'interrogé, M. Bizoin écoutait madame Galard, mais comme un homme qui écoute bien plus le son d'une voix que ce qu'elle dit. Madame Galard écoutait de même. On vint avertir M. Bizoin que quelqu'un l'attendait ; il se retira. Madame Galard dit alors à Edouard :

— Qu'est-ce que c'est que M. Bizoin ?

— Madame, le secret de ses affaires ne m'appartient pas.

— Oh, ce n'est pas cela que je veux savoir : d'où est-il ? c'est un Parisien ; y a-t-il long-temps qu'il habite Paris ?

— Oh, pour cela, je ne sais, et tout le monde l'ignore.

Madame Galard devint pensive, elle gratta ses souvenirs pour trouver quelque chose et ne fit que se donner ce malaise de l'esprit qu'on pourrait appeler démangeaison de la mémoire. Édouard redescendu auprès de son patron fut reçu par cette parole :

— Madame Galard est autre chose que ce qu'elle paraît être ; n'auriez-vous pas remarqué des armoiries sur quelques bijoux anciens?

— Non, monsieur.

— Nous y retournerons.

Au fait, se dit Édouard à cette question, qui lui rappelait celle de madame Galard, qui suis-je? qu'est-ce c'est que M. Bizoin qui m'occupe toute la journée à lui lire la Vie des Hommes Illustres? qu'est-ce que c'est que madame Galard? qui sommes-nous tous? cela me semble assez difficile à résoudre, sans compter que ce qu'il y a de plus problématique en ceci, c'est le succès de mon amour. Quelques jours après M. Bizoin accompagna de nouveau Édouard chez les dames du cinquième ; mais cette fois il y eut retenue complète des deux parts, et personne ne s'interrogea. Édouard, lassé de voir qu'il n'était question de rien qui l'intéressât, se résolut à tenter un coup hardi et entama ainsi la solution de cette scène :

— Madame, vous avez juré à M. Galard mourant, de ne donner votre fille qu'à un homme d'un rang distingué; monsieur, vous avez fait le même serment à mon égard; eh bien, madame, au nom de M. Galard dont la mémoire vous est si chère, monsieur, au nom des bienfaits dont vous avez protégé mon enfance, expliquez-moi ce que je dois attendre, ce que Louise et moi devons attendre de l'avenir?

— Monsieur! dit la dame avec dignité.

— Madame, c'est au nom de M. Galard que j'embrasse vos genoux.

— Édouard! dit M. Bizoin avec humeur.

— Monsieur, c'est au nom de votre cœur compatissant, que je me jette à vos pieds.

— Chimères! dit le vieillard.

— Ah, si mon père vivait! s'écria Louise.

— Ah! si vous vouliez dire ce que vous êtes pour moi, dit Édouard à son patron.

Le vieux homme et la vieille femme gardèrent le silence.

— Eh bien, je vous dirai, madame, s'écria Edouard, je vous dirai, moi, qui je suis, ou plutôt ce que je crois être. Je suis le fils de M. Bizoin.

— Un bâtard! s'écria madame Galard.

— Un bâtard! dit Louise; ô mon père, qu'avez-vous fait jurer à ma mère!

— Bâtard, reprit M. Bizoin, peut-être oui, peut-être non, mais pour mon fils, non, assurément.

— Qui suis-je donc ?

— N'avez-vous aucun souvenir ? dit madame Galard.

— Un seul. J'habitais un château ; je suppose que je pouvais avoir trois ans et demi. Une nuit j'entendis des coups de fusil autour de la maison, et après un grand bruit il se fit un grand silence. J'étais couché dans une chambre du premier avec une dame, qui m'avait dit : Nous partirons demain pour.... le nom m'est échappé ; ce devait être un grand voyage... Tout à coup un homme entre dans la chambre et va au lit de la dame. Je me mis à crier : ils se battirent, ils se battirent long-temps ; c'était....

Puis, le jeune homme s'arrêta. En dirigeant sa mémoire, éclairée de nouvelles idées, vers ce point de sa vie comme une lanterne sourde sur un objet caché jusque-là dans l'obscurité, il parut concevoir cette lutte sous un nouvel aspect et ajouta :

— C'était une joie brutale, des cris de désespoir... Cet homme m'emporta ; mais il n'avait pas assassiné cette femme : elle pleurait. Depuis, je ne me rappelle que d'avoir vécu chez des paysans, puis au collége, puis chez M. Bizoin.

Pendant ce récit, madame Galard, suffoquée, pâle, tremblante, regardait le jeune homme, puis elle s'écria :

— Édouard, Édouard de Sombrun.

— Ah! reprit le jeune homme, comme si on lui avait ouvert d'un coup de hache un souvenir fermé, ah! c'était le nom de mon père.

— Oui, dit madame Galard, emportée par la chaleur du récit, de votre père assassiné dans cette nuit fatale; c'était le nom de votre père dont toute la fortune réalisée en valeurs sur l'étranger, et renfermée dans une cassette qui était dans ma chambre, fut enlevée par le misérable qui vous emporta après m'avoir....

Elle se tut, tout le monde se tut.. Édouard plaignit M. Galard.

— Mais, s'écria, le vieux Bizoin, c'était une demoiselle et non pas une dame de compagnie, qui était dans la chambre quand....

M. Bizoin s'arrêta et reprit sinistrement :

— Galard, mademoiselle Galard, c'est le nom que prononça le comte en tombant.. Oui, c'est cela : Mademoiselle Galard, sauvez mon fils! cria-t-il...

— D'où savez-vous cela? s'écria Édouard en secouant le vieillard, qui s'éveilla tout à coup de sa préoccupation.

— Mais, reprit-il brièvement, il y a une instruction commencée sur cette affaire. J'en ai eu connaissance par hasard ; ce détail y était consigné. Voilà tout ! mais comme on n'a pu découvrir aucun coupable, tout cela s'est éteint sans bruit.

— Oh ! il n'en sera plus ainsi ; je poursuivrai les coupables, je les découvrirai.

— A quoi bon ? dit Bizoin, votre nom vous sera rendu ; quant à votre fortune, comptez sur moi.

— Oh ! Louise, Louise ! s'écria Édouard.

— Oh ! dit M. Bizoin, ceci est une autre question. Veuillez me laisser seul avec madame.

Les deux jeunes gens sortirent.

— Quel est le père de cette jeune fille ?

— Hélas ! monsieur, le monstre qui...

— Mais alors, quel est ce monsieur Galard que vous avez gratifié de votre nom.

— Monsieur Galard, monsieur ? hélas ! monsieur Galard... c'est un rêve.

— Hein !

— Que voulez-vous ! j'étais mère.. et je ne connaissais pas le père de mon enfant ; je m'étais fait appeler madame, pour éviter les propos ; cela me valut les questions ; il fallut expliquer M. Galard. Alors, de réponse en réponse, j'ai fait un être, un être que j'aime, avec qui je cause... oui, monsieur, un être qui occupe ma vie, mon souvenir, un être qui était bon, doux, vertueux. Je l'ai fait peindre d'idée.

Et ceci était vrai, et M. Galard existait pour madame Galard, et ils avaient eu des entretiens charmans, où M. Galard avait été blond, spirituel, amoureux; et vous n'arracherez jamais M. Galard du cœur de madame Galard; M. Galard qui avait visité l'Inde et l'archipel grec, qu'il appelait le paradis perdu de la civilisation. Mais c'était un héros que M. Galard.

Pendant que nous faisons ces réflexions, M. Bizoin réfléchissait et ajouta :

— C'est possible, j'étais bien parvenu à oublier moi.. et c'est plus difficile que d'imaginer. Écoutez, j'adopterai Édouard, et nous le marierons avec notre fille.

— Quoi! vous seriez le monstre qui...

— C'est moi ; mais silence sur ce chapitre, et surtout entretenez toujours ces enfans dans le respect de M. Galard.

Les deux jeunes gens furent mariés un mois après, et j'ai vu le portrait de M. Galard dans le salon d'Édouard.

Vous demandiez des existences problématiques, il me semble qu'en voilà une *de fameuse*, comme on dit en Languedoc.

Ah! pardon, j'oubliais; ce monsieur qui dépense vingt mille francs par an, est un faquin qui a épousé une Anglaise épileptique, qu'il tient dans une maison de santé et dont il mange les revenus.

Frédéric Soulié.

IMPRIMEURS, LIBRAIRES,

BOUQUINISTES, CABINETS DE LECTURE.

Pendant long-temps, on n'a fait des livres en France que pour amuser les lecteurs; puis, les livres ont eu la prétention de former le *cœur* et l'*esprit*; dès lors, ils sont devenus moins amusans, sans qu'on se soit aperçu qu'ils aient rien formé : semblables en cela à la comédie qui, mettant en lettres d'or sur le frontispice de ses temples *Castigat ridendo mores*, n'en est pas moins fort larmoyante et surtout très-peu morale.

Le dix-huitième siècle à son tour a prétendu former la *raison*. Aujourd'hui ce que veut la littérature, c'est *éclairer les masses*. Ce n'est pas ici le lieu d'examiner si le journaliste philantrope n'aurait pas pour but unique, en apprenant à lire au peuple, de se faire des abonnés; ou encore si le philantrope, homme d'état, ne songerait pas un peu moins à *éclairer les masses*, objet de sa sollicitude, qu'à les conduire dans la voie la plus favorable à ses intérêts particuliers, et à les atteler à son char de triomphe, ainsi que La Fontaine le reproche à l'homme dans sa fable : *l'Homme, le Cerf et le Cheval*. Voilà ce qu'il y a de positif aujourd'hui, c'est que l'imprimerie, reine de France et autres lieux, ne tardera pas à l'être du monde entier. Sur la question de l'instruction populaire, on a soutenu le pour et le contre dans des thèses pleines d'excellentes raisons de part et d'autres; la chose aujourd'hui n'est plus à discuter, le fait existe, le peuple sait lire. Jusqu'ici, cela n'a guère servi qu'à le rendre le jouet dangereux et ridicule, non pas seulement de la presse, mais des journaux; non pas seulement des journaux, mais d'un journal, mais du premier morceau de papier imprimé qui lui tombe sous la main. Ceci paraîtrait donner gain de cause à ceux qui s'étaient prononcés contre l'instruction du peuple, mais il ne s'agit pas d'imiter ces amis charitables qui, enchantés d'un malheur qu'ils ont prévu, vous disent tout triomphans : *Je l'avais bien dit.* Il y a quelque chose qui doit être pire que l'ignorance aux yeux des uns, pire que l'instruction aux yeux des autres, c'est ce commencement d'éducation, qui a appris au peuple à lire, sans lui donner aucun moyen de juger ce qu'il lit : aussi, de quelque opinion que l'on ait été précédemment, le devoir de tous est aujourd'hui de faire tous les efforts possibles pour compléter cette éducation. Cette nécessité servira de raison ou de prétexte à une extension plus grande encore de l'industrie de la presse qui, déjà, crée en France une valeur annuelle de 34 millions.

Il y a à Paris quatre-vingts imprimeurs brevetés, puis, une cinquantaine d'imprimeurs de contrebande, appelés imprimeurs *marrons*; puis, les journaux ont chez eux des imprimeries, auxquelles les imprimeurs brevetés prêtent leur nom, moyennant une redevance annuelle. Dans les imprimeries, les protes sont souvent des hommes instruits, qui ne manquent pas de lire les ouvrages qu'ils impriment et d'en porter des jugemens qu'il serait quelquefois utile à l'auteur de connaître. Il m'est arrivé à moi-même, d'apprendre que les protes de M. Éverat avaient fortement blâmé quelques chapitres, sur lesquels j'avais des doutes, et le public, juge en dernier ressort, a confirmé leur jugement.

Il y a dans les bureaux de journaux un axiome fort peu contesté, c'est que si les rédacteurs ne faisaient pas leur journal, les protes le feraient eux-mêmes. A chaque instant, en effet, ils donnent des preuves d'une grande adresse et d'une remarquable intelligence.

Parmi les imprimeurs de Paris, il faut mettre en première ligne MM. Didot, Éverat, Rignoux, etc. Quelques libraires de Paris, par mesure d'économie, font imprimer leurs livres en Province, mais la difficulté des communications nuisant essentiellement à la correction des *épreuves*, les livres se trouvent le plus souvent pleins de fautes grossières.

Les libraires sont à-peu-près au nombre de quatre cents, dont l'industrie se divise en librairie classique, vieille librairie, librairie de publications nouvelles, librairie de commission. Plusieurs journaux aussi se sont faits libraires ; la *Revue des deux mondes* édite les ouvrages de l'auteur de *Lélia* ; M. Bozin, le nouveau Dictionnaire français, M. Lautour-Mézeray, des livres pour les enfans, dont il s'est fait le patron.

Sous Louis XIV et Louis XV, on faisait subir aux libraires un examen de capacité ; nous ne savons pas s'il en est de même aujourd'hui, et si l'examen est bien sévère. Quelques-uns sont gens d'esprit, le plus grand nombre, et ce ne sont pas ceux qui réussissent le moins, vendent des livres comme d'autres vendent du charbon. Les librairies classiques et les librairies anciennes sont celles qui rapportent à leurs propriétaires les bénéfices les plus certains et les plus réguliers. La *Cuisinière bourgeoise* et la plus mauvaise grammaire rapportent aux auteurs et aux libraires dix fois plus d'argent que les plus beaux romans ou les poèmes les plus sublimes. La haine des écoliers pour les livres qu'on leur impose nécessite fréquemment de nouvelles éditions très-fructueuses pour les éditeurs.

La librairie de publications nouvelles semble, malgré le zèle et l'activité de quelques-uns de ceux qui l'exploitent, être tombée en discrédit, un peu en France et beaucoup à l'étranger. Ce discrédit peut être attribué à plusieurs causes. Les cabinets de lecture qui, pour quelques sous, offrent à leurs abonnés la faculté de lire chacune des publications qui paraissent, les dispensent d'acheter des ouvrages, dont chaque volume leur coûterait 7 francs 50 centimes, de sorte que la vente pour Paris doit se baser sur le nombre restreint des cabinets de lecture assez achalandés pour se procurer toutes les nouveautés. Qu'un ouvrage ait un grand succès auprès du public, il s'en vendra à peine trois cents exemplaires à Paris, le reste de l'édition est destiné à la province et à l'étranger ; et voilà ce qui arrive : les libraires éditeurs n'ont pas de relations immédiates avec le public ; ces relations sont établies par les libraires commissionnaires. Ceux-ci ne paient que 10 ou 11 francs les livres marqués 15, cette différence couvre leurs frais et forme leur bénéfice. Quand un livre ne se vend pas, l'éditeur le cède à un moindre prix au commissionnaire, qui, avec un peu plus de peine peut-être, ne le vend pas pour cela moins cher à ses commettans. Il est facile de comprendre par là sa préférence marquée pour les mauvais livres, ce sont aussi ceux-là qu'il envoie en plus grand nombre à ses correspondans de province et surtout de l'étranger, de sorte que le petit nombre de bons livres qui s'impriment ici, n'y parvient que peu ou point, tandis que les livres les plus justement méprisés ici tombent, là-bas, comme la grêle : aussi depuis quelques années les libraires étrangers ont singulièrement ralenti leurs demandes.

C'était un bon temps pour la littérature et pour les arts, que celui où les artistes et les écrivains, repoussés de la société comme des parias, n'avaient à attendre de leurs contemporains ni justice, ni gloire, ni pain; où il leur fallait mériter la postérité, espoir un peu plus vague encore que celui des alchimistes qui, du moins, espéraient assister à leur triomphe.

Il fallait alors une volonté forte, une vocation réelle, un entraînement irrésistible pour se briser la tête, user sa vie par des travaux qui n'avaient d'autre prix que cette sorte de poignant plaisir que l'auteur trouve dans les travaux eux-mêmes. Mais aujourd'hui que plusieurs se sont enrichis à faire des vers d'opéras comiques, aujourd'hui que le plus pitoyable artiste, le plus médiocre écrivain sont fêtés et recherchés, tout le monde s'est jeté avec tant de fureur dans cette carrière que par la profusion de poètes, dont nous sommes envahis, les bras manqueront bientôt aux charrues : les maîtres Adam ont miraculeusement pullulé; les villes du Midi à elles seules possèdent dans ce moment un cordonnier poète, un boulanger chansonnier, un coiffeur faiseur d'odes. Pour cumuler les avantages et sous prétexte que les muses sont sœurs, les musiciens font des vers, les poètes jouent de la guitare ; on écrit avec le pinceau ; on dessine avec la plume. Les enfans, poètes en seconde, n'ont plus le temps de faire leur rhétorique. Depuis qu'on a vendu la postérité pour une rente viagère de gloire et d'argent, depuis que l'Hypocrène roule du vin de Xerès ; depuis que la mansarde du peintre renferme pour 30,000 francs d'objets d'arts et de curiosités, depuis que les poètes *méditent* sous des arbres, *dont le frais et l'ombre sont à eux*, il s'est présenté un bien plus grand nombre d'amateurs. La librairie en meurt; il se fait trente fois plus de tableaux que n'ont de superficie les murailles qu'on en pourrait couvrir ; tout le monde est de première force sur le piano, ceux-là sont dits de seconde force qui n'ont jamais essayé. Et pendant ce temps-là, la profession de bottier reste sans progrès, le nom d'épicier est devenu une injure. Des remèdes violens seuls peuvent arrêter de semblables désordres. Il n'y a pas eu un seul bon acteur depuis qu'on les enterre en terre sainte. On ne devient fort qu'en luttant. Pour avoir de grands hommes, il faut les laisser mourir de faim pendant leur vie et les jeter à la voirie après leur mort.

On aura moins de *faux* grands hommes,

quand ce ne sera plus un moyen. On ne faisait pas semblant d'être chrétien, quand les chrétiens étaient exposés dans le cirque et livrés aux tigres. Pendez tous les ans deux musiciens, trois peintres et quinze hommes de lettres, et en peu de temps, il ne restera que les véritables vocations. Jusque-là, si vous rencontrez un homme dans la rue, vous pouvez l'appeler homme de lettres; il serait bien étonnant que vous ne tombassiez pas juste.

Les plus anciennes maisons de librairie sont celles de M. Delalain et de MM. Treuttel et Würtz; ces derniers ont à Londres et à Strasbourg des maisons semblables à leur maison de Paris.

Les cabinets de lecture qui louent les romans et les livres de toutes sortes, sont au nombre de 300; 200 autres n'offrent à leurs habitués que les journaux et les brochures périodiques. Dans les premiers, des abonnés passent les journées entières à lire, à prendre des notes, à écrire. Plusieurs y apportent leur déjeuner, surtout dans la saison rigoureuse : ils ont là en effet pour six sous par jour un logement, une table, un fauteuil, du feu, des livres, des plumes, du papier et de l'encre, et du tabac dans la tabatière des voisins. Au milieu de soixante personnes, on n'entend d'autre bruit que le frottement des pages et le grincement des plumes sur le papier ; un mot hasardé à l'oreille, un fauteuil dérangé, un éternument intempestif exciteraient l'indignation de toute l'assemblée. C'est là que se font les compilations et les plagiats, si répandus pendant *trois* ou *quatre* ans, sous le nom de *Mémoires*. Du reste, chaque habitué a sa place ; s'il se trouve par hasard qu'un étranger l'occupe quand il arrive, il n'est pas de malédictions qu'il ne se croie en droit de lui adresser intérieurement ; si l'usurpateur tombait subitement frappé d'un coup de sang, son ennemi ne serait frappé que d'une chose, de la joie de recouvrer la place, où l'empreinte de son coude est incrusté sur la table. Si l'abonné du cabinet de lecture est accoutumé à prendre l'encre à droite, et qu'un hasard malencontreux lui ait assigné une place, où l'encrier soit placé à gauche, toute sa journée est perdue, vingt fois portant sa plume à droite, il l'écrasera sur la table ou la trempera dans une tabatière. S'il ne se porte pas contre l'usurpateur aux excès les plus graves, c'est que le poignard n'est pas dans nos mœurs et que si quelques poètes ont adressé des odes à leur bon poignard, ce n'était qu'une figure ; car aujourd'hui, si quelqu'un possède un poignard, il s'en sert pour décrotter ses bottes.

J'ai oublié dans l'espèce libraire une variété trop remarquable pour la passer sous silence. Un monsieur se présente chez vous, car d'après les raisons que j'en ai données ci-dessus, je suppose, lecteurs, que vous êtes hommes de lettres. Ce monsieur a un habit noir et les meilleures manières ; il s'exprime avec grâce et facilité ; il vous fait part d'une entreprise gigantesque, européenne, universelle ; il est libraire et vous demande votre *précieuse* collaboration. A quelque temps de là, vous portez votre ouvrage au libraire; au lieu d'une boutique, vous trouvez un magnifique appartement au premier étage; au lieu d'un commis-libraire, c'est un nègre en livrée qui vous ouvre la porte; le maître de la maison étendu sur un divan, enveloppé dans une robe de chambre d'*indienne imprimée*, la tête couverte d'un bonnet grec, fume dans une pipe de jasmin ; autour de lui sont des tableaux, des bustes, des médaillons, de tout, excepté des livres. Ce libraire est un simple spéculateur sur la littérature, un courtier en librairie ; les livres qu'il achète, il les fait vendre par d'autres.

Il y a sur les quais, sur les boulevarts, auprès du Louvre et dans quelques rues retirées, plus de deux cents bouquinistes. Ce sont les fripiers de la librairie et les usuriers de l'enfance. Leur spécialité est d'acheter, dans les ventes publiques ou particulières, de vieux ouvrages dépareillés. C'est chez eux que l'on peut compléter les livres auxquels il manque quelques volumes. Ils vendent aussi de vieilles gravures et de vieux dessins, enfouis pêle-mêle dans un vieux carton, et tous offerts au même prix indistinctement, c'est-à-dire pour 3 ou 4 sols. Quelques personnes qui passent leur vie à feuilleter les bouquins et les cartons prétendent y avoir rencontré quelquefois des dessins originaux précieux et des livres rares ; mais la fréquence de ces anecdotes, l'astuce ordinaire des vieux bouquinistes qui ne se trompent guère sur la valeur de ce qu'ils possèdent, et surtout la petite satisfaction d'amour-propre que l'on peut trouver à passer pour un connaisseur habile, qui a su discerner l'œuvre d'un homme célèbre, parmi un millier d'autres dessins ; ces différentes causes ont plusieurs fois élevé dans notre esprit des doutes assez bien fondés sur la véracité de semblables récits.

Les colléges sont le revenu le plus clair des bouquinistes ; les grammaires latines, les dictionnaires grecs, français, latins, affluent chez eux de toutes parts apportés par de jeunes garçons, rouges de honte et de remords qui, n'ayant pas d'idées bien fixes du commerce, pensent qu'il est très-bien d'acheter et très-mal de vendre. Les bouquinistes profitent de leur embarras, et, sous prétexte d'un *pâté* d'encre sur un feuillet, leur paient 30 sous un livre qui vaut 15 francs. L'écolier à la fois fier et embarrassé de voir réuni dans sa poche l'argent de trois semaines de menus plaisirs s'échappe rapidement de la caverne pour aller dépenser son argent en *balles élastiques* et en *chaussons de pommes*. C'est un spectacle assez étrange que celui de l'influence que le bouquiniste sait prendre sur ses victimes. Quand il a offert son prix, à la moindre hésitation de l'écolier, il l'engage à porter ses livres ailleurs. Le bourreau est bien certain qu'il n'en fera rien, car il sait tout ce que le pauvre garçon a eu à braver de répugnance, à surmonter d'hésitation avant d'entrer dans son repaire; il l'a vu indécis passer quatre fois devant la porte sans oser pénétrer; il l'a entendu balbutier pour lui expliquer le sujet de sa visite. Pour aller chez un autre, il lui faudrait renouveler toutes ces humiliations; il finit par laisser les livres pour le prix que le bouquiniste a daigné lui en offrir. Quelques jours après, le bouquiniste revend dix francs le livre qu'il a acheté 30 sols. Des pères de famille, peu riches, viennent chercher chez lui pour leurs fils les livres nécessaires à leur éducation.

L'homme est renfermé dans des conditions tellement rigoureuses que, malgré la bonne volonté, il a bien de la peine à faire quelques désordres : les folies du riche tournent au profit du pauvre.

Néanmoins, les bouquinistes sont des voleurs : il y en a un près de la butte St.-Roch, auquel, étant élève de seconde, j'ai vendu, il y a quelque dix ans, pour la somme de 20 francs un prix obtenu au concours général en troisième, et qui en valait au moins 150.

Alphonse Karr.

L'HOTEL DES INVALIDES.

Après la paix d'Aix-la-Chapelle, Louis XIV, qu'il ne faut point, à mon sens, traiter frivolement, ainsi qu'on y est assez disposé à l'heure présente, comme un roi de théâtre ou un mauvais acteur tout galonné d'oripeaux; — Louis XIV, qui n'était point un grand souverain, uniquement à cause de la hauteur de ses talons et de l'ampleur de sa perruque, mais grâce encore à cet instinct qui le poussait aux choses vastes;— Louis XIV, dis-je, eut un jour une idée qui n'avait pas germé dans la tête des anciens, ses calques personnels, — idée à laquelle Philippe-Auguste, ce Louis XIV du moyen-âge, s'était vu obligé de renoncer; — que Henri IV, ce Philippe-Auguste des âges modernes, n'eut point le loisir de mettre à exécution, — et qui, si elle n'eût pas été réalisée par nos aïeux, aurait à coup sûr été inventée en nos temps par cet homme colossal qui résume à lui seul toute notre histoire, puisqu'il est à la fois Louis XIV, Heuri IV, Philippe-Auguste et Karle-le-Magne : vous comprenez que je veux parler de l'empereur Napoléon.

Voici, j'imagine, néanmoins, comment s'y prit à peu près le successeur aussi immédiat de Scarron que de Mérovée, pour mettre son idée à éxécution.

Supposez que nous soyons en 1671, c'est-à-dire quatre ans avant la victoire de Sénef, mais Condé étant LUI déjà, et n'ayant plus qu'à déchoir. L'Académie des sciences, l'Observatoire, l'Académie de peinture, etc., etc., ont été fondés. Le canal de Languedoc, où un Riquetti remue le sol aussi profondément que l'un de ses descendans, Mirabeau, ce grand moteur de tourmentes populaires devait sarcler de sa puissante parole la France de 89, — le canal du Midi est en pleine activité. Versailles s'élève, Marly s'élève; Racine fait des élégies tragiques, ou des tragédies élégiaques (comme vous voudrez); M. de Meaux parle déjà des libertés gallicanes; Paris s'éclaire avec des lanternes; enfin la France arrive à son apogée, et Louis XIV va atteindre le zénith de ses gloires, le point culminant de sa splendeur.

Et voilà qu'un matin, en se levant, le grand roi fait appeler son contrôleur général. Il était bref en affaires, le grand roi, et surtout il n'aimait pas les oppositions ; tel fut alors le dialogue qui s'établit entre le monarque et le ministre, le ver de terre et le demi-Dieu.

« Monsieur de Louvois?... (remarquez bien que Colbert n'était pas encore né à l'existence politique.)

» — Sire?...

» — J'ai un projet.

» — Lequel, Majesté?

» — Vous ne vous y opposerez point?

» — Non, mon prince. Dans le cas où la
» chose serait possible, elle est faite; si elle est
» impossible, elle se fera.

» — C'est bien, et je l'entends aussi de la sorte,

» monsieur. Suivez-moi donc. — Depuis qu'il
» n'y a plus de Pyrénées, notre royaume jouit
» de la paix ; nos voisins sont las de la guerre ;
» moi-même, je sens le besoin du repos pour
» achever ces grandes entreprises que j'ai com-
» mencées, et aborder les grands projets que je
» médite. Parmi ces derniers je place en première
» ligne un asile où retirer mes vieux soldats,
» ces braves qui ont coopéré avec moi au passage
» du Rhin. — Oh ! je prévois vos objections de
» financier ! — Nos bâtisses de Versailles coûtent
» beaucoup; nos fêtes ne sont pas moins chères, et
» le trésor est obéré. Sans doute, monsieur le con-
» trôleur général, ce sont là des raisons spécieu-
» ses, des prétextes assez adroits ; mais songez,
» s'il vous plaît, qu'il s'agit ici de mettre hors
» du besoin d'anciens serviteurs, d'arracher à la
» misère ceux qui ont tant contribué à l'éclat de
» notre trône. Je m'assure que vous trouverez
» des ressources, monsieur ; et, si vous n'en trou-
» verez pas, vous en créerez. Il le faut, car je *le*
» *veux.* » Ce dernier mot ne souffrait pas de
répliques. Quelques semaines après parut une
ordonnance qui enjoignait aux trésoriers *ordi-*
naires et extraordinaires de retenir de leurs
mains deux deniers pour livre sur toutes les
dépenses qu'ils feraient, et notamment sur la

solde de l'armée. Cette espèce de contribution forcée, levée sur le soldat pour des soldats, produisit en une année la somme énorme de douze cent mille livres, applicables aux travaux de *l'hôtel des Invalides*.

Ainsi se passaient les choses au siècle dernier. Vous conviendrez que cette brièveté despotique dans l'exécution valait bien nos lenteurs constitutionnelles.

Un édit postérieur (19 août 1674) attribua à cet établissement tous les revenus des moines lais. Le roi lui accorda en outre trente minots de sel par an exempts des droits de gabelle, et l'entrée de trois cents muids de vin, quittes de péages. Moyennant ces prérogatives, tous les pauvres militaires estropiés admis à l'hôtel, devaient être logés, nourris et vêtus leur vie durant.

On raconte même quelque chose de plus singulier. Louis XIV, ce roi de l'étiquette par excellence, qui n'osait point, pour ainsi dire, faire un pas hors du cercle tracé par son maître des cérémonies, affectionnait tellement les Invalides, que de temps à autre, *au risque d'être grondé*, il s'échappait incognito de son insipide cour, et venait examiner par lui-même où Mansard en était de son Prytanée. Grace à ces bonnes dispositions, l'hôtel fut poussé si activement qu'on put l'ouvrir en 1675, et que Libéral Bruant, l'architecte qui en construisit l'église, fit poser à cette époque, au-dessus du grand portail de l'entrée, le fronton de Jacques Couston, détruit pendant la révolution, mais rétabli par Cartellier en 1846, et au-dessous duquel on lit :

> Ludovicus Magnus,
> Militibus regali munificentiâ
> In perpetuum providens,
> Has ædes posuit, an. M. DC. LV.

Il est inutile de faire remarquer que cette phrase latine a été placée là d'abord, puis replacée par ordre de l'Académie française des Inscriptions : ceci va sans dire ; nous sommes absurdes de père en fils.

— A présent que j'ai parlé de ce qui était relatif à la fondation de l'hôtel des Invalides, on me permettra, j'espère, d'entamer, sans autre préambule (ce qui sera peut-être le meilleur de tous) la description de l'état dans lequel il se trouve aujourd'hui. Je ne chercherai nullement à tracer le tableau des mutations qu'il a eu à subir, ni des révolutions qui se sont opérées dans son sein. Ce serait une digression beaucoup trop longue, et j'ai d'ailleurs la certitude que je serai suffisamment ennuyeux sans ce renfort. Donc, je commence, en ayant soin de faire le plus possible mon récit tout matériel.

— *L'hôtel des Invalides* (car il n'a pas changé de nom ni de place depuis Louis XIV) occupe toujours entre le Champ-de-Mars qui se déroule à son côté, — la Seine, qui jette son bras en demi-cercle autour de lui, — et le faubourg St.-Germain, lequel s'étend à ses avant-postes, comme une préface en tête d'un in-8°, un espace assez large pour convenir à une ville tout entière. Je sais même un assez bon nombre de grandes cités provinciales qui ne sont pas aussi étendues que lui, ni carrément couchées au soleil à son instar, sur une surface de *trente-sept mille quatre cent quatre-vingt-huit mètres,* rien que cela, d'après le calcul géométrique; excusez le peu de carrure de cette base!

Outre son dôme, qui le rend visible de loin, une longue allée qu'on appelle encore aujourd'hui l'avenue du Roi, attendu que c'était par-là que le roi y venait, s'ouvre du côté du sud, et laisse apercevoir l'église et les bâtimens accessoires qui se cachent humbles et chétifs, à l'ombre de la coupole géante, dont les épaules ressemblent à une caryathide qui voudrait soutenir le ciel. Du côté du septentrion, une esplanade de plus de deux cents toises, établie en 1750, règne jusqu'au bord de la Seine, et laisse à l'œil la faculté de courir des gazons qui le couvrent aux arbres des Champs-Élysées, à travers lesquels le regard expire et se perd dans de petites clairières ménagées exprès.

En approchant des Invalides par ce point, vous êtes surpris tout d'abord de la symétrie et de la régularité de l'ensemble ; par malheur cette façade à fenêtres carrées, désagréables à la vue, jure avec la beauté du portail et vous donne bien l'idée de l'architecture du 17ᵉ siècle. De vrai, comme tout cela porte un cachet peu artistique ! comme tout cela est triste, morne, froid ! — Cet aspect vous serre le cœur autant que celui d'une prison.

Il n'en est pas de même cependant, quand vous avez franchi la grille. Une avant-cour plantée de buis, dans laquelle se promènent en parlant de leurs campagnes, ces vieux grognards de l'empire qui auraient vaincu le monde avant d'être vaincus par les élémens, vous sourit et vous attire. Ces corps dont le tombeau possède la moitié, — ces demi-morts que le canon n'a pas achevé de tuer, qui marchent, vont, viennent comme des hommes très-vivans, ont un air de fierté et de satisfaction qui ne ressemble nullement à celui de cadavres sordides qu'on voit errer dans les hôpitaux civils. On devine, à je ne sais quoi de régulier, de noble et de martial, que, même à la veille du tombeau, la tenue militaire a passé par-là.

Sur le devant, vous avisez au faîte de leurs affuts de bois, et ornées de leurs sculptures pour ainsi dire hiéroglyphiques, ces inoffensives bombardes, dont la grosse voix va réveiller Paris les jours de fête. A leurs pieds gisent des conquêtes plus récentes, les canons d'Alger, pauvres barbares qui ne se reconnaissent plus sous notre terne soleil, et qui aspirent sans doute après leur plage africaine !

Mais la chose la plus remarquable de ce lieu est sans contredit le terrain qui borde les parties latérales jusqu'à l'hôtel. Là sont les jardins des officiers. Vous ne sauriez vous imaginer quelle industrie ces vieux braves, qui promenèrent leurs pas au hasard dans l'Europe, et auxquels il n'eût fallut peut-être que l'absence d'Aboukir, pour s'en aller comme les phalanges d'Alexandre, battre les Porus de l'Inde, apportent à la distribution de leurs tuileries au petit pied. Dans cet étroit espace, qui leur épargne à la fois l'ennui du mal et le mal de l'ennui, pas le moindre compartiment qui ne soit cultivé, semé, et ou le propriétaire ne fasse croître quelques gramens ou quelque arbuste. Puis — (touchant spectacle, et bien fait pour émouvoir!) ces mains accoutumées à serrer la garde d'un glaive, — ces hommes qui ne firent pas plus de cas de la vie de leurs semblables, que de l'existence d'un insecte, — vous les voyez courbés sur une tulipe ou une rose, la dégageant des obstacles, l'environnant de tous leurs soins. Je vous donne ma parole que cette promenade m'a remué au cœur.

— En sortant de l'avant-cour, vous pénétrez par un vestibule grandiose, dans ce que l'on appelle la *cour Royale*. Figurez-vous quatre-vingts portiques à pleins cintres, qui en soutiennent au-dessus un pareil nombre, et forment quatre grandes galeries parallèles, entourées d'immenses corps de logis. Les réflexions que je faisais tout à l'heure pour le dehors de l'hôtel, peuvent s'appliquer à cette portion de l'intérieur. Sans doute il y a dans l'ensemble et la disposition monumentale de cette cour quelque chose d'élevé, un souvenir de l'antique; mais ces voûtes longues et noires, ces corridors glacials, ces préaux où l'herbe croît, vivace comme aux cimetières, dans lesquels nous savons qu'elle pousse si bien, et où le soleil ne pénètre pas, doivent paraître bien sombres et bien ennuyeux à ces vieillards qui auraient besoin du grand air et de la verdure des champs. — Je livre cette observation aux discussions des philantropes.

— Le rez-de-chaussée de la *cour Royale* est occupé par les réfectoires des officiers et des soldats. Quand j'y vins, c'était l'heure du dîner; j'entrai dans l'un deux.

Cette vaste salle est disposée par tables de douze couverts, garnies d'assiettes d'étain et d'un broc de vin qui contient la valeur de six bouteilles. Dès que le tambour eut cessé de se faire entendre, je vis arriver à la file tous ces cadavres dont les membres sont restés épars sur nos champs de bataille. Aux uns il manque un bras, aux autres une jambe, à quelques-uns les deux à la fois. Ceux qui me surprirent le plus furent, sans contredit, les aveugles. Munis de leur bâton, avec lequel ils tâtonnaient à droite et à gauche, ces malheureux s'avançaient au milieu de la foule sans se heurter, devinant instinctivement les obstacles, et s'en allant, au milieu de ces tables qui se touchent, s'asseoir, sans qu'aucun d'eux se trompât, à celles qui leur étaient destinées. L'homme peut ainsi remplacer un sens par un autre : le besoin aiguise les facultés.

— Je ne vous décrirai point le manger des

invalides. Je me contenterai de vous dire, pour mettre ma responsabilité à couvert à cet égard, que je goûtai le vin et le pain. Je ne les trouvai mauvais ni l'un ni l'autre. Mon cicérone m'apprit en outre (et je crois devoir vous le répéter) que les invalides faisaient deux repas par jour. Chacun se compose de la soupe, d'un plat de viande, et d'un service de légumes. Au souper seulement on retranche la première. Les officiers obtiennent, de plus que les soldats, un peu de dessert; mais leurs rations sont les mêmes; j'observai qu'ils étaient servis dans de l'argenterie. Je doute fort que ceci leur rende le dîner meilleur.

Je ne passerai point sous silence les peintures à fresque de ce réfectoire, non qu'elles soient remarquables sous le rapport de l'exécution, mais parce que leur composition me parut très-singulière. Comme je ne comprenais pas le sujet, je fus obligé de recourir à l'érudition officielle de mon guide, érudition que le brave homme aura probablement puisée dans la description des Invalides par Félibien, ou chez tout autre de nos nombreux narrateurs du siècle passé. Quoi qu'il en soit, voici les paroles textuelles qui me traduisirent la pensée de l'artiste, si tant est qu'on puisse rencontrer, dans ce pâté de couleurs, la moindre parcelle de ce que nous appelons l'art, c'est-à-dire l'inspiration.

« *Ce tableau que vous voyez là, monsieur,* » me dit mon conducteur, *représente le roi sur* » *les nuées, environné des Graces, revêtu de toute* » *la valeur des Romains, représentée par leurs* » *habits, ayant à ses pieds la Justice, la Force,* » *la Prudence et mettant en fuite l'Ignorance,* » *la Crainte et l'Aveuglement.* »

— Ouf!

« *Dans cet autre groupe, monsieur, vous aper-* » *cevez la France, qui rend graces au Ciel d'un* » *si grand présent, ayant à ses côtés l'Abondance* » *et la Magnificence de ce règne. Le Dieu des* » *combats et les Génies de la guerre paraissent* » *dans le ciel de ce tableau, pour marquer que* » *le grand cœur de ce monarque soumettra tou-* » *tes les diverses provinces, qu'un petit Amour* » *mesure de son compas sur le globe de la terre.* » etc., etc. »

Qu'en dites-vous, lecteur? est-ce bien là la peinture élogieuse du siècle de Louis XIV? — Le morceau dont je parle est dû à Martin, élève de Vander-Meulen. — Pauvre Martin!

— Au-dessous des réfectoires il y a, m'a-t-on dit, trente-huit caveaux assez grands pour contenir près de cinq mille pièces de vin. Ce fut dans ces cryptes, qu'à l'aurore de la révolution le peuple de Paris se précipita un jour, comptant y trouver des armes, afin de prendre la Bastille. Il s'y grisa ; mais la vieille forteresse féodale, le Capitole de la servitude lutétienne, n'en tomba pas moins sous ses coups : les fumées du vin n'ôtèrent point ce jour-là leurs forces ni leur raison aux Parisiens.

Au-dessus des réfectoires, et dominant la *cour Royale*, sont les dortoirs. J'ai demandé s'il n'eût pas été plus commode pour leurs habitans, d'avoir chacun une petite chambre particulière ? — on m'a répondu que l'intérêt du service exigeait qu'il n'en fût pas ainsi. A cela je n'ai fait aucune observation, mais je n'ai pas été convaincu.

Cette partie du bâtiment contient en outre la bibliothéque de l'hôtel, fondée par Napoléon. Un article du livre des *Cent-et-un* dit qu'elle a été dépouillée, pour des *motifs de dévotion*, de tous les traités que le rigorisme de la restauration jugeait trop mondains ; — que le ministre d'alors, au lieu de l'améliorer, fit vendre à l'encan beaucoup d'ouvrages militaires qui furent cédés à vil prix, etc., etc. : ces paroles d'un honorable général renferment plusieurs inexactitudes. D'abord, à chacun sa chose : la restauration n'a fait vendre aucune partie de la bibliothéque de l'hôtel : c'est le conseil des Invalides qui a lui-même proposé cette mesure. En second lieu, les livres vendus ne portaient ni sur des doubles, ni sur des ouvrages militaires. Ils consistaient au contraire en ouvrages dépareillés que l'on désespérait de pouvoir recompléter, et en traités de théologie (lecture peu en vogue aux Invalides), qui provenaient de la bibliothéque des Cordeliers, où Napoléon les avait fait prendre en 1809. Ceci soit dit uniquement pour rendre hommage à la vérité ; je ne suis, du reste, nullement carliste, ni ennemi de M. le général Bardin, surtout quand il tonne contre les états-majors.

En face de la bibliothéque, on a posé depuis deux ans la statue en plâtre de l'empereur. C'est elle qui a servi de modèle au bronze de la colonne Vendôme. Je ne sais à quoi cela tient ; elle produit un meilleur effet que celle que nous avons vu inaugurer si pompeusement par M. Thiers. Peut-être Bonaparte a-t-il besoin dans ses représentations matérielles, afin de répondre dignement à la boursouflure morale que réveille son idée, de proportions gigantesques. Or, cela manque complétement à la statue de la colonne, vue de loin; tandis que les douze pieds de hauteur du plâtre des Invalides imposent au spectateur, et lui incrustent dans le regard (comme l'idée de Napoléon dans la pensée) un sentiment de grandeur. Quoi qu'il en soit, voici des vers composés par un sous-officier de l'hôtel, qu'on a soigneusement encadrés et placés au bas de la statue ; ils prouvent que si l'on rencontre aux Invalides toutes les blessures du corps, on y découvrirait aussi, avec un peu d'attention, toutes les maladies de l'esprit, puisqu'on y retrouve la plus incurable de toutes, — la manie de la poésie. — Je vous donne ces alexandrins tels qu'ils sont, et pour ce qu'ils sont.

<blockquote>
Superbe monument de notre gloire antique,
Quel objet tout nouveau décore ton portique?
Quel est donc ce guerrier placé sous ce fronton?
C'est celui *qu'autrefois la valeur sans seconde*,
Au bruit de ses exploits a su remplir le monde :
Le grand Napoléon !
</blockquote>

Vous voyez qu'il n'y a pas que nos Académiciens et nos poètes de profession qui se laissent aller à des fautes de français.

Si vous voulez maintenant redescendre avec moi au rez-de-chaussée, nous visiterons les cuisines et l'infirmerie, car je ne veux rien négliger. — La vue des premières est à faire mourir de joie un gastronome, à épouvanter lui-même le héros vorace de Rabelais, qui mangeait pourtant à son repas, comme chacun sait, *six pélerins en sallade, y compris les bourdons.*

De fait, représentez-vous un pot-au-feu, dont la capacité abdominale reçoit journellement douze à quinze cents livres de viande, sans compter ce qui est nécessaire à la nourriture des officiers. Figurez-vous, si vous pouvez, luisante comme l'acier d'un sabre le matin d'une bataille, toute cette formidable batterie presque fabuleuse, — pêle-mêle luxorique de soupières gigantesques, de broches pareilles à des paratonnerres, et dont l'entretien continu, qui consomme par jour onze cents muids d'eau, fait ressembler ce lieu à la caverne de Pluton ! — Je vous demande humblement pardon de tous ces détails culinaires, mais je tenais à compléter mon sujet.

Non loin de l'endroit où nous sommes se trouve l'infirmerie. J'entrai dans ce séjour des douleurs conquises au service de la patrie, tenant mon chapeau à la main, et ayant des larmes plein les yeux. Ce fut là que j'appris qu'il y avait à l'hôtel deux cents aveugles, soixante amputés des deux jambes, à peu près autant d'infortunés qui le sont d'une seule; cent manchots privés d'un bras, quinze privés de deux, dix mentons d'argent, etc.

— Je m'arrête : cette énumération est trop fatigante. Je ne puis la supporter. —

L'infirmerie se divise en sept salles, qui contiennent près de 300 lits. Elle est desservie par vingt-cinq sœurs de la Charité, bonnes et angéliques créatures dont la vie n'est qu'une longue bonne action, et que nos vieux débris révèrent à l'égal de généraux. On ne cite pas un seul acte d'irrévérence commis à leur égard.

J'ai remarqué là deux choses qui m'ont touché. Avant d'arriver à la salle *de la Valeur*, qui contient les malades par suite de blessures, il faut traverser celle des fiévreux qui se divise en quatre branches réunies au point central. Eh bien ! à ce carrefour, on a élevé un petit autel bien simple (comme il convient à un hôpital), où un prêtre dit la messe tous les matins. Je ne doute pas que cette cérémonie pieuse, qui émeut même les non croyans, — que ces paroles dites à voix basse, au milieu d'un parfum d'encens, et, dans la demeure des souffrances, produise un effet salutaire sur la santé des malades. C'est quelque chose de si sublime que cette haute religion qui vient consoler ainsi les plus humbles des mourans !

La seconde des choses que j'ai observées en ce lieu, est celle-ci. Je passais dans la salle *de la Valeur.* Je vis une femme occupée à faire manger, comme un enfant, un militaire en cheveux blancs, qui devait dater au moins des campagnes de Hanovre, pauvre tronçon mutilé, privé de bras depuis environ un demi-siècle. Je m'arrêtai pour contempler cette action attendrissante. Mon guide m'apprit que cette femme était payée pour cela, et qu'elles étaient au nombre de trois *préposées à faire boire les manchots.* Cette parole m'irrita : j'avais pensé, dès l'abord, que c'était peut-être la fille de cet ancien soldat, et je tombais de cette belle croyance à une mercenaire!... Je passai vite.

— Après m'avoir conduit aux cantines, à la boulangerie, etc., détails qui font des Invalides une ville bien approvisionnée plutôt qu'une maison, et que je me dispenserai de vous donner, mon cicérone me demanda si je voulais entrer dans l'église et monter au dôme. Je répondis que mon intention était de ne pas m'en aller sans cela. En conséquence nous revînmes sur nos pas; nous franchîmes une petite porte bâtarde pratiquée dans une des galeries de la *cour Royale,* et je me trouvai dans la première nef.

— M. de St.-Foix disait : « Toutes les fois » que je vais au dôme des Invalides, l'admira- » tion que peut causer ce grand morceau d'ar-

» chitecture cède dans moi à la surprise que me
» donne sa parfaite inutilité. Je trouve d'abord
» une église convenable et complète; ensuite der-
» rière le maître-autel j'aperçois une nouvelle
» église, prodigieusement enrichie de peintures,
» de marbres, de sculptures, de dorure et qui
» est elle-même un bâtiment complet. Je de-
» mande à quel usage ce grand dôme et tout ce
» qui l'accompagne? — On ne saurait en rendre
» raison. Je n'y vois que la fantaisie d'un grand
» prince, qui a voulu faire du beau sans avoir
» une idée bien nette de ce qu'il voulait faire. »

A ce compte, pourquoi le Louvre? pourquoi St.-Pierre-de-Rome? pourquoi Notre-Dame de Paris? — Certes, il est bon d'être philosophe; mais il faut aussi être juste, et reconnaître que si la raison *n'excuse* pas Louis XIV, l'*imagination* l'absout. Pour ma part, je l'avoue, je serais très-fâché que l'aiguille de Cléopâtre et les pyramides d'Égypte n'existassent pas. St.-Foix aurait-il donc demandé au sortir d'*Athalie*: « Qu'est-ce que cela prouve? »

Revenant à mon sujet, je dirai que si la première église est *complète*, elle n'a rien de remarquable. Otez-en le buffet d'orgues, qui forme un beau travail, et les trois cents drapeaux ennemis qui pendent aux voûtes, j'ignore en quoi vous pourrez vous y arrêter, à moins que ce ne soit pour critiquer le mauvais goût des quatre grandes colonnes corinthiennes du maître-autel, toutes dorées. La seconde église, au contraire, celle du dôme, offre des peintures assez bonnes, et contient le tombeau de Turenne, dont la composition est due à Lebrun et l'exécution à Tuby. On a gravé au bas cette modeste inscription, qui frappe plus que de fastueuses paroles :

TURENNE.

Ceci m'a rappelé un mot bien simple d'une sépulture anglaise : — *Milton*.

Comme pendant au cénotaphe de Turenne, on a élevé en 1807 un monument à Vauban. C'est une colonne de stuc noir qui surmonte une urne funéraire, entourée des attributs de l'art des fortifications.

Je me suis demandé, à la vue de ces deux tombeaux, pourquoi l'on ne plaçait pas dans cette enceinte les cendres ou du moins les statues de nos plus célèbres généraux ? ce serait un Westminster national. Mais pourquoi aussi Louis XIV, qui poussa son affection pour les *Invalides* jusqu'à recommander cet hôtel à son fils dans son testament, n'a-t-il pas enjoint que son cœur y fût enterré, au lieu de le léguer à la maison professe des jésuites?... Demandez cela à Françoise d'Aubigné, cette concubine qui devint presque une reine. Elle fut bigote durant sa vie : Louis XIV le fut donc jusqu'au-delà de la mort!—

Je ne vous fatiguerai pas en vous faisant monter au dôme, pour plusieurs raisons; et cela, d'abord, parce que vous n'y jouiriez pas d'un spectacle qui lui appartienne plus en propre qu'aux autres monumens de Paris; ensuite parce que je préfère donner dans le peu de pages qui me restent, quelques détails sur la constitution de l'hôtel.

— Les réglemens de Louis XIV, qui ne sont plus exécutés aujourd'hui, étaient fort rigides et fort sévères. Ils sentaient la guimpe, les vers de St.-Cyr et leur Maintenon à pleine gorge. On eût dit qu'on avait voulu faire des Invalides un couvent de bonzes, dont les quatre principales occupations auraient été celles-ci : rester oisif,— fumer sa pipe,— prier Dieu,— manger et boire. Ainsi, par exemple, les nouveau-venus étaient obligés de demeurer six semaines sans sortir, *pour que les Lazaristes eussent le temps de les instruire aux exercices religieux.* Tous les habitans de l'hôtel étaient obligés de communier aux quatre grandes fêtes; le blasphème était puni comme *un crime des plus détestables*, etc.; etc.

Les pénalités n'étaient pas moins bizarres. Tout invalide qui vendait ses hardes de la maison était puni de la peine du fouet, et ceux qui introduisaient des filles de joie dans la maison, de celle du chevalet. A cette heure la répression des fautes est ainsi graduée : — privation de vin, (ce qui suppose qu'on ne le hait pas là, puisqu'on en a fait une punition) ; — emprisonnement, — expulsion de l'hôtel. Ce dernier cas est fort rare. Les registres de l'an passé n'en signalent que cinq exemples ; encore proviennent-ils d'une cause qui peut bien accuser le peu d'agrément que trouvent dans ce tombeau superbe ceux qui y sont ensevelis, mais qui du moins n'affecte en rien l'honneur de ces braves : j'entends une absence illégale et trop prolongée hors de l'hôtel.

D'autres parties des réglemens primitifs ont été aussi modifiées. Dans l'origine, il était défendu aux Invalides d'emporter les vivres qu'ils recevaient. On s'est relâché avec raison de cette sévérité. La plupart, en effet, de ces vieux soldats sont mariés. L'état se charge bien de leur nourriture, mais il ne leur donne rien de plus, si ce n'est quarante sols par mois, *afin d'acheter du tabac,* comme ils disent. Pourquoi donc les empêcherait-on de restreindre eux-mêmes leurs portions, et de venir ainsi au secours de leurs femmes et de leurs enfans? En outre, la plupart exercent hors des Invalides une profession. Il y en a qui sont *tisserands, fondeurs de bougie,* etc. Je cite ces deux métiers, parce qu'ils sont les plus communs, et vous voyez que je laisse de côté celui qui emploie le plus de monde et qui est le plus apparent. Je veux parler des places de *gardes de nos monumens en construction.* Or, vous savez que nous avons toujours beaucoup de monumens en construction. C'est peut-être pour cela que nous avons si peu de constructions qui soient des monumens.

— J'aurais désiré pouvoir, avant de finir, vous donner sur les plus célèbres de ces vieux soldats une notice qui rappelât leurs exploits. Il me semblait bien que ceci devait faire partie des archives de l'hôtel. Je me trompais. Les registres d'admission n'ont pu me donner aucun renseignement à cet égard; ils ne contiennent que ceci : — *admis tel jour : tant de blessures.*

Les hauts faits des invalides ne devraient-ils pas être la propriété de l'hôtel?

Le mode administratif qui existe peut être commode pour les commis, à cause de sa brièveté; mais je le proclame vicieux sous plus d'un rapport.

— Il me serait loisible de terminer ici cet

article, déjà trop long, en vous disant que le maréchal Moncey est aujourd'hui gouverneur des Invalides, et que M. le général Fririon, à l'obligeance duquel je dois la plupart des renseignemens, dont je viens faire usage, y commande; mais j'ai à cœur de finir par quelques mots consacrés à la défense d'un établissement, le plus juste d'un siècle de grandeur, et qui arrachait à l'Anglais Young, cette magnifique exclamation : — *Désormais, l'on ne verra plus les soldats mendier avec le seul bras qui leur reste, le long des royaumes que leur valeur a sauvés!*

— Voici ce qu'il s'agit de réfuter.

— Depuis 1780 (c'est-à-dire à partir des économistes, encyclopédistes et autres charlatans de ce genre), une opinion, que j'appellerai antinationale, antifrançaise, mais qui, par malheur, a trouvé des reproducteurs de nos jours, a proposé la démolition (car elle ne tend à rien moins, quoique par un chemin détourné,) de *l'hôtel des Invalides.* Les Invalides, a-t-elle dit, coûtent trop cher; ils sont inutiles à l'état. Il faudrait les répandre dans les villages et les campagnes. Là, du moins, ils vivraient selon leurs goûts, ILS PEUPLERAIENT, etc., etc.

On a imprimé ce dernier mot.

— Eh! malheureux! vous qui ne voyez au fond des questions qu'un peu plus ou un peu moins d'or, comptez-vous donc pour rien dans la balance la dignité nationale? — Quoi! ce sera trop pour l'entretien d'un monument qui est une de nos gloires, et qui devrait être l'une de nos fiertés, d'une misérable somme d'un million! — Quoi! vous oserez écrire que ces martyrs de la patrie, qui ont propagé à la pointe de leurs baïonnettes, nos grands et féconds principes révolutionnaires, sont trop généreusement rémunérés, puisqu'ils coûtent à l'état *sept cents francs* chacun par année!... Ah! ce langage est une honte! Il y a de ces avarices qu'on ne saurait trop flétrir, et la vôtre est du nombre. Il faut, en vérité, n'avoir pas d'ame pour lésiner avec le sang versé.

— Au demeurant, je me résume en une seule phrase:

Je ne suis rien dans le gouvernement actuel, et j'espère bien ne jamais rien être sous aucun gouvernement; mais si j'avais le malheur de devenir jamais quelque chose, je monterais à la tribune nationale, et je proposerais d'agrandir de moitié l'hôtel des Invalides. La France, en effet, a continuellement, même sous le présent régime, auquel on ne contestera pas une tendance pacifique, dix fois plus de blessés que l'édifice n'en peut contenir. Il n'est pas juste cependant qu'il n'y ait en ce paradis qu'un très-petit nombre d'élus : il faudrait que tout le monde pût y entrer. Malheureusement il en va de cela comme du grand banquet social : nous voyons un convive au plus pour mille invités!

Achille Jubinal.

LES MÉDECINS DE PARIS.

Gloire, richesse, fortune, honneurs et titres, voilà pour le médecin de Paris; pauvreté, obscurité, voilà pour le médecin de campagne. A Paris, la médecine est une spéculation; à la campagne, c'est un sacerdoce; là, on a foi, chose si recherchée du médecin et du prêtre. Un vrai médecin qui aime l'humanité peut être beaucoup plus utile à la campagne. Il devient l'homme nécessaire, l'homme de la famille. A Paris, quel médecin va s'intéresser à tous les malades qu'il soigne! il en a tant, sa vie est une course perpétuelle. Le malade n'est pour lui que le sujet qui lui rapporte argent, réputation et crédit; c'est la matière qu'il exploite. S'il tue dans le faubourg Saint-Antoine, il va dans le faubourg Saint-Jacques; peu lui importe. J'avoue que tous les moyens d'apprendre sont à Paris; hôpitaux, clinique, professeurs célèbres et habiles, bibliothéques toujours ouvertes : mais la pratique, sans laquelle il n'y a pas de médecine, est détestable dans la plupart des villes civilisées. La situation du médecin y est nomade. Il court d'une maison à l'autre, distribuant son savoir à qui le paie ou à qui promet de le payer. Ne connaissant ni la vie morale ni la vie physique de ceux qu'il entreprend de guérir, il marche toujours à tâtons et n'est guidé que par des symptômes vagues et généraux.

Les anciens comprenaient mieux cette partie importante de la vie sociale. Leur médecin était l'homme de la famille; il vivait avec elle, il suivait tout le cours des événemens qui la modifient; il connaissait les passions et les vices de chacun. Son observation pouvait être utile; car il reportait aisément chaque souffrance physique à la source qui l'avait dû produire. Il guidait ses malades en connaissance de cause. Quel point d'appui a le médecin moderne?. On l'envoie chercher; il pénètre dans une famille étrangère, sans être même sûr que le malade lui donnera des renseignemens vrais ou suivra ses ordonnances. Il ignore l'origine du mal qu'il veut combattre; ses instructions sont jetées au hasard. L'homme de conscience ne doit-il pas sentir un désespoir secret d'exercer si mal et si incomplétement une mission si noble et si haute?

En général, il faut le dire, cette pensée préoccupe peu le médecin vulgaire. Il veut guérir son malade pour obtenir du crédit, pour augmenter sa clientèle; je l'ai dit, la médecine à Paris est une spéculation.

Le médecin sort du carabin, comme le ver à soie de la chrysalide. Vous ferai-je le portrait du carabin? visitez les environs de l'École de Médecine : il y abonde, il y pullule. En général, il ressemble aux étudians d'Allemagne; il a le chapeau sur le coin de l'oreille, l'air tapageur; il regarde les femmes sous le nez et se dandine sur la hanche. Souvent il arrive de sa province, pauvre, fils d'agriculteur, sachant lire et écrire, voilà tout. Le pauvre carabin a les coudes troués, une casquette et pas de chapeau, le visage pâle et affamé; il dîne chez Flicoteaux, quand il dîne : il copie des rôles pour acheter du pain, un coin de fromage et payer ses professeurs. On le voit *chien de cour*, régenter des écoliers qui le maltraitent et se moquent de lui. Il donne aux étrangers des leçons de français qu'il ne sait pas, lui qui est Limousin ou Auvergnat. Et le reste de son temps, pauvre jeune homme, il le passe à disséquer des cadavres, à suivre les hôpitaux, à étudier la nosologie ; heureux quand un de ses camarades, plus riche, s'éprend pour lui d'une belle amitié, et le conduit quelque soir à la Chaumière. Il lui arrive fréquemment de retourner au pays, désespéré; ou de s'engager. La mort l'emporte souvent aussi, au milieu de ses veilles, de ses privations et de quelques plaisirs âpres, rapides, grossiers, qu'il dévore au passage. O société, que de victimes ! et cet amour de la civilisation, cet orgueil des arts libéraux, cette soif de savoir et d'acquérir que tu inspires à tes enfans, tout cela ne porte-t-il pas en soi des germes de désolation et de mort? J'ai vu de l'héroïsme studieux et de l'héroïsme inutile chez ces jeunes gens qui veulent devenir quelque chose, et que vous rencontrez, du haut de la rue Saint-Jacques jusqu'à la rue des Mathurins, crottés, sales, ébouriffés, ignobles à voir, la pipe à la bouche, coiffés d'une casquette sale, vrais sacripans.

Quant au carabin qui a de l'argent, qui est vêtu, qui porte des gants, il n'étudie point; il passe huit années à Paris, il entretient des grisettes, il vit à l'estaminet, au billard et à la Chaumière. C'est un jeune homme pâle et qui ne doit point cette pâleur à l'étude. Il se connaît en littérature; il a lu toutes les Revues, et il juge en souverain maître. Son école philosophique est celle de Byron; il ne croit pas à la vertu des hommes, ni à la pudeur des femmes. Il est essentiellement romantique, et prend parti dans les querelles littéraires en faveur des hommes les plus violens. Il est aussi homme politique; on le voit briller dans les clubs, où son gros bâton lui donne une physionomie redoutable.

Les deux ou trois mille francs que son père lui envoie sont bientôt dépensés. Un juif lui en prête autant, en lui faisant souscrire un billet de valeur double que la bonne mère paie avec les intérêts, à l'échéance. Notez qu'une partie de la somme livrée par le juif consiste ordinairement en cercueils, en souricières, en brosses, en calicot, en vieux vin de Madère et en fromage de Gruyère, que le jeune homme revend ensuite à vil prix. La somme est-elle épuisée, le sensible jeune homme s'assied à sa table de travail et trace la lettre suivante :

« Mon cher père,

» J'ai reçu votre dernière lettre, et j'espère que les bons conseils que vous me donnez ne me seront pas inutiles. Je travaille beaucoup ; malheureusement je suis obligé d'acheter pour mes études un grand nombre de livres indispensables, entre autres l'ouvrage de Richerand, dont je viens de faire l'acquisition et qui coûte fort cher. Je ne pourrai pas suivre mes examens si je ne me procure la *Nosologie* de Pinel et le grand ouvrage d'Alibert. Il me faudrait trois cent cinquante francs pour cela. Il m'est aussi impossible de faire des progrès, sans suivre des cours particuliers de perfectionnement; j'espère que vous joindrez une somme de cinq cents francs à celle que je vous demande, pour le prix de mes inscriptions.

Votre dévoué fils,

ÉDOUARD......

L'argent des inscriptions achète les robes de mademoiselle Aglaé. La *Nosologie* de Pinel paie les cigares; et les *Maladies cutanées* d'Alibert guérissent les petites indispositions du jeune Édouard. Quant au cours de perfectionnement, il s'envole avec la flamme du punch et valse sous les ombrages de la Chaumière. Les huit ans s'écoulent ainsi ; Dieu sait que de bonnes orgies, que de parties fines valent au jeune homme les quatre cents francs des examens ! On peut dire que les examens du carabin riche sont le grand trésor de la grisette parisienne ; elle y puise à pleines mains. Huit ans se sont passés : Édouard ne sait pas distinguer un tibia d'un humérus, ni une pleurésie d'une gastro-entérite. Son portefeuille, qui renferme beaucoup de mémoires de fournisseurs, ne contient pas une seule inscription ; et sans inscriptions pas de diplôme. Alors, ne sachant où donner de la tête, il commence à s'informer ; il apprend que Monsieur un tel, médecin savant, se charge de distribuer la science comme on vend des pilules, et d'improviser un médecin en six mois ; pour la première fois, notre jeune homme étudie. Guidé par son unique professeur ; le voilà qui charge sa mémoire de noms et de dates ; souvent il *passe* officier de santé ; et lui qui ne sait absolument rien, il va devenir le médecin de plusieurs communes !

Mais ceci n'est pas la règle générale, c'est le cas extrême. Ordinairement, le carabin riche ou de médiocre fortune trouve moyen d'allier beaucoup de plaisir à un peu d'étude. Reçu docteur, voyez-le se métamorphoser tout à coup. La transition est rapide et le changement singulier; léger d'instruction, mais paré d'un certain vernis extérieur qui la remplace, le carabin, devenu docteur, déploie ses ailes en liberté; lui qui, par la liberté de ses gestes, rappelait les habitudes scandaleuses de La Courtille, il devient grave; il se pose carrément; il est silencieux comme Harpocrate. Il marche d'un air réfléchi. Naguère ses gestes et ses manières de mauvais ton effrayaient toutes les femmes; le voici réservé, modeste, timide comme un prêtre. En effet, c'est un Sacerdoce que le sien; il va confesser les plus évidentes et les plus douloureuses fragilités de notre nature.

Maintenant que la puissance du prêtre est morte, cette puissance du médecin a merveilleusement grandi; et ne faut-il pas qu'il se maintienne par l'aplomb des manières, au niveau de sa situation? Quel père aura confiance en lui? quel mari le laissera près de sa femme, en consultation secrète, s'il n'a le ton grave et le maintien hypocrite? Tartufe médecin est un singulier rôle, et je vous jure qu'il n'est pas sans modèle.

C'est un grand point que l'extérieur; mais ce

n'est pas tout, il faut de la clientèle. Oh! si je vous disais à quel charlatanisme on descend! Le directeur de l'Opéra est vaincu par certains médecins de Paris. Quelle liste il faudrait dérouler, si nous n'avions peur d'être malade demain, et si la Faculté ne nous inspirait une certaine crainte secrète! Tout le monde connaît ce bon vieux Portal qui a toujours été vieux, qui a porté une canne à pomme d'or à vingt ans, qui s'est fait cassé et décrépit dès le premier âge, pour inspirer de la confiance. Il est mort et ne reviendra pas; parlons de lui. Dans les premiers temps de sa carrière médicale, il vivait fort inconnu à Paris; son dos voûté, ses rides factices n'avaient encore obtenu aucun succès. Il s'avisa de payer des hommes, qui pendant plusieurs nuits de suite frappèrent à sa porte en criant de toute leur force:

M. Portal!... venez vite!

Le jour, les mêmes hommes allaient frapper à toutes les portes du quartier, demandant:

« Est-ce ici que demeure M. Portal, le fameux médecin? Quoi! vous ne le connaissez pas! celui qui a guéri madame la comtesse de W***. »

Pendant la nuit, des fiacres stationnaient à la porte du même docteur; et tous les jours à l'heure de sa consultation, on y voyait une longue file de voitures louées. Portal cependant déjeunait, ou taillait ses plumes. Il avait imaginé quelque chose de mieux encore et de plus neuf. Il avait fait graver des cartes sur lesquelles on lisait :

Portal, D.-M. du corps diplomatique.

Ambassadeurs, secrétaires de légation, attachés, envoyés ordinaires ou extraordinaires, trouvaient cette carte à domicile, et nul d'entre eux n'avait intérêt à refuser à Portal le titre que lui-même s'était conféré.

Ce sont là les grands moyens, les coups de tam-tam; c'est le charlatanisme dans ce qu'il y a de sublime. Ordinairement on se contente d'un charlatanisme moins actif; annonces de journaux, compilations sur les glaires ou les maladies de poitrine; enfin une camaraderie de salon qui manque rarement son effet.

J'ai toujours vu un jeune médecin arriver le dernier quand on l'invite à dîner. Si vous demeurez au faubourg Saint-Germain et qu'il demeure au Palais-Royal, soyez sûr qu'il a pris par le Pont-Neuf. Il laisse croire que ses nombreux cliens l'ont arrêté en route. Au milieu du dîner, le valet de chambre vient lui parler à l'oreille ; quelqu'un le demande : son portier, déguisé en domestique, l'arrache à l'hospitalité de votre table ; madame la duchesse le veut à l'instant même. On n'est pas encore au second service ; le médecin quitte la table : c'est de l'héroïsme.

Oh ! que de variétés, que de spécialités, que de races différentes, dans ce grand monde médical dont je ne veux faire ici ni la satire ni l'éloge, qui renferme quelques-uns de mes meilleurs amis, plusieurs des hommes les plus distingués de ce temps, mais qui a certes ses ridicules, ses vices, ses folies, et que le peintre de mœurs ne doit pas ménager, même à ses risques et périls !

Demandez à celui-ci ce que c'est que l'homme : Il vous répondra : c'est un squelette ; chaque os est numéroté ; chacune des attaches du corps humain a son nom ; il le sait, il vous le dit, il ne va pas plus loin. En marchant dans la rue, il doit disséquer par le coup d'œil tout ce qu'il aperçoit. L'*opérateur* par excellence est né de cette race : c'est l'homme-scalpel. Celui-là est heureux quand son bistouri plonge dans les chairs qui vibrent, qui palpitent et qui saignent. La science lui ôte son cœur d'homme ; elle l'a transformé : il n'est plus rien qu'un instrument qui taille et qui tranche. La vie morale et la vie de relation n'existent plus en lui. Ne cherchez là ni un cœur, ni de l'esprit ; c'est de l'acier, souvent mal trempé. Il arrive chez le malade : l'appareil est dressé ; tout est prêt ; il ampute, non pour vous qui souffrez, mais pour lui qui opère. Votre cœur défaille, les forces vous manquent ; votre pouls cesse de battre ; vous allez mourir ; qu'importe ? L'once de chair est emportée ; l'homme lave ses bras, s'essuie et s'en va.

Voici le *chimiste*, médecin manqué, pour lequel l'estomac est une cornue et le corps humain un alambic. A force d'avoir étudié l'homme dans les matras, il a cessé d'apercevoir l'homme ; le matras seul est resté. Jamais cuisinier n'a plus hardiment, plus expérimentalement composé ses ragoûts et fondé ses calculs sur l'action réciproque des jus savoureux. Ce médecin fait sa cuisine ; hélas, dans votre estomac ! Persuadé que la vie et ses fonctions sont semblables en tout aux phénomènes chimiques, il ne tient pas le moindre compte de la vie réelle, de la vie telle que la nature l'a donnée. Quelquefois il guérit, souvent il empoisonne ; si les organes humains étaient formés de verre ou de platine, ce léger malheur lui arriverait moins souvent.

Voici encore le médecin systématique ; homme de cabinet, qui guérit les malades comme les théoriciens et les classificateurs guérissent les corps politiques. Oh ! celui-là est merveilleux pour la subdivision, la classification et l'onomastique, ou l'art de donner un nom à tout ce qui n'en a pas. Il sait le grec, et s'occupe bien plus d'accoupler deux mots tirés d'Hésychius, que d'approfondir les secrets de l'existence humaine. Lisez sa nosologie ; vous y verrez toutes les maladies de tous les membres ; toutes celles que nous avons, toutes celles que nous pourrions avoir, rangées avec un soin délicat et un art aussi subtil que celui de saint Thomas d'Aquin ou de Duns Scotus. Charmant classificateur ! agréable nosologiste ! Quelle méthode ! que ces noms sont bien trouvés ; que cette manufacture de plaies étiquetées et de douleurs rangées en bataillons, plaît à l'œil de l'homme qui aime l'ordre ! Malheureusement, le système, qui conduit souvent les peuples à la mort, peut y mener aussi les individus. Gardez-vous de le croire, et ne l'étudiez que si vous voulez apprendre dans ses livres la signification de quelques mots grecs.

Quelle est cette physionomie riante et nulle, cet air gracieux et satisfait de soi-même, cette démarche qui sautille sur la pointe du pied, musquée, pincée, fleurie? Vous reconnaissez à ces traits le médecin des dames : vous dirai-je comment il guérit? Staub entre pour beaucoup dans ses recettes. Quel gilet! et que cette cravate est sublime! la coupe de ses favoris se fait aussi remarquer par son élégance et sa parfaite régularité. Sa taille est droite et élancée; son habit saisit bien ses formes; les boucles de ses cheveux ont été disciplinées par de Gandia; quant à sa prunelle, elle est pleine de magnétisme, et la langueur humide de ses yeux noirs n'est pas un des moyens qu'il emploie avec le moins de succès; n'oublions pas que son cabriolet est élégant, et qu'il a, sinon de la fortune, du moins les apparences de la fortune.

Jeunes ou vieilles, ses clientes sont toutes riches et vaporeuses. C'est le premier point, le point indispensable. Ordinairement elles passent sur leurs chaises longues une partie de la journée : femmes que les soins de la vie commune n'embarrassent guère et que la création de malheurs factices console de l'absence des malheurs réels. Un amant médecin est si commode! il entre à toute heure, il peut être toujours là; personne ne le soupçonne, et ses plus longues séances n'offrent pas le plus léger prétexte à la médisance.

— Docteur, dit la malade, depuis votre dernière visite, j'ai eu les nerfs bien malades ; vous me délaissez trop long-temps.

On s'approche, on tâte le pouls ; une chaîne électrique s'établit ; le mal s'oublie ; on parle de Tamburini et de Lablache. Peut-être la femme vaporeuse est-elle condamnée à vivre au milieu de députés bavards ou de savans qui s'occupent seulement de monocotylédons et d'ovipares : la gaieté renaît, les pâles couleurs s'effacent ; quelques palpitations de cœur se font sentir, et l'affectueuse bienveillance du docteur vient au secours de la malade languissante.

— Adieu, docteur, dit-elle de cette voix attendrie qui vient de l'ame et qui parle à l'ame. Ne restez pas si long-temps sans venir me voir ; mon mal augmente par votre absence.

Il faut, pour jouer ce rôle, de l'adresse, un peu d'esprit et quelques dons naturels. Le médecin *parasite* n'a pas besoin de ces avantages. C'est le Gnathon des anciens. Il est de l'avis de tout le monde ; il caresse le fils aîné, fait les commissions de madame et apporte des brochures politiques à monsieur.

Factotum universel, ami de la maison, rempli de petits soins et de prévenances, il vient tous les jours s'informer de la santé des maîtres; et tous les jours c'est à l'heure du dîner qu'il se présente; la discrétion est son habitude, sa nécessité et son devoir. Le chef de la famille a une maîtresse dans quelque quartier obscur de Paris; aux Batignoles peut-être; c'est lui qui l'accouche; c'est lui encore qui donne à madame des nouvelles de celui qu'elle préfère. Il fait, de ses études en chimie, un merveilleux emploi; le soin de confectionner le punch lui est confié; c'est lui qui mélange avec une adresse scientifique le jus de citron et l'eau-de-vie; j'en ai vu que la cuisson de deux côtelettes n'eût pas effrayés.

Un cran plus bas, vous trouverez le médecin des valets de chambre; échelon qu'il ne faut pas dédaigner et qui a mené plus d'un médecin à la fortune. Tel barbier du faubourg St.-Germain, dont le rasoir s'était promené long-temps sur tous les visages de la domesticité du quartier, s'avisa de donner aux valets de chambre je ne sais quelles recettes, qui sans doute lui venaient de sa grand'mère, et qui réussirent.

Heureux du succès que lui apportait le hasard, il prit ses inscriptions, passa ses examens, et trouva dans les domestiques ses amis, non-seulement une clientèle toute prête, mais d'excellens prôneurs qui le vantèrent à leurs maîtres et qui, dans les circonstances urgentes, le conduisirent au chevet des malades titrés. Les humbles degrés de cet escalier dérobé le menèrent, si ce n'est à la réputation, du moins au crédit et à l'opulence. Propriétaire de plusieurs maisons à Paris, mais toujours bienveillant et fidèle envers les premiers artisans de sa fortune, plus d'une notabilité de notre époque a suivi religieusement ses ordonnances.

Les charlatans pullulent dans la Médecine. Voyez ce dentiste ; il a des pantoufles rouges, un pantalon à pied en satin blanc, une robe de chambre en gros-de-Naples rouge, relevée par des paremens émeraude. Un luxe exquis brille dans son appartement. Il a paré jusqu'à son échafaud, ce large fauteuil à la Voltaire, dans lequel il exploite impitoyablement sa victime. Tout auprès, est une table élégante, surmontée d'un vase en argent plaqué, dont la destination, tout américaine, n'a pas besoin de commentaire. Quelle est cette bibliothéque en bois français qui garnit les quatre murs du cabinet ? pourquoi ces mille petites boîtes et ces innombrables fioles ? Elles constituent la partie la plus claire du revenu du dentiste. Voici des brosses à dents de toutes les formes, des boîtes en plomb pour les opiats; des boîtes en carton pour les poudres. Que le dentiste vous ait arraché une dent ou non, que votre bouche soit mutilée ou assainie, peu importe; un papier roulé contenant la brosse, la fiole et l'opiat sera placé dans votre main, au moment de votre départ, avec une grace et un aplomb qui préviendront en vous jusqu'au désir de résister; c'est un impôt accoutumé que le dentiste prélève sur la coquetterie, sur l'amour-propre, sur la crédulité du visiteur. Sous ce rapport, comme sous beaucoup d'autres, la réprobation populaire a frappé juste; l'*arracheur de dents* a besoin d'une facilité de langage et d'une fécondité de ressources extraordinaires; tout en vous arrachant une racine, il vous prouvera, au moyen de mille narrations brillantes, que les dents sont, de toutes les choses du monde, la plus précieuse.

Le dentiste de Paris est grand seigneur; mais que de degrés entre lui et le charlatan des villages! Il y en a, qui, précédés de musiciens et montés dans une calèche élégante, parcourent les départemens; et d'autres, qui, escortés d'un paillasse, opèrent sur les places publiques. Ces derniers prouvent doctement que le mal de dents est né du développement d'un insecte qui trouve son berceau dans la racine et qui la dévore ; un vermisseau, glissé adroitement dans la bouche du patient et qu'il en retire avec la même habileté, sert de témoignage incontestable à leur théorie.

Je n'ose approcher du magnétiseur qu'en tremblant. Les phénomènes magnétiques sont réels, leur application à la médecine est hypothétique. Sans entrer dans les détails importans et non encore examinés de la sphère magnétique; sans creuser ici les profondeurs d'une théorie qui peut-être unit les miracles du monde physique à ceux du monde moral ; ne nous occupons que des ridicules qui ont dû se glisser dans un domaine si obscur et si mystérieux. L'adepte veut magnétiser tout le monde. Grande dame ; servante, grisette, paysanne, le sexe tout entier doit être soumis à son courant électrique. Soyez femme, vous n'échapperez pas. Il est sorcier, diable, diseur de bonne aventure ; à cinquante lieues, si vous êtes en rapport avec lui, il vous magnétisera. Il connaît une malade qui a lu couramment avec le nombril, dans un livre fermé; une autre qui a vu son foie en suppuration; une troisième qui a décrit avec la plus grande exactitude une fleur nouvelle, inconnue de tous les botanistes, mais qui se trouve sur le sommet du Mont-Blanc, et dont elle a indiqué les caractères avec tant de soin que vous la reconstruirez quand vous voudrez.

L'*électriseur* est le frère cadet du magnétiseur, il vous soumet à l'action d'immenses machines électriques placées dans un brillant palais. Vous vous asseyez sur un tabouret, et des étincelles jaillissent de toutes les parties de votre corps. Médecine empirique qui coûte un peu cher, et dont les résultats sont équivoques.

Quelques médecins ont exploité l'affiche avec un talent particulier; ils ont deviné la puissance énorme qu'exerce aujourd'hui la publicité. Le *médecin-affiche* vit par ses placards; les gigantesques majuscules de son nom vous ont mille fois crevé les yeux.

S'appelle-t-il Scipion, Napoléon ou Habacuc; c'est un bonheur qu'il n'oubliera pas de mettre à profit. Le nom bizarre qui doit le signaler à l'attention est inscrit en lettres d'une forme romantique, baroque, extraordinaire. Qui n'a vu les murs de Paris couverts de cette mosaïque médicale et pharmaceutique? Souvent il est médecin des maladies secrètes; et certes il n'y a rien au monde qui soit moins secret; pour lui, le plus léger furoncle se transforme en symptôme de la maladie redoutable. A côté de lui se place l'inventeur des *pâtes pour la toux;* il a toujours sur lui une boîte de sa panacée : c'est un échantillon qu'il colporte. Il indique soigneusement l'adresse du pharmacien chez lequel se trouve le dépôt de sa pâte, et qui lui donne tant pour cent par mois. Le nom médical imprimé sur la boîte se répand peu à peu, devient sinon populaire, du moins connu, et rivalise bientôt avec celui de Fumade, inventeur de briquets phosphoriques. C'est un excellent apprentissage de charlatanisme que la pâte pectorale et catarrhale. Quelques-unes de nos grandes célébrités n'ont pas commencé autrement ; c'est ainsi qu'elles ont appris à capter le public, à le séduire, à le dominer, à s'entourer d'annonces de journaux comme d'une auréole. Le directeur de l'Opéra n'a pas dédaigné ce moyen de fortune et de succès.

Dans les classes inférieures de la Médecine, vous trouvez des spécialités assez curieuses. Celui-ci est l'*oculiste*, qui résume toute la médecine dans le globe oculaire : celui-là n'a jamais été plus loin que les voies urinaires ; cet autre est *bandagiste*; il vit dans le caoutchouc; il donne au caoutchouc toutes les formes; il en ferait volontiers des frégates ; c'est lui qui excelle dans le pessaire, lui qui a couvert nos journaux de cette merveilleuse annonce : mal de dents, douleur de côté, mal de reins, phthisie, hypocondrie, il guérira tout par un pessaire. J'ai connu une actrice qui avait perdu son *la* et qui était désolée ; mon homme, par l'application du pessaire, lui a rendu son *la*, avec une addition de deux tons par-dessus le marché.

Ma liste grossirait démesurément si je vous parlais de toutes les autres spécialités, du *pédicure*, par exemple, et du *phlébotomiste*. Ce dernier est l'exécuteur des hautes-œuvres de la médecine. Il saigne, et ne fait rien de plus. Il sait piquer la veine : ne lui demandez pas davantage. Homme ponctuel, réglé, vêtu de noir, modeste, on l'aperçoit à peine ; il se glisse comme la sangsue. Son bagage se compose de six lancettes anglaises dont il ne se sert jamais qu'une seule fois. Pour vous le prouver, il brise l'instrument ensanglanté et le jette au feu. Ce dernier se tient à sa place, ne parle pas au malade, où ne lui parle qu'à voix basse ; roule silencieusement sa bandelette rouge et se trouve fort embarrassé si vous lui demandez quelle infusion vous devez prendre ; une infusion de tilleul, ou une infusion de feuille d'oranger. D'ailleurs il connaît la carte topographique des replis du bras, et les veines basilique et céphalique, comme Danville connaissait sa carte géographique de l'antiquité. Il vous dira avec beaucoup de justesse ce que pèse le sang qui a jailli sous sa pointe d'acier.

L'Analyse moderne, en détaillant avec minutie toutes les branches de l'arbre scientifique, a créé les Spécialités : elle a détruit la Synthèse qui régnait autrefois sur le savoir. Tel observateur se condamnera pendant sa vie entière à l'étude des insectes, et tel autre à l'étude des crustacés. En général la spécialité, dans son dernier développement, parque l'intelligence de l'homme, la rétrécit et la mutile ; elle lui cache les grandes généralités importantes ; elle l'empêche d'apercevoir le grand ensemble scientifique. Ne verra-t-on jamais qu'il n'y a d'avenir en philosophie, comme en politique et en science, que dans l'union étroite de la Synthèse et de l'Analyse ?

Je n'ai pas promis un panégyrique des médecins ; on ne doit s'attendre à trouver ici que les saillies principales de leurs caractères, ce qu'il y a de plus vif et de plus saisissant dans leurs portraits ; et qui ne sait que les ridicules seuls sont saillans ? Il faut avouer que les ridicules ne manquent pas au milieu de cette population respectable et nombreuse. Demandez plutôt aux médecins eux-mêmes : il vous diront comment ils se traitent entr'eux ; l'arsenic et le vitriol sont moins corrosifs que les épithètes dont leur animosité mutuelle s'affuble ; le tranchant de leurs outils chirurgicaux est moins acéré que celui de leurs paroles haineuses. Il y a telles aménités que la science médicale ne craint pas de jeter à la tête d'un collègue, et que je n'oserais assurément pas confier à la presse : il y a telle comparaison insolente et expressive, qui retentit dans les cours publics d'un professeur, et qui fait la joie des élèves, mais que ma plume ne recueillerait pas. Tel collègue est un insecte immonde ; tel autre est le *brigand du bord de l'eau* ; un troisième, que sa masse adipeuse livre aux railleries de ses camarades, est un *Lipôme* vivant (1). Aux yeux vulgaires des auditeurs et du public, cette dernière insulte ressemble trop à un logogriphe ; aussi toutes ces appellations se renferment-elles dans les bancs de l'école.

Assurément de toutes les professions que la civilisation moderne a développées et protégées, il n'en est pas de plus belle que la profession de médecin. L'avocat nous inonde, l'avocat nous perd. Les Cicérons pullulent ; ce sont eux qui ont

(1) Tumeur graisseuse.

semé toute cette incertitude, lèpre dont la société d'aujourd'hui ne peut se défaire : où est le vrai ? où est le faux ? personne ne le sait. L'avocat a tout brouillé. Son affaire à lui c'est de plaider ; il soutiendra le parti de Milon, lundi ; et celui de Clodius, mardi. Il rendra le blanc noir et le noir blanc ; il se dédira, se contredira, mentira ; le tout sans scrupule et sans honte ; il couvrira de nuages la face auguste et sainte de la vérité, c'est son état. Lui imputer à crime cette fidélité à ses principes, serait ridiculement absurde. Demain, vous qui avez tort et qui avez un procès, vous aurez besoin de lui : laissez-le donc faire ; plus il aura de paroles à sa disposition, de lois à citer, d'arrêts à compulser, de subterfuges à employer ; mieux il servira vos intérêts. Mais le médecin, s'il n'observe pas la nature, s'il ne passe pas sa vie à la recherche de la vérité, que fera-t-il ?

Je ne crains pas d'avancer que de toutes les classes de la société moderne, celle qui fournirait le plus d'hommes éclairés dans un recensement général, serait la classe des Médecins ; de longues études leur sont nécessaires ; et le médecin, même médiocre, ne sera pas docteur sans avoir l'air de savoir quelque chose. La clinique, cette haute instruction de l'expérience, lui fait passer en revue toutes les souffrances de l'humanité. Ils voient tout, les médecins; placez dans cette situation admirable un homme d'un esprit net et pénétrant, et voyez ce qu'il deviendra.

Philarète Chasles.

LA PRESSE PARISIENNE.

De tout temps les hommes qui ont fait profession d'écrire ont formé une classe à part, une sorte de tribu dont les mœurs ont varié avec les mœurs générales : leur position a presque toujours été fausse ou équivoque dans une société qui ne les admettait qu'à titre d'étrangers, et à des conditions dures et souvent humiliantes. Dans le XVIIIe siècle, la littérature s'est constituée en puissance véritable, et elle a imposé ses mœurs à cette même société qui lui contestait encore des droits.

Aujourd'hui la presse a des franchises politiques ; elle est libre à la manière des émancipés, comme le fut la bourgeoisie au temps féodal. Des législateurs ombrageux l'ont reléguée hors du droit commun, et lui ont fait un code bizarre. Le monde ne lui est guère plus favorable que la loi. Son état est encore un état d'exception. Si l'on trouve dans ses mœurs quelque chose d'étrange, il faut s'en prendre à la législation et à la société autant qu'à sa propre nature.

Ce qui reste du monde littéraire, de la république des lettres, comme on disait autrefois, n'a guère changé ; et le xixe siècle a hérité sinon de toute la gloire, du moins de toute la tradition du xviiie. Ce n'est pas dans les académies, dans les cercles, dans les théâtres qu'il faut chercher des mœurs nouvelles et originales ; il ne s'est fait de révolutions sérieuses que dans le monde des journaux. La presse périodique ne ressemble à rien de ce qui s'est vu jadis. La liberté de la presse a donné naissance au *journalisme* ; les ennemis de cette liberté ont appelé ainsi la puissance exercée par les journaux au nom de l'opinion publique, puissance usurpatrice, disaient-ils, puissance arbitraire, tyrannique, menteuse, et que l'opinion désavouerait si elle pouvait parler sans interprète. Quelle puissance n'est exposée à des accusations semblables? Le journalisme est à l'opinion publique ce que le ministère est à l'autorité, le sacerdoce à la religion, la magistrature à la justice. Le journalisme sera, selon le journaliste, une profession noble ou un vil métier.

L'opinion publique, reine du monde, compte partout des sujets; mais elle rassemble à Paris ses courtisans les plus assidus, les plus fervens. A part les grandes ambitions qui exploitent la renommée, que d'existences reposent sur un peu de bruit! que de familles tiennent ou attendent leur sort d'un nom bien ou mal recommandé! Ce n'est pas tout; dénombrez cette population vaniteuse qui courtise l'opinion pour elle-même et d'un zèle désintéressé, les pédans, les fanfarons, les médisans, les envieux, les oisifs, les importans, les bavards, espèce chez qui l'amour-propre tient lieu de tout vice et de toute vertu. A ceux qui cherchent la publicité, ajoutez ceux qui la fuient, qui la redoutent, soit par une pudeur craintive, soit par la conscience du blâme ou du ridicule que leur doit l'opinion. Avez-vous fait le recensement et le compte?

hé bien, figurez-vous, au milieu d'un tel monde, l'existence d'un journaliste, dispensateur à peu près absolu de la publicité : quel emploi pour le caractère et le talent! mais aussi quelle pâture pour la sottise, que de tentations pour la faiblesse!

Le journal tient du pamphlet; il en a l'audace, la pétulance, l'ardeur agressive : c'est le pamphlet continu. Le journal est une arme d'opposition, à l'usage des minorités, des partis exclus de la puissance, des opinions hétérodoxes : aussi est-il redouté de tout pouvoir établi, de toute majorité constituée, de toute opinion formulée en dogme, et affectant l'autorité d'une vérité immuable. On a remarqué que le pouvoir est mauvais journaliste. La presse est un instrument d'analyse et d'examen; son emploi n'est pas de détruire, mais de renouveler; elle annonce les idées nouvelles et les faits nouveaux; elle attaque les fictions, dût en souffrir l'autorité qui les défend; elle tient pour suspecte de préjugé toute opinion que l'autorité protége. Entre des opinions qui se combattent elle ne se pique pas d'impartialité; elle n'est jalouse que d'indépendance.

Les mœurs de la presse ayant subi l'influence des lois, il faut parler un peu des lois qui ont régi et qui régissent la presse. Avant la législation de 1819, la presse n'était pas libre, mais tolérée plus ou moins selon la forme des publications. Les journaux politiques étaient soumis à une censure discrétionnaire, tantôt dure, tantôt facile et relâchée. Le gouvernement ne souffrait rien de ce qui le blessait; mais il permettait aux partis de se déchirer entre eux, fondant sa sécurité sur leurs discordes. Ils ne s'épargnèrent pas; royalistes et libéraux se firent une guerre d'invectives. Les discussions franches et sérieuses étaient interdites; mais non pas les injures personnelles, non pas les subtilités de langage, qui, sous prétexte de littérature, touchaient la politique par des côtés faux ou frivoles, et irritaient les ressentimens au lieu d'éclairer les intelligences. Ce fut entre le gouvernement et la presse une lutte de supercheries; la presse en conserva long-temps des habitudes dommageables à sa réputation de franchise.

La législation de 1819 proclama des maximes de liberté et de responsabilité, sages dans les termes, mais qui furent faussées dans l'application. Les journalistes ne crurent pas à la sincérité des garanties qui leur étaient offertes : ils éludèrent les clauses de responsabilité. Ce fut le temps des éditeurs responsables, de bouffonne et scandaleuse mémoire. Plus que jamais les partis échangèrent des injures ; les injures amenèrent des querelles sanglantes.

Les législateurs, en livrant à la discussion puplique les choses publiques, ont prohibé la diffamation des personnes ; ils ont prétendu *murer la vie privée*. Mais voyez l'inconséquence ! Les choses publiques sont protégées par des pénalités énormes, et la vie privée est livrée presque sans défense aux outrages des écrivains licencieux. La loi pénale prend sous sa garde la religion, la majesté royale, la morale publique, la société, toutes choses qui se gardent bien elles-mêmes ; mais elle délaisse la faiblesse d'un citoyen obscur, la pudeur d'une femme. Il y a moins de danger à déshonorer une famille qu'à toucher du doigt la dignité officielle d'un magistrat ; et ce magistrat lui-même est plus respectable dans sa robe que dans sa personne. Ne dites pas d'une chambre qu'elle est *prostituée* ; vous iriez en prison pour la métaphore : dites le mot sans figure en parlant d'une fille honnête, vous en serez quitte pour quelques francs d'amende.

La législation de 1819 n'a pas duré longtemps ; la presse a été livrée à des alternatives de censure et de liberté sans garantie; le jury a été destitué de sa juridiction. En 1828 la censure fut abolie : aux éditeurs fictifs succédèrent les gérans responsables. Le gouvernement craignait le jury ; il se confia dans les tribunaux. La Cour royale de Paris, maîtresse de la presse, devint un pouvoir politique, et le plus redoutable des pouvoirs. Les journalistes captèrent la magistrature; ils lui mirent en tête une foule de chimères; ils lui dirent avec un grand sérieux qu'elle était fille des parlemens ; et lui recommandèrent l'Église gallicane menacée de ruine par le jésuitisme. Le public ne comprenait rien à ces contes; les journalistes eux-mêmes y comprenaient peu : mais la vanité des robes rouges était chatouillée. Les journaux eurent toute licence d'attaquer les jésuites, pourvu qu'ils respectassent Dieu, les parlemens et l'Église gallicane : ils n'y manquèrent pas; mais que de victimes immolées à leur orthodoxie religieuse ! La restauration n'eut plus qu'un tort, ce fut d'être jésuite. Cette ruse fut réputée de bonne guerre par les habiles : quelques écrivains novices la trouvèrent un peu jésuitique : on se moqua d'eux.

Au mois de juillet 1830, la presse s'est affranchie à ses risques d'un reste d'entraves : pour la première fois peut-être elle a dit sa pensée sans déguisement. Les mœurs commencent à se sentir de l'amélioration des lois ; elles gagneront à mesure du progrès des mœurs publiques. La franchise et l'énergie du langage ont, dans la presse nouvelle, remplacé les équivoques hypocrites et les subtilités du bel esprit.

La loi, en créant le gérant responsable, a voulu tenter ce qu'elle supposait de mauvais sentimens dans le journaliste. Le gérant, incarnation du journal, donne pour caution et pour otage sa fortune et sa personne : son nom imprimé chaque jour le désigne aux ressentimens des amours-propres offensés, aux inimitiés personnelles ainsi qu'aux vengeances du pouvoir, et aux provocations des spadassins. Si la crainte ne peut l'atteindre, ne sera-t-il pas accessible à la séduction ? Ce calcul était maladroit à force d'être subtil. Solliciter les bassesses du cœur, c'est donner l'éveil aux indignations généreuses. La loi éprouva plus d'un mécompte : elle faisait appel aux ames vénales et lâches, des ames de vrais citoyens répondirent. Tel écrivain obscur, grandissant dans un poste périlleux, est devenu un homme éminent en crédit et en popularité. Que servent les piéges, les menaces, les persécutions contre le zèle d'une conviction sincère, contre l'émulation du martyre, contre l'audace et les talens qui font les hommes de parti?

Il a été donné à la presse de gouverner pendant une semaine Paris et la France; époque singulière, où le peuple, en l'absence de toute autorité régulière, lisait sa loi dans des feuilles imprimées à la hâte, et se confiait à quelques journalistes sortis des prisons!

Aujourd'hui un journal est à la fois un établissement de commerce et un établissement politique; et il est régi en cette double qualité par une législation à double fin. L'entreprise participe plus ou moins de la spéculation mercantile ou de la spéculation philosophique ou politique, selon les desseins et la vocation des entrepreneurs : c'est une chaire, c'est une tribune, c'est une boutique, où il y a place pour tous les talens, pour toutes les industries bonnes ou mauvaises; l'intrigue y fait son chemin; le zèle s'y prépare à l'apostolat.

La boutique est exploitée dans la seule vue du gain. L'industrie des associés consiste à mettre en valeur des opinions quelconques, n'importe lesquelles, pourvu qu'elles soient de mode et de débite, et à extraire d'une idée populaire tout ce qu'elle contient d'argent; industrie fort licite, une fois les idées et les opinions reçues à titre de marchandises. L'avidité mercantile peut s'élever jusqu'à l'ambition : alors le journal pousse ses hommes dans les places et dans les emplois; il a ses cliens et ses patrons, et il se fait entre lui et le pouvoir des échanges de faveurs et de complaisances également profitables à l'un et à l'autre. Un journal qui veut durer et perpétuer ses profits en argent, honneurs et crédit, doit être constitué à la manière du gouvernement anglais, et entretenir un personnel de wighs et de tories, dont la succession alternative ne laisse jamais péricliter une situation, faute d'hommes. Que le gouvernement soit personnifié dans Castlereagh ou dans Canning, dans Grey ou dans Wellington, ce sont d'autres personnes, d'autres partis, d'autres systèmes : c'est toujours le même gouvernement, et son identité n'est nullement altérée par la transmutation des élémens dont il se forme. Ainsi d'un journal qui est toujours le même journal quels que soient les journalistes.

L'être abstrait qu'on appelle journal est une autorité qui s'exerce par des délégués, et qui devient plus dure et plus tracassière à mesure qu'elle descend l'échelle hiérarchique des fonctions et des talens. La librairie, les théâtres, sont particulièrement en proie aux avanies des tyrans subalternes. Celui-ci ruine un directeur en coupons, loges et entrées de faveur; celui-là règne dans les coulisses, et impose au public l'acteur loué dans le feuilleton, et plus souvent l'actrice. Un autre a établi son empire dans les chambres législatives, ou au Palais-de-Justice : il a inventé le (*murmure approbateur*), la (*vive sensation*), et les autres parenthèses si douces à la vanité de la tribune, vanité plus sensible cent fois et plus irritable que celle des planches et celle de la corde tendue. C'est lui encore qui admire l'impartial résumé d'un président d'assises. C'est à lui que nous devons cette phrase : « Monsieur l'avocat-général a soutenu l'accusation dans un réquisitoire également remarquable par la force de la logique et par l'élégance de la diction..... »

Dans un temps d'agitation populaire ou de fermentation intellectuelle, si un homme se sent doué de facultés actives, s'il est sans fortune, sans accès dans les comices privilégiés, ou bien si ses idées ne peuvent s'accommoder aux formes convenues, aux bienséances qui gênent son indépendance, cet homme choisit la presse pour produire son nom et ses pensées. Dans un autre temps il eût choisi la chaire, dans un autre, le théâtre. Il forme une société de collaborateurs, unis d'opinions et de sentimens, et il fait un journal dans l'intérêt d'un parti ou d'une doctrine. Il se voue à un travail sans relâche, à des luttes continuelles, à des périls sans cesse renaissans : il court à un but que peut-être il n'atteindra pas ; il tombera fourvoyé, épuisé de fatigue, abreuvé de dégoûts, persécuté, désespéré, et il tombera sans gloire, car il n'y a pas de bibliothèques pour les œuvres du journaliste ; trop heureux s'il se fait oublier. Peu de jours sont donnés au journaliste homme de parti pour remplir sa mission, et ce peu de jours composent sa vie entière. La plus grande partie de ses peines, ce n'est pas à ses adversaires qu'il les doit, mais à ses amis. Il est responsable de toutes leurs pensées, de toutes leurs passions ; car il les exprime, et pour les exprimer il faut qu'il les modère, qu'il les soumette à la discipline du langage. Le parti refuse de reconnaître ses sentimens dans l'expression du journaliste, il les croit altérés, trahis. C'est un grand service que la presse rend à la raison, de réduire les passions les plus violentes à l'état de pensées susceptibles d'expression, et de les purger par le style de ce qu'elles ont de matériel et de brutal. La presse a cet avantage sur la parole, qu'on ne peut jamais dire de son éloquence : c'est le corps qui parle au corps.

Ce qu'un journal consomme en pure perte pour ses rédacteurs ; ce qu'il dépense de savoir, d'art, d'intelligence, suffirait à défrayer plusieurs auteurs dignes de l'Académie.

Quand viendront des temps calmes, et quand les droits de la presse ne seront plus contestés, la profession du journaliste pourra être un état comme un autre, un moyen de fortune et de considération ; des talens honorablement exercés, des devoirs difficilement accomplis deviendront des titres aux distinctions et aux faveurs que la société distribue ; mais de long-temps encore le journaliste n'obtiendra dans le monde une place commode et sûre. Environné de piéges et d'illusions, il lui faudra se défendre aussi de lui-même, de l'enivrement de son pouvoir. Cette renommée qu'il verse à pleines mains, dont il abreuve tant de vanités et d'ambitions béantes, Dieu le préserve d'en goûter lui-même ! il en serait consumé. Dans cette vie d'aventures et d'orages, la sagesse est difficile.

Entre les défenseurs de la liberté publique, Ariste s'est distingué des premiers par l'ardeur et l'intelligence de son zèle : il a pris la presse pour objet et pour instrument de ses travaux. Il s'est fait journaliste, et, quelque sort qui ait pu le menacer ou le séduire, il est encore, après bien des années, le directeur du même journal. Il a mis au service de la presse toutes ses facultés : il en possède une qui est la vraie propriété de l'écrivain périodique, un sens prompt à se pénétrer du sentiment populaire et à l'exprimer. Sa plume est rapide et vivante comme la langue de l'orateur; elle n'écrit pas, elle parle, et avec une telle convenance qu'elle semble vous renvoyer l'écho de ce que vous avez senti et pensé. Vous ne diriez pas qu'il vous a donné son opinion, mais la forme et la mesure de la vôtre : aussi aimez-vous votre journal comme votre ouvrage. Vous avez la conscience des intentions du journaliste; vous vous confiez dans son caractère aussi bien que dans son jugement; vous êtes sa caution : vous avez si long-temps et si constamment, vous et lui, couru des chances pareilles et subi les mêmes épreuves ! Ariste se montre peu dans le monde, il ne s'y fait pas écouter; il ne prodigue pas ses paroles et sa personne. Il cultive ses amis; il ne cherche pas d'amitiés nouvelles. Il peut avoir des ennemis : on ne lui connaît point de détracteurs. Ses actions les plus méritoires sont de celles que le public ne récompense pas, et que le plus souvent il ignore. Sous des formes si simples, on ne devinerait pas tant d'élévation; à voir ses déférences pour les opinions d'autrui, on ne lui croirait pas tant de décision dans les idées. Ariste a été l'artisan de beaucoup de noms fameux, et plus d'une fois il a dû se repentir de ses œuvres. Pour lui, il n'a pas ce qu'on appelle un nom : c'est un trésorier public qui n'est pas millionnaire.

BERT.

PROMENADES EXTÉRIEURES

ET BANLIEUE.

Quand le Parisien veut se promener sans sortir de chez lui, quand il se contente de respirer *intra muros*, nous avons vu quels étaient ses parcs, ses jardins, ses ombrages ; nous l'avons suivi sur cette double ligne d'avenues, qui n'ont pas leurs pareilles au monde, et qu'on appelle boulevarts du Midi, boulevarts du Nord ; nous l'avons accompagné du Champ-de-Mars aux

Champs-Élysées, des Tuileries au Palais-Royal, de la Place-Royale au Jardin-des-Plantes : nous avons même consenti à passer avec lui, toujours *intra muros*, une de ces longues journées de dimanche, dont le poids est si lourd, et la balance généralement si équivoque entre la somme de dépense, la somme de fatigue et la somme de plaisir.

Maintenant de l'air, de l'air!... Le Parisien étouffe ; ouvrez les barrières toutes grandes! le Parisien a besoin d'un plus vaste horizon, d'une atmosphère plus libre et plus pure : il a besoin d'une haleine de vent qui lui arrive par-dessus des champs, des rivières, des bois; qui le rafraîchisse des reflets du soleil renvoyés par des murailles blanches, des vapeurs du gaz, mêlées aux exhalaisons des ruisseaux et à la fumée des cigares. Enfin, le Parisien veut sortir de Paris!

Comment, et par où en sortira-t-il? question complexe à laquelle nous ne saurions répondre, sans savoir préalablement à quelle espèce d'homme nous avons affaire. Le Parisien est-il riche? est-il pauvre? appartient-il à cette classe mitoyenne, à ce tiers-parti social, chez lequel la physionomie parisienne se dessine en traits non moins originaux, non moins naïfs que chez les deux autres?

Tous les voyageurs, tous les étrangers sont d'accord sur la beauté des environs de Paris : le Parisien, comme de juste, a été le dernier à s'en apercevoir : souvent il a pris la poste ou la diligence, il a fait cent ou deux cents lieues, dépensé douze ou quinze cents francs pour aller voir des sites beaucoup moins admirables que ceux qu'il avait à sa porte, et qu'il pouvait contempler sans peine, sans péril, moyennant la bagatelle de douze ou quinze francs. De quelque côté qu'il se tourne, le Parisien n'a qu'à marcher tout droit devant lui pour trouver des campagnes délicieuses, de charmantes vallées, des coteaux ravissans, des points de vue tellement pittoresques, que l'Italie et la Suisse n'en offrent pas de plus dignes d'être vus et étudiés. Malheureusement, le Parisien est peu connaisseur, peu champêtre, peu aventurier : il n'a qu'un goût médiocre pour l'exploration des terres inconnues, bien que placées sous la plus voisine latitude : il va seulement là où il a coutume d'aller, là où on l'a mené dès son enfance, là où il est sûr de trouver de la foule et un traiteur : et même, plus il est riche, plus il a le temps et les moyens de varier le but de ses promenades, et plus il se montre à cet égard monotone, opiniâtre et routinier.

Les créatures humaines sont en général comme des horloges, qui ont besoin d'être remontées par le plaisir, les gens du peuple au moins une fois par semaine, les gens riches tous les jours. Tous les jours donc, pendant la belle saison, et dès qu'un rayon de soleil vient à briller pendant la mauvaise, les gens riches, disons mieux, les gens à voiture, se promènent. Hé bien ! où vont-ils? inévitablement, invariablement, au bois de Boulogne : le bois de Boulogne est le terme obligé, fatal, de toutes leurs courses du soir et du matin : le bois de Boulogne est pour eux la seule promenade admissible et possible : « *Je vais au bois, — je viens du bois, — le bois était superbe hier, — le bois sera magnifique aujourd'hui,* » toutes phrases parfaitement claires à la Chaussée-d'Antin : vous y passeriez pour un provincial ou pour un bourgeois de la rue Saint-Denis, si au mot générique *bois* vous vous avisiez d'ajouter la désignation spéciale de *Boulogne*.

Convenons aussi que l'heureuse position de ce bois justifie la faveur dont il jouit auprès de la classe privilégiée. Pour y arriver, point d'ennuyeux faubourg à traverser, au milieu d'une populace déguenillée, dont la misère insulte à votre opulence. Les boulevarts conduisent aux

Champs-Élysées, les Champs-Élysées à l'avenue de Neuilly : quelle route commode et véritablement royale ! Partez de la place où fut la Bastille, où ne sera jamais la fontaine de l'Éléphant, où la colonne de Juillet sera peut-être ; quittez la Seine, au-dessous du pont d'Austerlitz, et allez la retrouver près des ruines de l'abbaye de Long-Champs, vous n'aurez pas cessé de rouler sur un sol égal et doux, soit pavé, soit terre, à votre choix, entre deux murailles de verdure. Tel est le vaste hippodrome ouvert à tous ceux que la fortune a dotés d'un équipage quelconque, ou même simplement d'un cheval de selle.

Suivez la file des voitures, mettez-vous au pas des cavalcades, franchissez la porte Maillot, vous voilà dans le bois de Boulogne ! Vous croyez peut-être que la file des voitures va s'interrompre, que les cavalcades vont se disperser : au contraire, la procession continue, dans le même ordre, à travers les mêmes flots de poussière : tous les promeneurs se pressent, se condensent dans l'allée de Long-Champs. Ce n'est pas, si vous voulez, le meilleur moyen de respirer ; mais, chez les gens riches, le besoin d'air, dont nous parlions tout-à-l'heure, n'est que l'accessoire, le prétexte ; ils ont tant d'autres besoins à satisfaire auparavant !

Et d'abord le besoin de prouver qu'ils sont riches, le besoin d'étaler leur faste, le besoin de voir et d'être vus, d'occuper le plus d'espace possible, sinon dans l'estime, du moins dans les yeux des autres riches; le besoin d'essayer un nouvel attelage, un nouveau landau-calèche, un nouveau tilbury, un cheval arabe pur sang, dont la généalogie est beaucoup plus claire, la filiation beaucoup mieux constatée que celle de son cavalier; le besoin, si c'est d'une femme qu'il s'agit, de se signaler dans l'arène fashionable par l'exhibition d'un chef-d'œuvre encore inédit d'Herbault ou de Juliette; s'il s'agit d'un homme, par la coupe audacieuse d'un habit, ou par le dessin fantastique d'une redingote et d'un gilet, dont l'originalité avant la lettre doit frapper de stupeur le plus déterminé dandy.

Chaque terroir, les chasseurs le savent, a son espèce particulière de gibier : dans tel bois vous trouvez du lièvre et du lapin à foison; dans tel autre, le daim, le chevreuil ne sont pas rares, le cerf agite sa ramure, le sanglier hérisse son poil; dans le bois de Boulogne, l'animal le plus commun, c'est le dandy. Or, le dandy, c'est le superlatif du fat, c'est une sorte de bipède où se retrouve du petit-maître, du marquis, du Richelieu et du Lovelace, du Lauzun et du don

Juan, le tout fondu, mêlé, perfectionné de manière à faire de lui un être charmant et odieux, un chérubin et un monstre.

Au dehors le dandy vous apparaît comme le mannequin de la mode; vous l'en croiriez l'esclave : au contraire il en est le tyran; il ne la suit pas, il la devance, il la fait. Tailleur, bottier, carrossier, sellier, viennent humblement recevoir ses idées, qui sont des ordres. Au dedans, si vous cherchez une ame, vous trouverez du bronze, du granit, non pas chauffé au volcan, mais trempé dans la neige. Le dandy a fait de la vie ce que Mithridate avait fait des poisons; il en a tué l'effet par l'abus. Après avoir détruit en soi toutes les sensations vraies, il en a créé d'autres de convention : il a réduit l'existence aux termes d'un pari continuel; sa morale consiste à savoir mettre les chances de son côté, son honneur à gagner sans cesse.

Le dandy n'existe que pour le plaisir, quoiqu'il ne le sente presque plus : il ne connaît de loi que le point d'honneur, quoiqu'il agisse presque toujours contre l'honneur. Il se moque de la mort comme de la vie : tout glisse sur lui, excepté parfois les coups d'épée et les balles de pistolet, qui dépassent l'épiderme. Si vous lui parlez des passions, il vous rira au nez : pour lui, l'esprit et le cœur ne sont que des mécaniques, dont il suffit de savoir presser le ressort; aussi se vante-t-il de se faire aimer à volonté, reprendre, adorer, et quand il est sûr d'une femme, il la déshonore et l'abandonne pour une autre.

De tout temps le dandy a été connu en France : suivant l'époque, on l'a nommé raffiné, roué, merveilleux, incroyable : dans le dernier siècle, il portait de la poudre, des mouches, des bas de soie blancs et des talons rouges : son quartier-général était Versailles et l'Œil-de-Bœuf. De nos jours, il porte un frac, un pantalon, des bottes; ses cheveux soigneusement frisés, laissant voir une double raie de chair, conservent leur couleur naturelle; son visage est orné de petites moustaches et d'une barbe formant le demi-cercle, ou se terminant en pointe, à la Jeune-France ou au moyen-âge; son univers se compose du bois de Boulogne, du café de Paris, et des avant-scènes de l'Opéra.

Dieu est trop juste et la nature trop féconde pour n'avoir pas donné au dandy mâle son analogue dans le sexe féminin. Le beau sexe a aussi ses dandys au moral et au physique; car ne convient-il pas d'appeler de ce nom tous les êtres assez vains, assez froids, assez fous, pour vouer leur vie entière au costume, à l'apparence; tous ceux pour qui l'effet extérieur est le *nec plus ultra* de la gloire, la somme la plus haute de félicité ? Vous croyez voir des hommes et des femmes, et vous ne voyez que des habits et des robes, quelques aunes de drap, de velours, de soie, de cachemire, et voilà tout.

Encore s'il n'y avait que des sots dont cette ambition creuse tournât la creuse cervelle ! mais de nos jours l'esprit et le mérite ne préservent pas d'un travers qui devait être le patrimoine exclusif de la nullité : de nos jours la littérature et les arts ont un invincible penchant à devenir fashionables : l'école de lord Byron se perpétue ; à son exemple, les écrivains, les artistes se font dandys, et viennent au bois de Boulogne, bizarrement accoutrés, plus laids que ne les a créés le ciel, disputer le prix du ridicule aux imbéciles, qui ne peuvent briguer que celui-là ! Malheureusement, pour eux et pour nous, c'est une preuve que leur talent baisse ; le sens commun n'entre-t-il pas à fortes doses dans le génie, et le culte idolâtre de la *Fashion* n'accuse-t-il pas une dégradation notable dans le sens commun ? Que les écrivains et les artistes veuillent bien y penser : la mode n'est pas une muse ; ce n'est qu'une enseigne.

Quand nous resterions des jours, des mois entiers au bois de Boulogne et dans l'allée de Long-Champs, nous y verrions toujours les mêmes choses, des chevaux et des voitures, des voitures et des chevaux, rarement ou jamais des promeneurs à pied. Le promeneur fashionable n'aime pas quitter la voiture dans laquelle il se pose nonchalamment. Que d'indolence, que d'insipidité dans cette molle et dédaigneuse attitude ! prenez une ottomane, un divan, placez-les sur quatre roues traînées par deux chevaux fringans, et puis, fouette, cocher! voilà en résumé la promenade aristocratique et fashionable : quant aux deux vulgaires instrumens de locomotion, appelés jambes, il n'en est pas plus question que si un boulet les eût emportés : aussi ce genre de promenade est-il excellent pour la santé des chevaux !

Retournons l'échelle sociale : nous connaissons l'une de ses extrémités ; occupons-nous de l'autre : de l'*high life* passons au *low life*, du grand monde au petit peuple. Descendons l'avenue de Neuilly, descendons les Champs-Élysées, descendons les boulevarts jusqu'à l'endroit où le faubourg du Temple commence ; mais, pour en risquer l'ascension, prenons bien notre temps ; attendons un jour de dimanche, jour de physionomie tellement originale à Paris et dans toute la banlieue, que lors même qu'on eût dormi du sommeil d'Épiménide, si tout à coup, et sans être prévenu, on venait à se réveiller le septième jour de la semaine, on ne ferait pas trois pas dans la rue, on ne regarderait pas trois fois autour de soi, sans reconnaître le saint jour du dimanche.

En effet, le dimanche a ses insignes comme la porte d'un notaire, comme la mairie d'un village, comme le suisse d'une paroisse; en effet, les figures du dimanche portent un caractère particulier, et ce caractère, quel est-il? un résultat indéfinissable du peigne, de la brosse et de la serviette, appliqués aux usages que réclame plus ou moins impérieusement la toilette humaine. Oui, de même que chaque pavé crie, pour ainsi dire, qu'il a été balayé, chaque habit qu'il a été brossé, de même chaque figure a l'air de se vanter d'avoir été lavée, essuyée, rasée! O heureux jour, pour qui la chemise blanche est exclusivement réservée! jour qui dévore tant de primeurs, en fait de barbes, chaussures et vêtemens! jour méprisé du riche, jour chéri, béni par le pauvre, auquel il apporte une trêve nécessaire! Ah! qui pourrait remarquer toutes les expressions naïves et charmantes de ces bonnes figures du dimanche, qui ne sortent qu'une fois par semaine, et qui sortent toujours avec l'espoir de s'amuser?

Donc, par un jour de dimanche, nous enfilons le faubourg du Temple, et nous le suivons dans toute sa longueur, poussés, coudoyés, heurtés par la foule, qui marche, celle-là, et ne se fait pas traîner, qui chemine à grands pas, bras dessus, bras dessous, divisée en bandes, en familles. Et de chaque côté du faubourg, les cabarets, les guinguettes invitent les passans à des stations, dont les frais se prélèvent sur le budget total de la journée; et déjà les buveurs entonnent leurs chants bachiques; déjà les archets criards, les perçantes clarinettes, les *poum!* *poum!* assourdissans de la grosse caisse retentissent dans les orchestres de danse, devant lesquels il n'y a encore ni danseurs ni danseuses. Par-delà la barrière, le tapage redouble, la foule s'épaissit, incertaine, ondoyante, arrivée au terme où cesse l'empire de l'octroi, où le vin ne paie plus d'entrées, où la fumée des cuisines de *Desnoyers*, du *Grand-Vainqueur*, et autres guinguettes, s'insinue par tous les pores. Les plus affamés, les plus altérés, s'arrêtent là et n'en bougent; les autres, jarret tendu, tête inclinée, escaladent le raide coteau de Belleville:

l'*Ile-d'Amour*, cette île fameuse, entourée d'un fossé bourbeux, où dort moins d'eau qu'il ne coule en un jour de vin sur ses tables, en séduit encore un bon nombre : le reste passe fièrement, traverse le village de Belleville, ou prend à gauche une rue étroite et tortueuse, qui aboutit aux Prés-Saint-Gervais. Singulier effet du temps ! les choses s'évanouissent, et les noms restent. Jadis, au pied du coteau sur lequel s'élève Belleville, dans le cercle paroissial de Pantin, s'étendait une belle prairie, et dans cette prairie se trouvait une chapelle, bâtie sous l'invocation de saint Gervais : de là le nom donné au petit village, qui se forma non loin de la prairie et de la chapelle. Le village est toujours là, mais ce qui justifiait son nom, n'y est plus : rien ne ressemble moins à des prés que ces champs mesquins, bizarrement coupés de sentiers raboteux, plantés de noyers, de groseillers, de lilas et surtout de maisonnettes.

Les Prés-Saint-Gervais sont le vestibule du bois de Romainville. Que de souvenirs ce nom réveille ! et d'abord celui de la vieille chanson :

> Qu'on est heureux,
> Qu'on est joyeux,
>   Tranquille,
> A Romainville !

> Ces bois charmans,
> Pour les amans,
> Offrent mille agrémens.

Le bois de Romainville est le plus petit des bois; ce ne serait pas même un grand parc : mais que d'aventures il a vu commencer et finir! que de plaisirs il a couverts de son ombre! que de dîners sur l'herbe et tout ce qui s'en suit! C'est le bois de la liberté par excellence : point de larges et majestueuses allées; presque point de chemins tracés : vous vous en frayez vous-même sur ce terrain sablonneux, où souvent vous enfoncez jusqu'à la cheville, à travers cette végétation naine, mais touffue et vivace, de verdoyans châtaigners. A Romainville, l'ouvrier du faubourg est chez lui; la grisette du carré Saint-Martin est chez elle : Romainville est leur propriété, leur domaine : ils en font ce qu'il leur plaît; ils y font ce qu'ils veulent : nul n'a droit de le trouver mauvais, et le garde-champêtre, qui connaît sa consigne, se garderait bien de les déranger. Aussi la chanson disait-elle, avec un sens profond :

> Oui, tant qu'à Romainville
> Deux à deux on ira,
> Le monde si fragile
> Jamais ne finira.

Les Prés-Saint-Gervais, le bois de Romainville, voilà le bois de Boulogne du peuple, voilà le rendez-vous de la grosse joie, de l'esprit, de la gaîté, de l'amour à huit sous le litre. On s'y rend à pied, on s'y promène à pied, on en revient de même; les uns marchant droit, les autres chancelant en zigzag, et les autres sont fort nombreux. Ne dissimulons rien; l'allégresse préside toujours aux départs pour les Prés-Saint-Gervais et pour Romainville; mais les retours ne sont pas toujours exempts de tristesse et d'amertume. La fatigue a gagné les promeneurs, la dépense a vidé leur bourse, le fantôme du lundi leur apparaît; l'aigreur se mêle à leurs propos, la querelle éclate, et, si la partie s'est faite en famille, vous voyez le mari se détacher brusquement de sa femme, et doubler le pas, en murmurant des reproches, auxquels la femme ne manque pas de riposter convenablement : les enfans, s'il y en a, poursuivent leur route entre ce feu croisé d'artillerie conjugale. Si l'église n'a pas encore bénit le couple, la rupture est plus brusque, plus tranchée, et c'est alors le sexe le plus faible qui prend l'initiative. Règle générale, dans le mariage légitime, c'est le mâle; dans le mariage libre, c'est la femelle, qui, trouvant plus d'avantages à la révolte, en lève plus volontiers l'étendard. D'une part la révolte affranchit momentanément le mari du joug que la loi lui impose, et le rend à l'indépendance de sa vie de garçon : de l'autre, la jeune fille rentre par la révolte dans la pleine et libre possession d'elle-même, et se ménage la flatteuse jouissance d'être conquise une seconde fois. « Laissez-moi, monsieur, s'écrie-t-elle, » c'est trop fort... C'est indigne!... » et elle s'élance en avant, trottant de toute la vitesse que la promenade, la danse et les diverses agitations de la journée permettent encore à ses jambes menues et à ses pieds légers, comptant bien qu'après la déclaration de guerre, on viendra instamment lui demander la paix, et qu'en définitive on ne la laissera pas remonter seule dans sa mansarde.

Les promenades à Romainville et lieux circonvoisins ont encore un genre de dénoûment fâcheux et déplorable : c'est quand le ciel s'en mêle, que vers le soir l'éclair brille, que le tonnerre gronde et que la pluie tombe par torrens. Oh! alors voyez les promeneurs surpris revenir en hâte, courir vers Belleville, courir vers le faubourg! voyez le ruisseau mugissant bouillonner, écumer du haut en bas de la montagne! voyez les bonnets, les fichus, s'imbiber et pendre en lambeaux, les robes se coller aux formes du corps et les dessiner fidèlement ! voyez l'abomination de la désolation grotesque, une déroute bourgeoise, avec perte complète d'équipement et de bagage !

Hélas ! dans ces mêmes lieux nous avons vu les monumens d'une catastrophe épouvantable, immense, les débris d'un empire, qu'un coup de foudre venait de frapper ! nous avons vu les traces d'un combat livré la veille, combat glorieux, mais inutile, et pendant lequel se signaient de funestes traités ! C'était en 1814 : les Russes, les Prussiens, bivouaquaient dans ces villages, dans ces hameaux, désertés par leurs habitans ; des cadavres, des caissons brisés en jonchaient les rues : des maisons, incendiées par le boulet, fumaient encore : au terrible fracas de la canonnade, un morne et profond silence avait succédé. Quel moment ! quel spectacle ! comme notre jeune cœur battait d'indignation, et se serrait de désespoir ! comme nous en voulions au soleil printanier d'éclairer de ses rayons cette scène d'affliction et d'horreur ! Belleville, Ménilmontant, Saint-Chaumont, vous fûtes l'un des derniers champs de bataille ouverts au courage de nos braves ! sur vos collines, désormais historiques et sacrées, sont morts de généreux soldats, qui se flattaient peut-être que vous seriez les Thermopyles de la France! Ils sont morts en disputant les portes de Paris à l'Europe coalisée! Ils sont morts, dans la pensée que Napoléon arriverait à temps pour achever leur œuvre! Et le lendemain les barbares du Nord défilaient devant la colonne! le lendemain ils souriaient, en regardant l'effigie du héros dont le nom les faisait trembler la veille! Et quelques jours plus tard, Belleville, Ménilmontant, Saint-Chaumont, se couvraient de promeneurs, d'abord attirés par un sentiment de pieuse curiosité, d'admiration pensive et recueillie : et bientôt la verdure avait reparu, les lilas avaient refleuri; les joyeux festins, la danse, les amours avaient recommencé sur cette même terre, sur ce même gazon qui cachait à peine les restes de nos braves!

Le bois de Romainville appartient au peuple, comme le bois de Boulogne à l'aristocratie : mais le peuple n'en est pas réduit à une seule promenade : il a d'abord toutes les barrières, au-delà desquelles se prolonge une ligne de cabarets et de guinguettes : il a les bords du canal de l'Ourcq, et du canal de Saint-Denis, dans lesquels il peut s'exercer à la pêche; il a Montmartre, d'où son regard plane sur Paris; il a enfin tout ce qu'il veut avoir sur les deux rives de la Seine.

Maintenant, parlons des promenades de la classe intermédiaire, classe nombreuse et respectable, composée du petit propriétaire, du rentier, du boutiquier, du commis, de l'employé, de l'homme d'affaires ; classe qui n'a pas une voiture à soi, et qui cependant ne va pas à pied, lorsqu'elle sort de la capitale ; classe pour laquelle a été fait l'omnibus, et qui, chaque beau dimanche d'été, court, par essaims, se faire inscrire au bureau des gondoles, accélérées, Sévriennes, Meudonaises, Courbevoisiennes et autres voitures, que les progrès de la civilisation multiplient chaque année. Il n'est pas encore bien loin de nous le temps où le Parisien qui voulait voyager aux environs de Paris n'avait d'autre ressource que l'ignoble coucou, connu jadis sous une dénomination plus ignoble encore. Alors quelles n'étaient pas les tribulations, les misères de l'honnête bourgeois ! du moment qu'il apparaissait en vue de la place où stationnaient les tristes voitures, tous les cochers se ruaient en masse sur son individu, l'empoignaient par le bras, par le corps, par les basques de son habit, le tiraient, le secouaient, jusqu'à ce que la victoire demeurât au plus vigoureux. De gré ou de force, le bourgeois s'installait à grand'peine dans le char du vainqueur, qui, le prix longuement débattu, jurait ses grands dieux qu'il allait partir de minute en minute, et ne partait jamais. Maintenant, quelle différence! le bourgeois n'a plus de combats à livrer, plus de discussions à soutenir, plus de temps à perdre : il sait, à un centime près, ce que lui coûtera son voyage; à une seconde près, quelle sera l'heure de son départ et l'heure de son arrivée : il n'a qu'à être exact lui-même, et à ne pas s'oublier, soit en déjeunant, soit en lisant son journal.

Heureux bourgeois! la veille ou le matin, il a tenu conseil avec sa femme, avec sa maîtresse, ou avec lui-même, pour savoir de quel côté il dirigerait sa course : son plan primitif était d'aller à Montmorency, pays lointain, pays classique des ânes et des chevaux qu'on loue à tant par heure pour franchir les espaces de la forêt et de la vallée, pour aller dans la même journée de l'étang de Saint-Gratien au château de la Chasse, en s'arrêtant sur les hauteurs du Bel-Air, d'où la vallée entière se déroule sous vos yeux : mais il a réfléchi que le dimanche les ânes et les chevaux étaient fort rares et fort chers au marché de Montmorency, que les courbatures, écorchures, et autres mésaventures s'y vendaient au poids de l'or, et il s'est rabattu sur l'Ile-Saint-Denis, que recommandent ses ombrages frais et rustiques, ses matelottes, ses parties de natation, auxquelles se livrent simultanément les deux sexes.

Va donc pour l'Ile-Saint-Denis! à moins que notre bourgeois ne se sente appelé par un de ces instincts vagues, qu'on ne saurait définir, vers l'autre rive de la Seine, où Meudon, Fleury, Ville-d'Avray lui offrent leurs forêts sans fin, leurs riantes perspectives; à moins qu'une sérieuse pensée ne l'attire dans des lieux plus solitaires, et qu'il ne médite une excursion dans la délicieuse vallée de Jouy, et ne veuille suivre en philosophe, un livre à la main, le cours merveilleux de la Bièvre; qu'il ne choisisse Fontenay, Verrières, Aulnay, le sauvage Aulnay, pour point de départ, et Sceaux pour terme de retour; à moins encore qu'il ne soit tenté de faire un pélerinage au Mont-Valérien, et d'aller dévotement s'agenouiller devant la parodie du Calvaire de l'Évangile, fantaisie qui devient tous les jours moins commune, au grand préjudice des marchands de bonnes Vierges en ivoire, de petits cierges, et de petits chapelets.

Suivrons-nous notre bourgeois dans toutes les fêtes foraines qui se célèbrent périodiquement et dont la rumeur, quoique affaiblie, réveille encore des échos dans les divers quartiers de Paris? l'accompagnerons-nous à St-Germain, le jour de la foire des Loges, à Vincennes, à Saint-Cloud, le jour de ces solennités fameuses, qui mettent en réquisition tant de voitures, fiacres, tapissières, charrettes même, et en activité tant de mirlitons, tambours, trompettes et crécelles? Non, laissons notre bourgeois rouler dans le tourbillon d'une foule tumultueuse; laissons-le s'étourdir d'une joie dont l'élément principal est le bruit; laissons-le, pendant des heures entières, assiéger la table d'un restaurant, où il ne pourra s'asseoir que lorsque la cuisine sera aussi vide que son estomac, et contentons-nous de savoir que notre bourgeois s'est amusé beaucoup dans sa promenade, et que, l'année suivante, il ne manquera pas de la recommencer. Ne faut-il pas, après tout, que le bourgeois se promène?

Promenez-vous, dandys; promenez-vous, peuple; promenez-vous, bourgeois : pour nous, c'en est fait, la fatigue nous gagne, et nous rentrons à Paris.

Édouard Monnais.

LA CHAMBRE DES PAIRS.

> Ci-gît très-haut et très-puissant Seigneur....
> CIMETIÈRE DE L'EST.

La physionomie mobile et animée des assemblées représentatives offre à l'œil de l'observateur des traits tellement multipliés et incertains qu'il est toujours difficile de les saisir, de les grouper, et de les réunir de manière à en former un tout et un ensemble dans lesquels l'harmonie soit vivante et animée, au point de reproduire l'expression vraie du type original. Toutes les histoires parlementaires ont constaté ce fait. Elles ne sont presque toutes parvenues qu'à présenter une suite de procès-verbaux détachés, récits partiels des événemens d'un jour, chapitres isolés qu'un système de politique générale ne liait qu'imparfaitement. Nulle part on ne trouve l'unité dans les fastes des assemblées délibérantes. Le long parlement d'Angleterre. celui qu'on appela le *croupion*, n'a pas même eu ce mérite; en dépit de la corruption commune qui unissait entre elles les parties de ce corps tout dévoué au pouvoir qui l'avait acheté, on le voit encore tiraillé, agité et en proie aux mouvemens les plus divers.

En France, contemplez les phases de nos premières assemblées électives, depuis les états-généraux de 1789 jusqu'à nos chambres actuelles. Il a fallu que chacune d'elles prît successsivement des noms et des visages différens. L'assemblée constituante, l'assemblée législative, la convention nationale, le conseil des Cinq-Cents, le tribunal, le corps législatif, la chambre des députés de 1814, la chambre des représentans de 1815, puis enfin notre chambre des députés, tels sont les différentes dénominations inscrites l'une après l'autre sur le fronton de notre représentation nationale. Chacune de ces assemblées est en possession d'archives dans lesquelles les hommes, les faits, les choses et les paroles se pressent, se heurtent et se croisent sous les formes les plus variées et dans les buts les plus opposés. En ne jetant qu'un coup d'œil sur l'existence de la chambre des députés depuis 1815, après la seconde restauration, jusqu'à ce jour, combien n'apercevons-nous pas de changemens sur les bancs et à la tribune du Palais-Bourbon! Quelle piquante galerie que celle des portraits dont les modèles ont posé, dans cette enceinte, sous les yeux du pays!

La face de nos propres affaires, sillonnée, hélas! par tant de catastrophes, si meurtrie, si flétrie par tant de malheurs, si fatiguée par les souffrances et si balafrée de cicatrices profondes, se réfléchit dans ce miroir parlementaire; les reflets de toutes nos révolutions s'y projettent comme dans ces glaces magiques que les conteuses légendes ont inventées et dans lesquelles on voit se mouvoir les êtres dont on veut connaître la destinée.

Que l'on ne s'étonne pas! Cette loi du monde représentatif, c'est la loi du monde physique, c'est la loi du monde social, c'est aussi celle du monde politique!

Comment la chambre des pairs, seule, a-t-elle

pu se soustraire et échapper à cette obligation générale? Comment est-il devenu facile de raconter ses annales, de la peindre, de la montrer à tous les regards telle qu'elle fut autrefois, telle qu'elle est aujourd'hui, sans que pour cela il soit besoin de charger sa palette de couleurs mêlées et incohérentes?

C'est que la chambre des pairs n'a jamais vécu. Immobile comme une statue placée sur une tombe, froide et inanimée, elle a vu les révolutions l'entourer sans la toucher. Séparée, dans tous les temps, des intérêts nationaux, elle n'a point participé à leur existence; éloignée du soleil vivifiant des événemens, elle n'a point ressenti sa chaleur; engourdie sous les frimas de l'aristocratie, elle n'a pas pu changer, car elle ne pouvait se mouvoir. Il y a quelque intérêt à rechercher rapidement les causes de cette torpeur léthargique.

L'antique pairie du royaume fut d'abord d'origine guerrière; elle était l'apanage de *chefs* partiels qui, réunis autour du chef principal, se proclamaient ses égaux en vaillance et en habileté; mais qui, pour obéir aux lois d'une discipline nécessaire, cédaient le commandement, sans reconnaître aucune infériorité en ce qui concernaît l'indépendance personnelle. Ils étaient *les pairs* de celui qui marchait à leur tête.

Plus tard, après la conquête, la pairie fut féodale ; les grands vassaux posaient leur couronne à fleurons de duc, de comte ou de baron, à côté de la couronne de France.

Quand Louis XIV eut achevé l'œuvre de Louis XI et de Richelieu pour soumettre et abaisser la noblesse, réduite à n'être plus que l'ornement des salons de la royauté, la pairie ne fut plus qu'une dignité ; toute prétention d'égalité entre elle et le souverain fut abandonnée ; dès cet instant le titre de *pair de France* ne fut plus qu'une expression traditionnelle dont la signification ne présentait aucun sens exact.

Aux états-généraux de 1789, les ordres de la noblesse et du clergé tentèrent de s'arroger une suprématie législative, qui échoua devant la fermeté démocratique des députés du troisième ordre, celui qui représentait le tiers-état. Dans le naufrage révolutionnaire, il n'y eut plus de place pour les prétentions aristocratiques ; vers les derniers temps de la tourmente politique qui avait agité la France, à mesure que la liberté abandonnait le terrain qu'elle avait conquis, on vit le dogme nobiliaire se redresser, et reparaître sous une forme qui n'inspirait aucune défiance. Il ne s'agissait que d'un simple équilibre gouvernemental et de l'établissement de deux corps délibérans. On forma le conseil des Anciens, caste privilégiée, espèce de noblesse législative qui déjà se séparait de la roture populaire. Après le 18 brumaire, quand le consulat marcha rapidement vers le trône impérial, quand Napoléon eut posé sur sa tête la couronne des vieux Bourbons, le sénat conservateur s'installa au Luxembourg. On y entassa pêle-mêle toutes les aristocraties; l'intelligence, les arts, les sciences, les lettres, la naissance, la richesse elle-même, y prirent place à côté de la gloire militaire; on couvrit ce corps d'un ample manteau d'hermine; les armoiries, les titres, les dotations et les majorats lui furent prodigués; là, dans le présent et dans l'avenir, c'en était fait de toute indépendance et de toute démocratie.

Après les revers de 1814, le sénat conservateur écrivit, présenta et imposa lui-même le pacte et les conditions de son existence future; il y stipula son hérédité; la restauration n'avait garde de rejeter ce moule aristocratique qu'on lui offrait si gracieusement et de la même main qui avait signé la déchéance de l'empereur Napoléon. La noblesse de l'émigration entra au Luxembourg;

le vieux et le nouveau blason fraternisèrent le plus cordialement du monde. On reprit le titre de pair de France. L'année 1815 vit les deux gouvernemens qui tour à tour s'arrachèrent le sceptre, accepter la chambre des pairs et reconnaître ses priviléges. Quelques épurations n'y occasionèrent que des changemens momentanés; peu de temps après ces secousses passagères, chacun fut réinstallé dans la paisible jouissance de ses dignités et de ses prérogatives.

Depuis 1815 jusqu'en 1830, chaque système, en expirant, s'est réfugié dans la pairie. Il n'est pas un seul ex-ministre, membre actuel de la chambre des pairs, qui ne puisse écrire autour de son écusson sénatorial : « *Vaincu tel jour, nommé pair de France le lendemain.* » Le Luxembourg ne fut plus qu'un vaste hospice.

En 1830, la chambre des pairs s'effaça tellement qu'elle fut oubliée; on ne pensa à elle que pour la mutiler; on lui enleva son hérédité, on retrancha de son sein tous ceux qu'y avait introduits le règne déchu. Nulle sympathie n'existait entre elle et le peuple; elle n'avait point de racines dans le pays; elle se prosterna aux pieds du pouvoir nouveau.

Dans ce résumé, qui embrasse une si longue période d'années, que de phases de décadence, quelle série d'échecs et quelle suite non interrompue de dépérissemens et de dégradations! A mesure que la vie pénètre dans toutes les autres parties du corps social et du corps politique, nous la voyons se retirer du corps nobiliaire, et lorsque tombée du faîte de l'ancienne et active pairie chevaleresque et féodale pour aboutir à la nullité des anti-chambres de Versailles, elle espère renaître au monde politique par la formation d'une double assemblée, elle recommence non pas une ère de santé et de vigueur, mais une période nouvelle d'abaissement et de décrépitude.

Tel est le motif de sa position stationnaire; tel est le secret de son immobilité.

Maintenant, si l'on reporte ses regards sur les signes extérieurs de l'assemblée, on sera frappé de la coïncidence qui existe entre eux, et ce que l'on pourrait appeler la constitution matérielle de la pairie.

Loin du mouvement de la cité, à l'ouest de la ville, à la plus calme de ses extrémités, s'élève un palais d'un aspect régulier et monumental; son architecture est exotique; elle n'est point empruntée aux styles de l'antiquité; dans sa structure rien ne rappelle la gracieuse sévérité des constructions grecques. La fantaisie gothique qui se marie si bien aux brumes de notre occident, n'y déploie pas non plus ses spirales tailladées, ses frêles faisceaux de colonnettes, son ogive et ses festons de pierre; l'élégance maniérée de la renaissance n'en a pas non plus dirigé les travaux; c'est une architecture étrusque, tout-à-fait italienne, cintrée de portiques, et couronnée de dômes; en un mot, c'est le style toscan et le goût florentin qui en ont tracé et exécuté le plan. Une Médicis voulut revoir à Paris le palais Pitti de Florence; elle fit édifier le Luxembourg.

Aux portes de ce palais, vous ne trouverez point une garde nombreuse; mais quelques vétérans de nos milices y veillent silencieusement. Une vaste cour, des escaliers déserts, quelques vieux serviteurs; au-delà, un jardin, beau, pittoresque, mais peuplé de rares promeneurs, refuge de vieillards et d'enfans qui s'y partagent la chaleur et les rayons du soleil, endroit favori de quelques pesantes méditations ou de quelques jeux d'écoliers, semble compléter cet ensemble de calme et d'abandon, et perpétuer la mémoire des Chartreux sur l'enclos desquels il a été dessiné.

Si vous pénétrez dans l'édifice, vous apercevrez dès les premiers pas des trophées de nos guerres républicaines bordant la double rampe du grand escalier dont les degrés mènent aux salles principales. Dans la première de ces pièces, l'antiquité a posé les souvenirs de son éloquence libre: avancez encore, voici les lourdes draperies, les corniches dorées, les massives sculptures; ici, dans cette salle voûtée en rotonde, regardez ce tableau qui maintenant représente la France de juillet, il a représenté l'empire et la restauration personnifiés. Ce papier jeté sur le premier plan, et sur lequel vous pouvez lire aujourd'hui : *Charte de* 1830, contenait autrefois cette inscription : *Austerlitz, Wagram* ; depuis on a pu la voir métamorphosée en celle-ci : *Testament de Louis XVI*. Si je soulevais la tenture verte qui recouvre un autre tableau dans la même salle, j'exposerais à vos regards le portrait en pied de Louis XVIII ; sous ce feuillage d'or plaqué sur le cadre, je vous montrerais les fleurs de lys de la branche aînée. Au-dessous, une grisaille de la bataille de Marengo a été accommodée en scène des croisades ; au milieu des chrétiens et des Sarrazins, le maladroit habilleur a oublié de changer le costume de quelques grenadiers qui, dans un coin du cadre, transportent Desaix mourant.

Arrêtez-vous dans cette salle. Cette estrade

tout entourée de drapeaux étrangers tirés d'un grenier, dans lequel les avaient oubliés les terreurs du Sénat-Conservateur de 1814, de lambeaux de calicot tricolore et de statues de la victoire, moulées en plâtre; ce bureau d'acajou, apauvri d'ornemens mesquins et chargé de petites urnes bronzées; cette étroite tribune, élevée d'une seule marche et en forme de guéridon; cet amphithéâtre surbaissé, garni de fauteuils; cette galerie échafaudée à hauteur d'entresol, accablée sous le poids d'une tenture de velours bleu foncé crépinée et frangée d'or qui entoure la paroi semi-circulaire de l'enceinte; tout cela ne ressemble-t-il pas au théâtre d'un physicien prestidigitateur; ou bien à une salle de sépulcrales conférences comme celles que la magie orientale a placées dans les cavités du Caucase ou des Pyramides? En continuant cette visite, vous passerez devant un trône, fauteuil doré que surmonte à cette heure le portrait de Louis-Philippe Ier, successeur de ceux de Louis XVIII et de Charles X; vous aurez ensuite à parcourir des salles qui étalent à vos yeux la vue des monumens de Rome imprimés sur des tapisseries. Jadis cette série de pièces s'appelait, je ne sais trop pourquoi, l'*Appartement du Roi de Rome*. Il y a quelque temps encore on voyait épars çà et là quelques bustes, momies sénatoriales, que le Luxembourg conservait dans ses catacombes. On les a expédiés tous, d'un seul coup, au musée historique de Versailles. Là, sans doute, comme le disait si naïvement le gardien des caveaux du Panthéon, en attendant les grands hommes, on met les sénateurs.

Telle est la demeure de la chambre des pairs; tout y annonce le mutisme, l'inaction ; tout y révèle la servilité, le parjure et le dévouement variable.

Jamais la concordance des faits Galliques et Lavatériens n'a été portée aussi loin.

L'attitude de la chambre des pairs n'a rien qui démente ces apparences. Il semble que ces hommes, dont l'intrigue et l'agitation politiques ont rempli toute la vie, veulent maintenant expier par leur passive obéissance l'ardeur de leurs ambitions passées. Sous leur habit, qu'ils n'ont défleurdelisé qu'à regret, comme leur salle elle-même, dont il a fallu qu'un garde national enlevât les fleurs de lys à la pointe de son sabre, ils ne siégent que pour appuyer de leur vote les propositions qui leur sont soumises et présentées. Vainement des tentatives d'opposition ont cherché à ranimer le feu de la parole : tout a été inutile; à peine née, la discussion expire sur leurs lèvres. Heureux d'avoir prêté un serment de plus, ils se sont mis aux ordres de la Cour contre le peuple, qu'ils détestent, à cause même de la générosité qu'il a montrée envers eux ; mais surtout à cause de la pâleur que l'émeute a si souvent fait monter à leur visage. Et cependant les lumières ne manquent pas à cette assemblée. Généraux, administrateurs, hommes d'état, magistrats et savans, sont réunis au Luxembourg. Mais la fatigue politique a fait taire dans ces hommes le savoir et la volonté. Présidés par M. Pasquier, être multiple et inévitable, le premier dans tous les parjures, ils laissent ce pilote, habitué à des mers si différentes, les conduire au port de la faveur royale ; et lui, impassible, en proie à deux seules émotions, vertiges de celles qui le faisaient agir autrefois, il n'écoute plus que son immuable égoïsme ; il n'obéit qu'à deux seules impressions, le froid et la peur.

A la chambre des pairs, tout se décide hors de la séance. L'assemblée se partage en salons politiques qui obéissent à quelques meneurs.

M. Bertin de Vaux dirige le système de politique ministérielle.

MM. Decazes, d'Argout et Montalivet sont à la tête du mouvement de politique intime ; ils s'occupent de maintenir l'assemblée dans les voies des bonnes graces royales.

MM. Molé et de Broglie sont les chefs de l'école doctrinaire; MM. Cousin et Villemain les secondent.

M. le général d'Ambrugeac exerce une haute influence sur les questions militaires.

L'opinion de M. l'amiral Duperré fait loi dans tout ce qui touche à la marine.

M. Roy est à la tête de la conduite financière.

M. Bassano n'est pas parvenu à exercer sur ses collègues l'autorité à laquelle il aspirait, mais il ne se range sous aucune bannière.

MM. Allent et Fréville sont chefs absolus dans tout ce qui concerne le contentieux administratif.

MM. d'Anthouard et de la Place sont les oracles du génie militaire.

M. Tripier marche à la tête des interprètes des textes de la loi civile.

MM. Portalis et Bastard de l'Estang sont les arbitres de toutes les questions de magistrature.

M. Mounier est le grand élaborateur des rapports d'administration.

Les bannières politiques n'ont que des nuances affaiblies. Les légitimistes, que MM. Châteaubriand dans un premier discours, Fitz-James, par une opposition de deux années, de Noailles, par quelques harangues énergiques, avaient soutenus pendant quelque temps, sont maintenant réduits au seul M. Dubouchage. La persévérance ne lui manque pas ; mais l'éloquence et le bon sens lui font défaut.

Autrefois M. de Sémonville aidait M. Pasquier dans tout ce qui se rattachait aux intrigues secrètes de la chambre; maintenant, M. Pasquier porte seul ce fardeau. M. de Sémouville est retiré du monde; il charme néanmoins ses loisirs par de sourdes menées. Remplacé dans ses fonctions de grand-référendaire par M. Decazes, il a vu les systèmes de police et d'inquisition, la monomanie judiciaire et les allures de prévôté succéder aux traditions de corruption et de séduction qui lui étaient familières; il n'entend et ne comprend rien aux roueries de complot; l'espionnage politique et le négoce des consciences formaient son élément. Il est dépaysé.

MM. de Pontécoulant, Lanjuinais et le général Excelmans ont seuls manifesté quelque indépendance d'opinions politiques. MM. le général Dejean, Choiseul, Tascher et Devaisne, le beaupère de M. Guizot, renouvellent au Luxembourg l'intrépide dévouement des trois-cents de M. de

Villèle et les fureurs législatives des Labourdonnaye et des Sallabéry.

M. de Talleyrand n'a paru que rarement à la Chambre des pairs; il n'y a pas prononcé un seul mot.

Les hauts fonctionnaires du Luxembourg sont le président chargé de répondre de l'assemblée, comme un colonel répond de son régiment; et le grand-référendaire, chargé en apparence de l'administration temporelle de la chambre, mais en réalité appelé à la surveiller et à la retenir sans cesse dans les bornes d'une satisfaisante soumission. M. Pasquier le président s'acquitte merveilleusement des fonctions qui lui sont dévolues : pour arriver à un but qu'il se propose d'atteindre, rien ne lui coûte; il met tout en œuvre; jusqu'ici il n'a rapporté au château que des votes dociles. Le réglement n'est pour lui qu'un marchepied; sous ce rapport, il pousse les choses jusqu'au cynisme. M. Séguier, le premier des vice-présidens, est complétement inhabile à cet emploi; il n'y a encore commis que de notable bévues.

M. Decazes, le grand-référendaire, a introduit dans le palais de la chambre ses anciennes allures de police, dont rien ne pourra le détacher entièrement; frappé de la nullité politique de l'assemblée, il semble avoir voulu lui donner, dans l'intérêt de sa propre fortune, une importance judiciaire. Une fois convaincu qu'il verrait échouer tous ses projets d'ambition ministérielle, il a voulu se réfugier dans un port où il pût trouver l'aisance, ou du moins un souvenir de ses premières habitudes politiques passées au sein des conciliabules de la Restauration. M. de Sémonville, forcé de renoncer aux douces redevances de sa prébende sénatoriale, n'a cédé le canonicat de sa charge qu'avec de grands regrets; il n'est plus occupé qu'à susciter des embarras à celui qui l'a remplacé. Les beaux et vastes appartemens du rez-de-chaussée formant le logement du grand-référendaire, il y donne ses fêtes. Mais un cabinet simple, véritable cellule ou véritable observatoire, est disposé pour lui au premier étage, dans le voisinage de la salle des séances; c'est de là qu'il surveille les travaux législatifs.

Depuis que MM. Chateaubriand, Lainé et Fitz-James ont disparu des bancs de la pairie, on peut dire qu'il n'y a plus d'éloquence à la chambre des pairs. Quelques parleurs longs et diffus y restent encore et s'y font entendre; M. de Pontécoulant y manie avec vivacité le sarcasme politique; mais le discours n'y fleurit pas; l'oraison y languit. On parle d'ailleurs généralement peu au Luxembourg : presque tous les orateurs évitent la tribune et prennent la parole de leur place même. Un jour M. le comte de Montalembert répondait fort spirituellement : « *Je ne suis pas assez éloquent pour monter à la tribune.* » On dirait que, dans cette chambre, en ne quittant pas son siége pour haranguer l'assemblée, chacun se rend justice.

Les séances de la chambre des pairs sont tristes et monotones ; souvent de longues discussions, mais toujours éloignées de la politique présente, les remplissent de fastidieuses élucubrations sur des objets spéciaux. Ce que ces exposés, faits par des hommes d'un mérite reconnu, peuvent contenir d'utile est étouffé sous la diffusion des phrases. M. de Dreux-Brézé ranimait quelquefois le feu des passions ; il opérait sur ce cadavre une secousse galvanique ; maintenant rien ne le réveille, il gît sans voix et sans geste.

Les ministres ont pour la chambre des pairs un dédain marqué ; ils y paraissent rarement, parlent et agissent à la hâte et s'échappent toujours avec la plus incivile précipitation. Du haut des tribunes publiques on contemple ces vieillards s'abordant, se saluant, consultant le thermomètre, énumérant leurs infirmités ; puis exténués et cacochymes, ils se traînent à leur siége;

ou bien ils vont faire assaut de galanterie surannée à la tribune des dames ; M. de Flahaut, vieux débris du dandysme impérial est le coryphée de cette niaise coquetterie. Depuis la perte de leur hérédité, dont ils se sont séparés comme le fait le castor qui se mutile lui-même pour sauver sa vie et abandonner aux chasseurs l'objet de leur convoitise, ils ont oublié toute étiquette, toute hiérarchie ; ils se livrent à des conversations particulières, sans daigner écouter les sujets de la discussion sur laquelle ils doivent prononcer. Au moment du vote, il faut les réunir à grand renfort d'appels, de coups de sonnette et d'invitations.

Lorsque le lustre qui descend du sommet vitré du plafond éclaire cette lamentable vision, on pourrait se croire spectateur d'une cérémonie funèbre.

De nombreuses tentatives ont été faites pour donner à la chambre des pairs une existence nouvelle ; tous les vœux et tous les efforts de résurrection ont échoué. La presse y a émoussé ses armes ; elle a aussi délaissé le Luxembourg, après l'avoir forcé à mettre son mode de délibération en harmonie avec la publicité de ses audiences. La révolution de juillet, en ouvrant à la foule le huis-clos du Luxembourg, a mis à nu toutes ces misères. Rien ne constatait le vote, en constatant le nombre des votans ; l'arbitraire des scrutateurs en décidait seul. On votait par billets écrits portant la mention de *oui* ou celle de *non*. Cet état de choses a duré plus de trois ans encore après 1830 ; souvent on votait sans appel nominal. Rien n'était authentique, tout était livré au bon plaisir. A force de remontrances, nous avons introduit au Luxembourg les urnes du vote, les boules noires et blanches, et surtout le contre-vote, qui ne permet ni erreur, ni fraude. Nous avons aussi imposé l'obligation de l'appel nominal. En un mot, la presse a refait le réglement de la chambre des pairs.

Les nouveaux élus de la pairie sont généralement assez mal vus par l'ancienne pairie ; la faveur du bon accueil est tout entière réservée aux fils de l'hérédité ; en comité particulier on rit de ces pairs dont on ne sait pas le nom au Luxembourg, et auxquels il faut adresser la question que M. de Pontécoulant faisait à M. Cousin. « *Monsieur, comment vous appelle-t-on ?* »

La seule chose dont la pairie tire quelque orgueil, c'est la présence de M. le duc d'Orléans à ses séances. Il y est l'objet de toutes les déférences. L'attitude de ce jeune prince au Luxembourg est nonchalante et désœuvrée ; à le voir, on pourrait penser qu'il ne comprend que faiblement l'objet des travaux de l'assemblée. Le droit de siéger lui a été vivement contesté. La Charte de 1830, en déclarant que les princes du sang sont pairs par le droit de leur naissance, a voulu qu'ils ne puissent entrer dans la chambre qu'à l'âge de vingt-cinq ans ; car, en déterminant cet âge pour tous les jeunes pairs de France, elle n'a point fait d'exception en faveur des princes du sang. Le croira-t-on, pour motiver la présence du duc d'Orléans, on a été forcé de se réfugier dans le droit que lui avait conféré, avant 1830, sa parenté avec Charles X ! C'est comme prince du sang de la branche aînée qu'il siége au Luxembourg, lui l'héritier présomptif du trône de juillet !

On a refusé de vérifier ses pouvoirs, sous prétexte que la pairie tirait un trop grand lustre de sa présence au sein de l'assemblée. Étrange excuse (1) !

(1) Lors de la discussion de la Charte de 1830, on demanda s'il y aurait une exception pour l'âge d'admission des princes du sang, déclarés pairs par le droit de leur naissance ; on demanda enfin à quel âge ils entreraient dans la chambre : il fut répondu qu'ils y entreraient *comme les autres* (voir le *Moniteur* du 9 août), c'est-à-dire à *vingt-cinq ans*. Le duc d'Orléans et le duc de Nemours, nouvellement admis dans l'assemblée, se déclarèrent pairs par la naissance qui les unissait à la branche aînée ; ils déclarèrent qu'ils étaient investis de

Sous les ordres de M. le grand-référendaire, économe de la communauté sénatoriale, marche une foule d'employés subalternes. A leur tête se trouvent les greffiers de la chambre, le secrétaire de la présidence, le bibliothécaire, les messagers d'État et les huissiers. La famille Cauchy est en possession des archives; elle compose à elle seule une véritable colonie dans le Luxembourg, dont elle habite les hauts étages. Tous les membre de cette famille ont passé par le greffe; ils sont décorés du ruban rouge dès leur plus tendre jeunesse, ce qui a fait dire qu'ils naissaient chevaliers de la Légion-d'Honneur.

Cette dernière catégorie complète le mobilier personnel de la chambre des pairs.

Comme cour de justice, elle appelle d'autres observations; elle doit fixer notre attention.

Constituée en cour de justice, la chambre des pairs ne se dépouille pas de son caractère poli-

---

leur pairie avant 1830, et que dès-lors ils profitaient des dispositions de la Charte de 1814, qui leur permettait de siéger à vingt ans! Ainsi, ce sont les *princes du sang* de Charles X qui ont été admis au Luxembourg! La révolution de juillet, qui a détruit une famille royale en détruisant une royauté, est inconnue. Les cousins de Charles X siégeant de plein droit et comme tels dans le corps qui se proclame lui-même le *premier corps politique* de la nation de juillet, n'est-ce pas là la plus monstrueuse de toutes les prétentions de quasi-légitimité! E. B.

tique; car c'est la loi politique elle-même qui l'a investie de ses pouvoirs judiciaires; mais elle prend alors un esprit nouveau; ses habitudes sont tout à coup changées; sa gravité va alors jusqu'à la morgue, et rien n'égale la hauteur de son attitude. Dans les occasions de justice ordinaire, pour les simples peccadilles, une balustrade garnie d'un morceau de serge verte forme, dans le couloir de gauche de la salle des séances, ce qu'on est convenu d'appeler la barre de l'assemblée; du reste rien n'est changé aux dispositions ordinaires. Un des bureaux de la chambre, établis dans les pièces qui entourent la salle principale, sert de prison provisoire aux accusés; tout se passe avec courtoisie; rien ne décèle la captivité, ni la défiance. Il en est autrement dans les grandes et solennelles occasions; M. de Sémonville, qui a vu les trois grands procès, celui du maréchal Ney, celui de la conspiration d'août 1819, et enfin celui des ex-ministres de Charles X, prenait, dans ces circonstances, un air singulièrement arrogant. Il redoublait de sérieux; il poussait la sévérité de son visage bien au-delà de ce qu'il lui imprimait de dignité quand, en sa qualité de grand-référendaire, il assistait chaque nouveau pair de France dans son premier serment; car il entre dans les attributions du grand-référendaire de recevoir les protestations de fidélité de ceux qui entrent dans la chambre, et, après leur mort, d'accompagner les pairs de France à leur demeure dernière. M. Decazes est maintenant chargé de ce soin ; c'est lui qui enregistre les sermens nouveaux ; c'est lui qui doit pourvoir aux nobles sépultures. Sous l'empire, on embaumait les sénateurs ; M. Cadet-Gassicourt avait entrepris cette opération à forfait. Un sénateur, dûment et officiellement embaumé, coûtait à l'état 300 francs ; maintenant tout est livré à la sollicitude particulière des familles. La vigilance des portes est redoublée pendant les audiences de la cour de justice ; on pense en même temps au bien-être des juges. M. de Sémonville, lors du procès des ministres, avait poussé la prévoyance jusqu'à transformer la principale galerie du musée du Luxembourg, en véritable restaurant ; Diguet, le traiteur le plus voisin, y avait établi un vaste buffet ; le verre d'eau sucrée, seul rafraîchissement de la buvette habituelle, était remplacé par le plus délicat ambigu. Alors aussi la salle des séances subit de grandes modifications. L'estrade semi-circulaire du président reçoit les accusés et les défenseurs ; le président de la cour de justice prend place à droite, à l'angle de l'assemblée, sur un siége élevé, et c'est de là qu'il dirige les débats; le canapé des ministres est enlevé; le public envahit tout l'espace que les juges laissent inoccupé.

Au palais du Luxembourg sont adjoints les bâtimens du Petit-Bourbon; demeure du chancelier, ils servent maintenant d'appartement au président. Lors des procès politiques qui ont eu lieu, on les transforma en prison; des chemins tracés par deux rangées de hautes palissades les unissaient au palais de la chambre; ils étaient hérissés de postes, de guérites, de bivouacs et de corps-de-garde. Le procès du complot d'avril, *s'il y a lieu,* nécessitera de plus grands et de plus importans préparatifs. Le projet de construction d'une salle définitive pour la chambre des pairs aurait eu l'avantage de conformer les dispositions de l'édifice aux nécessités qu'impose à cette assemblée la publicité actuelle de ses décrets. Tout ce qui tient à cette obligation a été improvisé au Luxembourg et n'est encore que provisoire.

La cour des pairs n'est point une juridiction exceptionnelle, comme on affecte trop de le répéter. La juridiction est écrite dans la Charte elle-même; mais il est vrai de dire que cette juridiction n'est point définie, et qu'elle est dès-lors entachée d'une incertitude originelle qui vicie toute son institution et qui n'en permet pas l'application. Elle fait elle-même sa compétence, sa procédure et sa loi pénale. Comme nous avons eu tant d'occasions de le publier, ses prétentions sont exorbitantes et monstrueuses. Selon les besoins du moment, elle improvise des règles de délibération. La loi n'est à ses yeux qu'un arsenal dans lequel elle choisit à son gré les armes qui lui conviennent le mieux. Rien ne détermine ses devoirs et sa compétence. Une telle organisation est à elle seule le plus funeste de tous les abus de pouvoir. Devant un tel tribunal les accusés n'ont point de garantie. L'instruction du procès d'avril n'a que trop bien démontré la vérité de cette funeste situation; la défense des accusés, *s'il y a lieu*, mettra au grand jour ce qu'une juste réserve ne nous permet pas de dire ici.

Dans leurs fonctions judiciaires, les pairs de France ne prennent pas d'autre costume que celui qui leur est habituel pour les séances politiques. Il consiste en un habit bleu coupé militairement, brodé d'or aux paremens et au collet; dans les solennités de la restauration, ils portaient un manteau fourré d'hermine, relevé par une toque surmontée de plumes blanches. Ces insignes ne sont plus en crédit : aucune disposition n'en a prononcé l'anéantissement; la seule pudeur publique a fait justice de ces oripeaux, tout aussi bien que des catégories qui rangeaient les pairs de France sur des bancs différens, le banc des ducs, le banc des marquis, le banc des comtes et le banc des barons, en raison du titre affecté au majorat nobiliaire fondé par chaque pair de France. Une ordonnance de 1816 réglait le costume des pairs de France agissant comme juges : une longue toge fourrée d'hermine, une toque brodée d'armoiries, une longue cravate de dentelle, devaient donner à leur attitude une somptueuse gravité; cette ordonnance a paru porter atteinte aux prérogatives de la cour; elle n'a jamais été accueillie; elle est mort-née; elle est tombée dans une désuétude complète, ou plutôt jamais elle n'a été exécutée. Le président de la chambre préside la cour; le grand-référendaire devient grand-prévôt; les huissiers de la chambre signifient les actes de la cour, le déguisement judiciaire est universel; quoiqu'il y ait chez les hauts fonctionnaires dont nous venons de parler une espèce d'investiture de demi-magistrature; car le président de la cour des pairs remplit auprès de la famille royale l'emploi d'officier de l'état civil. Il constate leurs naissances, leurs décès et leurs unions; pendant que le grand-référendaire, qui ne peut quitter le palais du Luxembourg sans la permission du roi, est lui-même l'officier de l'état civil de la chambre des pairs. Le plumitif des audiences est tenu par les secrétaires-archivistes, greffiers improvisés par les circonstances, et devenus scribes de justice criminelle. Ils notifient l'arrêt aux condamnés; c'est M. Cauchy père qui a lu à Michel Ney l'arrêt qui le condamnait à mort.

Depuis 1815 jusqu'à 1835, la cour des pairs a exercé sa juridiction sous toutes les formes possibles.

Michel Ney fut accusé de haute trahison envers le roi.

Les ex-ministres de Charles X furent accusés du même crime envers le peuple.

Louvel fut accusé d'attentat à la sûreté de l'état par un assassinat consommé sur la personne d'un prince du sang.

Deux conspirations, celle d'août 1849 et celle d'avril 1834, ont été déférées à la cour des pairs.

M. Kergorlay fut accusé d'un délit commis par la voie de la presse.

M. de Montalembert fils fut accusé d'un délit correctionnel, pour l'ouverture d'une école primaire sans autorisation.

Le *Drapeau Blanc* et le *National* ont été accusés d'insulte envers la chambre.

Une plainte particulière a dénoncé M. de Grammont à la justice des pairs.

Les modes différens dont la cour des pairs a été saisie de ces différentes procès présentent un tableau tout aussi complet.

La juridiction politique a déféré à la cour des pairs, par ordre du roi, Michel Ney, Louvel, les accusés d'août 1819, et les accusés d'avril 1834.

La chambre des pairs a cité elle-même à sa barre M. Kergorlay, le *Drapeau Blanc* et le *National*.

La justice ordinaire, forcée de s'arrêter devant la qualité de pair de France, a renvoyé aux juges du Luxembourg l'examen de la prévention portée contre M. Ch. De Montalembert.

Une plainte particulière lui a livré M. de Grammont.

Enfin, la chambre des députés a accusé les ex-ministres de Charles X.

Ce double exposé des faits résume toute l'histoire juridique de la cour des pairs.

Une seule circonstance manque à cette nomenclature; c'est celle d'un procès résultant du *flagrant délit*.

Les pairs de France, relativement à la contrainte par corps, s'arrogent le privilége d'une perpétuelle inviolabilité. Cependant les débiteurs, par la remise d'un Mémoire adressé au président de la chambre, peuvent obtenir que la personne de leur créancier soit livrée aux gardes du commerce. Une commission, dont le grand-référendaire fait essentiellement partie, décide sur ce qu'il convient de faire. C'est aussi le grand-référendaire qui délivre les passe-ports dont les pairs de France peuvent avoir besoin.

Les fastes judiciaires de la cour des pairs ont commencé par un véritable assassinat; depuis cette cruauté politique, le tribunal paraissait revenu à des sentimens de justice meilleure; la modération surtout semblait avoir pénétré dans son enceinte. Le dernier procès qu'elle a eu à juger, celui du *National*, a prouvé que les haineuses traditions, la violence et les préventions de parti ne l'avaient point abandonnée. Arbitres suprêmes de la loi qu'ils appliquent selon leur volonté, ces juges pourraient mettre en tête de leurs arrêts, dont seuls ils règlent la compétence et qui ne sont assujettis à aucune révision d'appel : *Nous avons de notre propre puissance, de notre haute sagesse et de notre science certaine, condamné,* etc..... »

Le procès du *National* a renouvelé, même au sein de cette judicature politique, un scandale qui ne s'était pas reproduit depuis 1815. On défendit à Michel Ney de discuter les clauses de la capitulation de Paris, pour en faire jaillir sa justification; on a défendu à Armand Carrel de discuter l'attentat juridique de l'assassinat de Michel Ney, pour en faire jaillir la justification du *National*. Cet écho de fureur et d'illégale interruption prouve assez combien, dans les corps aristocratiques, se transmettent et se propagent les mœurs inquisitoriales. Il n'y a point d'avenir pour une corporation aussi formellement séparée de l'élément populaire.

La chambre des pairs, assemblée judiciaire ou cour de justice, succombe aujourd'hui sous le faix de la réprobation générale. Son président a beau lui déférer pompeusement le titre de premier corps politique, rien ne peut le sauver de la mort qui, dans l'état actuel de notre société, atteint tout ce qui s'éloigne de la vie du peuple. Le chiffre de l'âge moyen des habitans du Luxembourg est décisif contre lui. Toutes ces têtes chauves se courbent vers la tombe, et l'on éprouve je ne sais quel pénible sentiment à voir ces débris usés de tant de systèmes écroulés, ces agens de tant de ruses, ces confidens de tant de déceptions et ces artisans de tant de ruses ne pas même savoir se dresser pour tomber convenablement; leurs fautes, leurs écarts, leurs maladroites prétentions, leurs tristes et déplorables condescendances les placent en dehors de toute estime et de toute considération.

Est-ce donc là que devaient aboutir les preux qui entouraient le trône de la seconde race; et ces douze pairs de Charlemagne dont l'héroïque légende rappelle les fables des demi-dieux?

Montrer au peuple la pairie telle que l'ont faite ceux auxquels elle s'est donnée, est une belle et grande leçon : cet enseignement lui dit assez haut qu'il n'y a de force et d'avenir que dans la nation et pour la nation.

Dans nos mœurs sociales, le Luxembourg, chamarré de blasons et de livrées, n'est qu'une pâle anomalie; la médaille d'un temps qui n'est plus et qui ne peut plus revenir : la pairie abandonnée, convoitée seulement par quelques ambitions subalternes, dépouillée de son hérédité, n'est plus qu'un vestige échappé à nos révolutions, oublié par la faux politique; et lorsqu'on contemple l'empressement avec lequel ces *pâles sénateurs*, selon la belle expression de Juvénal, se livrent au joug que leur tend la main royale, on ne peut que s'écrier avec Tacite, en terminant la nécrologie de cette assemblée : *O hommes prêts à la servitude !*

Eugène Briffault.

LES QUAIS, LES PONTS

ET LES PLACES.

Sous la domination des Romains, même au commencement de celle des Francs, au quatrième et au cinquième siècles enfin... (à propos des quais et des ponts, on va dire que je remonte jusqu'au déluge...), *la chère Lutèce* de l'empereur Julien, notre vieille cité parisienne, ne possédait encore que deux ponts, deux ponts en bois tout bonnement, jetés de chaque côté de l'île, sur l'un et l'autre bras de la Seine, tout ce qu'il en fallait pour procurer aux petits insulaires, nos ancêtres, l'agrément de sortir de chez eux, et d'aller faire un tour de promenade dans les *voies romaines*; deux ponts simples de nom comme d'architecture : l'un *le Petit-Pont*, placé juste au même point où se trouve aujourd'hui son successeur et homonyme; l'autre *le Grand-Pont*, qui était situé à peu près sur l'emplacement qu'est venu depuis occuper le *Pont-au-Change*.

Pour des quais, il n'en était pas question alors; il ne s'agissait pas de rendre les abords faciles, et pour les rendre au contraire le moins commodes possible, on construisait, en attendant les quais, une belle et bonne enceinte de murailles autour de cette primitive capitale. Des places, il devait bien y en avoir une, destinée au commerce, devant l'autel de Jupiter, ou devant l'édifice municipal; mais je n'oserais affirmer qu'il y en eût deux.

Comme on peut le voir, nous avons fait des progrès depuis ce temps-là; nous nous sommes arrondis, et le chapitre que me demande madame Béchet sera un peu plus long à faire que s'il m'eût été commandé par Jules César ou Pharamond.

Mais laissons en paix la cendre de nos fondateurs et ne secouons pas la poussière du vieux Paris : c'est Paris moderne qu'il faut peindre, Paris de 1835, où, du reste, la poussière ne manque pas non plus, quand il n'y a pas de crotte.

En avant donc, malgré pluie et vent, à pied, ou en omnibus, le parapluie sous le bras et le crayon à la main ! commençons notre ronde...

Tout le long, le long, le long de la rivière...

Et, comme il faut bien commencer par un bout, descendons sur le quai *de Billy*, rive droite de la Seine, par la barrière Franklin, qui va remplacer enfin par une pente douce l'espèce de montagne à pic que le malheureux piéton était forcé de gravir, quand il voulait se donner des airs de Bois de Boulogne, ou aller danser aux jolis bals du Ranelagh.

Le quai de Billy, nommé d'abord indistinctement quai de la Conférence, de Chaillot, des Bonshommes, reçut en 1807 le nom du brave général de Billy, tué à la bataille d'Iéna. Il est inutile de dire que le même souvenir fit donner le même nom au superbe pont, situé, d'un côté, en face de l'école militaire et du Champ-de-

Mars, et, de l'autre, vis-à-vis la montagne de Chaillot où fut commencé le palais du Roi de Rome. Mais ce que tout le monde ne se rappelle peut-être pas, c'est qu'en l'an de disgrâce 1814, ce *cher* M. Blücher, comme l'appelle Béranger, eut une velléité très-prononcée de faire sauter le pont d'Iéna, par pudeur pour la gloire prussienne. Louis XVIII, qui, comme on sait, ne pouvait pas marcher, envoya prier son allié de lui faire dire l'heure à laquelle le pont sauterait, afin qu'il pût d'avance s'y faire transporter dans son fauteuil. Cette noble proposition embarrassa un peu le héros germanique, mais ne le découragea pas tout-à-fait. Il revint bientôt à la charge, et, pour conserver le pont d'Iéna, il fallut finir par le débaptiser. Une ordonnance royale du mois de juillet de la même année substitua à la dénomination napoléonienne le sobriquet pacifique de *Pont des Invalides*. Heureusement le glorieux pont reprit plus tard le nom de son premier parrain, nom que, du reste, la plupart des Parisiens n'avaient jamais cessé de lui donner, sinon tout haut, du moins tout bas, et qu'il ne quittera plus, je l'espère.

Le quai dont nous parlons, jadis fort étroit, doit sa largeur actuelle et ses beaux parapets à la construction du pont d'Iéna. Le mur de terrasse fut porté au milieu du cours de la Seine, dont le lit fut déplacé aux dépens de la rive opposée. Bordé par d'élégantes maisons du Bas-Chaillot, par la pompe à feu et le Cours-la-Reine, ce quai, qui se continue, sous ses différens noms, jusqu'à la place Louis XV, est certainement un des plus beaux de Paris.

Traversons la Seine d'un coup d'œil, et jetons de loin un regard sur le *Beau-Grenelle*, village plus riant et mieux peuplé que ne l'était la fameuse plaine sur laquelle il est bâti. On chante, on danse, on arrose d'un vin clairet les matelottes et les fritures riveraines, là, où naguère on fusillait de pauvres soldats. Si jamais vous entrez dans la petite cathédrale de ce hameau d'hier, vous pouvez dire plus d'un *requiescat in pace...* sans oublier ceux qui sont morts à Iéna.

Passons rapidement devant les maisons de santé de Chaillot et ses nombreux établissemens *orthopédiques*, où le procureur du roi envoie, de temps en temps, par faveur spéciale, les journalistes qui ne veulent pas marcher droit... Un regret au quartier de François Ier, mort, pour ainsi dire, avant d'être né; un souvenir à l'île des Cygnes où, de temps immémorial, le gamin de Paris venait goûter les délices du bain, au moins une fois par an. Pauvre île des Cygnes ! elle n'existe plus : son sol a été réuni au continent de la rive gauche, et sur ses verts gazons on a établi un entrepôt pour le commerce, et une fonderie pour le gouvernement.

Pour le coup, voici le vrai pont des *Invalides*, qui, du moins, par sa position, justifie ce titre, mais qu'on aurait pu également surnommer le pont de la Régie, puisqu'il conduit aussi à la manufacture royale des tabacs.

C'est le premier pont suspendu que l'on ait construit à Paris, et *suspendu* est bien le mot, car les travaux en furent interrompus plusieurs fois, une fois entre autres par un petit inconvénient qui fit tomber le pont dans l'eau et faillit y faire tomber l'entreprise. Enfin l'architecte reprit courage et le pont reprit le dessus, ce qui est incomparablement mieux. Tel qu'il est, c'est sans doute un travail remarquable et l'un des embellissemens les plus utiles que nous ait légués la restauration : je dis utile, surtout en considération des pauvres vieux Invalides, qui, grâce à leur pont de fil de fer, peuvent aller jouer aux quilles, ou contempler les joueurs de paume dans les Champs-Élysées, sans être obligés de faire le tour par leur ci-devant pont d'Iéna, ou par celui de la Concorde. Mais, s'il m'était permis d'adresser une légère observation à messieurs les ingénieurs, moi qui ne me pique en rien d'être un homme de génie, je leur demanderais, très-poliment, et pour mon instruction tout au plus, s'il faut absolument qu'un pont, suspendu de chaque côté, fasse au milieu ce que l'on appelle le *dos d'âne?*... Et l'on doit voir que je me sers ici d'expressions qui sont à ma portée, ignorant complétement les termes techniques. Dans ma simplicité, j'aurais cru le contraire; car, pour qu'il en fût comme il en est du pont des Invalides, il faudrait que le bon Dieu, là haut, eût la complaisance de tenir un fil de fer qui soutînt le milieu du pont, ce qui, à la longue, finirait par lui fatiguer le bras, tout bon Dieu qu'il est. Autrement, je le répète, un pont suspendu de chaque côté doit tendre nécessairement à faire le creux au milieu et non pas le dos d'âne... C'est ce que j'ai remarqué, en admirant, il y a quelques années, le pont de *Richmond* en Angleterre; et, sans aller chercher si loin, on peut aller voir le pont suspendu dont M. Aguado a doté le village de Ris, près de sa magnifique propriété de Petit-Bourg, et l'on sera à même de juger jusqu'à quel point mon observation est déplacée. S'il fallait encore une preuve à l'appui, j'ajouterais que je me suis laissé dire qu'à Saint-Pétersbourg... Mais cela nous éloignerait peut-être un peu trop du Gros-Caillou, du quai des Invalides, et de la place de la Concorde, où justement nous voici arrivés.

— Versailles ! Versailles ! Un lapin pour Saint-Cloud !... — Monsieur, allez-vous à Versailles ?... — Monsieur va-t-il à Saint-Germain-en-Laye ? — Voilà ce que vous cornent aux oreilles vingt conducteurs de coucous, des classiques coucous qui luttent encore contre l'invasion des Gondoles, des Accélérées, qui stationnaient jadis sur le quai des Tuileries, tout le long de la terrasse du bord de l'eau, et que la préfecture a relégués dans un coin de la place, à l'entrée des Champs-Élysées... Une place, j'ai annoncé en tête de ce chapitre que je parlerais aussi des places. En voilà une; c'est une occasion toute trouvée pour commencer à tenir ma promesse.

Or, cette grande et belle place que vous voyez là, belle surtout quand elle n'est pas défigurée par les quatre barraques que l'on appelle l'exposition des produits de l'industrie, quand elle est ornée tout simplement de la double colonnade du garde-meuble, où l'on a rangé le ministère de la marine, des quinconces des Champs-Élysées, des deux terrasses des Tuileries, de ses groupes de marbre; cette place aussi a été baptisée plusieurs fois : en 1765, place de Louis XV, et au centre la statue équestre de ce roi, couronné de lauriers, coiffé dans le dernier goût et vêtu à la romaine ; de plus entouré de la Force, de la Paix, de la Prudence et de la Justice, autres figures qui n'accompagnaient pas merveilleusement la sienne, et qui donnèrent lieu dans le temps à de fort mauvaises plaisanteries, entre autres à ce distique :

« O la belle statue ! ô le beau piédestal !
» Les vertus sont à pied, le vice est à cheval ! »

En 1792, place de la Révolution, avec une figure colossale de la Liberté sur le même piédestal, et, ensuite, un ornement d'un autre genre... l'échafaud !

Enfin en 1800, place de la Concorde, ayant au milieu une superbe colonne en toile peinte et en charpente, comme qui dirait notre obélisque provisoire. Tâchons, en 1835, d'y placer le plus tôt possible le Luxor pour tout de bon ; mais tâchons surtout de conserver à cette place son dernier nom, qui, sans contredit, est le plus beau.

La place de la Madeleine, là-bas, à notre gauche, est, si l'on veut, une continuation de la rue Royale, ou une extrémité des boulevarts. Elle est devenue depuis quelque temps succursale du Marché-aux-Fleurs, que nous trouverons plus loin, sur le quai Desaix. C'est une galanterie du préfet de la Seine, qui a voulu éviter une course trop longue aux petites-maîtresses du faubourg du Roule et de la Chaussée-d'Antin.

A droite est le pont Louis XVI, aux pieds duquel se trouve l'école de natation de Deligny. Encore un pont qui a changé de nom autant de fois que sa voisine. Telle est, au surplus, la destinée de tous nos monumens, de nos rues, de nos théâtres, girouettes malgré eux, courtisans sans le savoir, à chaque révolution qui s'opère. Il est temps qu'on s'en tienne au *statu quo*; car, pour peu qu'il nous arrive encore quelque nouveau gouvernement, quelque nouvel ordre de choses, on finira par ne plus pouvoir demander son chemin à Paris.

Le pont Louis XVI, ou de la Révolution, ou de la Concorde, ou de la Chambre des Députés, (ces deux derniers noms semblent impliquer contradiction au premier abord); ce pont, dis-je, offre deux remarques à l'observateur: la première c'est qu'on a employé à sa construction, en 1790, une partie des pierres provenant de la démolition de la Bastille, la seconde c'est qu'on devrait bien le débarrasser au plus vite des douze grands hommes qui pèsent sur lui de tout le poids de leur marbre et de leur renommée. Ces grands hommes, trop grands pour le pont et le voisinage, seraient bien plus à l'aise dans l'avenue des Champs-Élysées ou même sur la place Louis XV. Ils y remplaceraient avec avantage les petits pavillons et les larges fossés qu'on y voit encore.

Je ne vous parlerai pas du *Pont-Tournant*, qui n'existe plus, pour arriver au Pont-Royal encore très-ferme sur ses piles, dont l'une possède une échelle pour marquer la hauteur des eaux, ce qui fournit une distraction de plus aux promeneurs du quai d'Orsay et aux habitués des bains Vigier. Le Pont-Royal remplaça, par ordre, et aux frais de Louis XIV, le Pont-Barbier, qui lui-même avait remplacé le Bac des Tuileries et du Pré-aux-Clercs.

Ici l'aspect commence à changer. Nous n'avons trouvé le long du quai d'Orsay, qui s'est passablement embelli depuis Vadé et la *Grenouillère*, que des hôtels, des palais, des casernes.... Le palais ci-devant Bourbon, puis du Conseil des Cinq-Cents, puis du Corps législatif, puis de la Chambre des Députés; le palais de la Légion-d'Honneur, ancien hôtel du prince de Salm; l'hôtel d'Orsay, bâtimens immenses commencés en 1810, au coin des rues Bellechasse et de Poitiers, destinés sous l'empire aux relations extérieures, sous la restauration, à la centralisation de tous les ministères, et que l'on termine aujourd'hui à l'usage de quelques divisions de l'intérieur et du commerce.... La caserne des gardes-du-corps, primitivement caserne de la garde impériale, aujourd'hui caserne des lanciers...

Nous allons trouver des maisons bourgeoises et des boutiques sur le quai Voltaire ou Malaquais; nous allons nous arrêter devant les marchands d'estampes, devant les marchands de curiosités; nous allons bouquiner sur les parapets, et nous traverserons le nouveau pont du Carrousel, pour bouquiner encore jusqu'au pont des Arts et même jusqu'au Pont-Neuf... Que de ponts! Ils seront bientôt l'un sur l'autre. A quoi bon ce nouveau pont de 1834? Encore s'il aboutissait à la rue des Saints-Pères, comme, dans le temps, le Pont-Barbier à la rue de Beaune, comme le Pont-Royal à la rue du Bac, comme tous les ponts à une rue quelconque! mais, prenez-vous-en au guichet du Louvre, que l'on ne pouvait guère ni avancer, ni reculer.

A propos de ce guichet, nous allions passer devant sans faire une halte sur la place du Carrousel; entrons donc un instant pour savoir si l'on se décide à jeter bas les dernières masures qui empêchent encore le Louvre et les Tuileries de se regarder nez-à-nez. Allons, allons, cela commence à se déblayer...

Hic sedes ubi Troja fuit.

Là ont été donnés les meilleurs dîners du monde connus depuis Lucullus... Là fut l'hôtel de l'archichancelier, qui, après avoir fait le Code civil en société avec Napoléon, aurait pu offrir une collaboration non moins avantageuse aux rédacteurs du Code Gourmand. Vanité des vanités! les cuisines de Cambacérès sont rentrées dans le néant... Ainsi, tout passe, ainsi tout tombe! Là, quelques maisons récalcitrantes sont encore debout; une, entre autres, seule, isolée, à l'extrémité des rues de Chartres et de Rohan; du haut de ses six étages, elle semble défier le marteau de M. Fontaine, et lui crier pas-dessus les toits : Tu ne feras pas ta *galerie transversale*!... Mais l'architecte du roi est entêté aussi; il tient à sa galerie transversale, et dès que la place du Carrousel sera débarrassée des derniers moellons qui l'obstruent, il l'obstruera bien vite avec de nouveaux moellons.

Par bonheur, nous ne sommes plus au temps des carrousels de Louis XIV, et pourvu qu'il reste *assez de place* au maréchal Lobeau pour faire manœuvrer la garde citoyenne, avant déjeuner, ce ne sera que demi-mal.

Revenons à nos moutons, c'est-à-dire à nos quais, à nos ponts. Celui du Carrousel soulagera nécessairement le vieux pont Royal de quelques passans; mais, en même temps, par sa concurrence, il fera tort au pont des Arts de bien des petits sous. Par exemple, il ne lui enlèvera point ceux de cet académicien très-connu, qui, tous les jours de séance, se dirige vers l'Institut par la cour du Louvre et s'arrête devant le pont des Arts pour attendre un confrère qui ait de la monnaie. Quand il ne se présente pas d'immortel, ou toute autre personne de connaissance, ou bien encore quand lui-même se trouve en retard, il prend le plus long, et va gagner le Pont-Neuf. Si jamais on s'occupe de la rédaction du dictionnaire, on pourra, en toute confiance, le charger du mot Économie.

Je ne passe jamais à cet endroit du quai du Louvre, sans me rappeler un assaut de générosité dont on chercherait en vain le pareil. Un Gascon avait passé la journée avec un de ses amis. Le matin, ils déjeunent au café de Chartres; l'ami paie... — « Je vous laisse faire, dit le Gascon, j'aurai mon tour. » Ils se promènent en cabriolet, visitent le Diorama, prennent le verre d'absinthe... et l'ami de délier encore les cordons de la bourse, et le Gascon de répéter chaque fois : — « Jé vous laisse faire, mais » j'aurai mon tour. » On dîne aux Frères-Provençaux, on prend des glaces à la Rotonde, on va au spectacle, etc., etc... toujours même jeu de la part de l'ami, toujours même refrain de la part du Gascon : — Jé vous laisse faire, mais j'aurai mon tour... » Arrive enfin l'heure de se retirer, et nos deux compagnons, habitans du faubourg Saint-Germain, se disposaient à traverser le pont des Arts; l'ami, comme de coutume, allait mettre la main à la poche... quand, d'une voix de Stentor : — « Halte là ! » s'écrie le Gascon, « jé vous ai laissé faire toute la jour» née..., à présent, c'est à mon tour !... Entre » deux amis, il n'est pas juste que ce soit tou» jours l'un qui paie !... Pour deux ! » continue-t-il, en s'adressant à l'invalide; et, là-dessus, il jette d'un air noble et fier un monneron encore très-bien marqué au receveur particulier des contributions directes du pont des Arts.

Le quai Conti, l'un des moins importans de la capitale, peut du moins revendiquer le droit d'aînesse. Cette partie de la Seine, depuis le couvent des Augustins jusqu'à la tour de Nesle, était jadis plantée de saules. En 1313, Philippe-le-Bel, qui était propriétaire de la tour de Nesle, s'apercevant que la rivière venait trop souvent baigner les pieds de sa propriété, donna l'ordre au prévôt des marchands de faire construire devant un mur de terrasse. Ainsi s'éleva le premier quai à Paris.

Le Pont-Neuf n'est pas le seul vieux pont qui ait joui de cette épithète juvénile; long-temps avant lui, le pont Saint-Michel portait le nom de Pont-Neuf. C'est, au surplus, une distinction que tous les ponts possibles ont pu et dû obtenir tour à tour dans leur nouveauté. Mais celui dont nous nous occupons pour le moment peut, à juste raison, conserver le nom de Pont-Neuf, malgré son ancienneté; car il s'appelle ainsi, parce qu'il a *neuf* issues : la rue Dauphine, le quai Conti, ou de la Monnaie, le quai des Grands-Augustins, la place Dauphine, le quai des Orfèvres, le quai de l'Horloge, le quai de la Mégisserie, le quai de l'École et la rue de la Monnaie.

Ce pont, commencé sous Henri III, fut achevé sous Henri IV, qui, le premier, voulut en faire l'essai, avant qu'on ne jugeât prudent de le livrer à la circulation du *Populaire*. On eut beau lui objecter très-respectueusement qu'il risquait fort de se rompre le cou, il ne tint compte de l'avertissement et n'eut pas, du reste, à se repentir de sa hardiesse. L'heure n'était pas venue où ce bon prince devait tomber dans l'eau, et cet accident n'était réservé, Dieu merci! qu'à sa statue.

Voici les bains à douze sous, les bains à quatre sous, côté des hommes, côté des femmes, et les bateaux de charbons, et les bateaux de blanchisseuses, et le port Saint-Nicolas, que nous avons oublié sur le quai du Louvre, ainsi que la fenêtre historique d'où Charles IX a tiré sur le peuple... et les bains Vigier, partout les bains Vigier... ce sont les marquis de Carabas de la rivière! La Seine offre ici un coup d'œil animé; il y a pour le flâneur autre chose à voir qu'à voir couler l'eau. Mais en haut, sur le pont, qu'y a-t-il? des fiacres qui passent, des cabriolets, des charrettes, des passans qui passent... les *deux chevaux blancs, le perruquier* et *la femme enceinte*, qu'à toute heure du jour, suivant un dicton populaire, on est toujours certain de rencontrer sur le Pont-Neuf; un tableau mouvant, mais un tableau monotone... Oh! qu'il devait être plus gai jadis, plus riant, plus mobile, plus pittoresque, ce vieux pont central, quand il était le rendez-vous des charlatans, des équilibristes, des joueurs d'instrumens, des chanteurs de *ponts-neufs*, et même des filoux! quand seulement il avait encore à ses côtés sa vieille compagne, la *Samaritaine*, dont les mille clochettes, aux jours fériés, répondaient en fausset au grave bourdon de Notre-Dame... Aujourd'hui, plus rien de tout cela; plus de carillon, plus de chansons, plus d'empiriques. C'est tout au plus s'il reste encore, de cette folle génération, un tondeur de chiens, une tondeuse de chats et quelques pommes de terre frites ambulantes sur le quai de l'École!...

En général, si l'on en excepte *les chiens et les femmes qui se noient*, nos ponts et nos quais ont perdu leur physionomie primitive. Nous sommes alignés, élargis, tirés au cordeau, pavés à neuf... (surtout depuis les barricades); mais nous sommes tristes, nous sommes froids. Les brouillards de la Seine n'ont plus qu'à imiter ceux de la Tamise, et nous serons à Londres, nous serons Anglais.

Et les places? qu'irez-vous voir maintenant sur la place Saint-Germain-l'Auxerrois? la *colonnade* de Claude Perrault, encore embellie par Napoléon? Laissons aux étrangers le plaisir de la surprise et de l'admiration, nous qui avons tant vu le soleil!... les plus belles choses sont quelquefois celles dont on se lasse le plus vite ; témoin cet homme du peuple qui, sortant du spectacle gratis, disait, en parlant d'*Athalie* que l'on venait de jouer : « C'est joli, mais c'est « bon à voir une fois. » Nous sommes ainsi faits, nous autres Parisiens, et je ne dis pas cela pour faire notre éloge... Reste l'église gothique fondée par Chilpéric et reconstruite sous le roi Robert. C'est un morceau curieux pour les antiquaires ; mais si vous avez envie de brûler un cierge, ou de vous confesser, prenez la peine d'aller jusqu'à Saint-Eustache. Saint-Germain-l'Auxerrois, cette vieille paroisse des rois qui allaient à la messe, ou qui ne la faisaient pas venir chez eux, n'est plus une église ; on en a fait une *mairie*... quelle mairie ? c'est ce que j'ignore, vu que le quatrième arrondissement avait déjà la sienne place du Chevalier-du-Guet, n° 4 ; mais enfin on en a fait une mairie... *in partibus*, comme on fit, à la première révolution, un magasin de farine de l'église Sainte-Élisabeth et autres. Le temporel a élu domicile chez le spirituel ; à Saint-Germain-l'Auxerrois, on ne peut plus se marier qu'à l'état-civil, mais, en revanche, ceux qui tiennent à se marier à l'église trouveront le sacrement du mariage en français à l'ancienne ménagerie de Martin. Il y a compensation... Sur cette place déserte, vous chercherez en vain le fameux *l'Esprit*, cet escamoteur de l'empire, qui, plus généreux que le physicien du roi, exerçait en plein vent, *coram populo*, et qui par ses tours de gobelets, ses burlesques allocutions, épanouissait la rate de tous les passans, et souvent même arrachait un sourire aux fidèles sortant de vêpres et de complies. « Messieurs, vous avez tous connu » *l'Esprit*, mon père, qui a travaillé quarante-» cinq ans sur cette place !... Eh bien ! mes-» sieurs, c'est moi qui suis son fils !... » C'est ainsi que commençait toujours son invariable improvisation. Que de fois il nous a fait rire, nous autres écoliers de ce temps-là, quand nous revenions du quartier Latin, le samedi soir, pour aller passer le congé dominical chez nos parens ! Je laisse à penser aux écoliers d'aujourd'hui, si nous étions pressés d'arriver ! Eh bien, l'*Esprit* avait l'art de nous faire ralentir le pas.

Qu'est devenu le célèbre dentiste adossé jadis sur cette même place au puits qui fait face à la rue des Prêtres-Saint-Germain-l'Auxerrois? Cet estimable opérateur en plein air n'avait pas pour enseigne un aussi beau cadre que M. Désirabode du Palais-Royal; mais il arrachait les dents sans mal ni douleur, et à grand orchestre, au son de la grosse caisse et de la clarinette. Encore une fois, c'était plus gai et moins cher pour les mâchoires de la petite propriété.

Je vois des gens s'étonner, j'en entends même se plaindre qu'il n'y ait plus de *badauds* à Paris. Et que voulez-vous qu'ils deviennent, ces malheureux badauds, maintenant qu'il n'y a plus rien à faire sur la voie publique, pas même à se faire arracher une dent? Que voulez-vous qu'ils regardent, maintenant qu'il n'y a plus rien à voir? Que voulez-vous qu'ils écoutent, maintenant qu'il n'y a plus rien à entendre? En retirant tour à tour tous les alimens à leur curiosité, on les a fait périr d'inanition, on les a annihilés... Les voilà confondus dans la foule des piétons ordinaires, ces vieux types parisiens; faute de mieux, ils marchent maintenant comme les autres; ils ont un but, ils vont à leurs affaires, ils se rangent des voitures!... bien plus, de désespoir, ils vont en omnibus, en favorites, en tricycles, en dames-blanches, et en *diligentes!*.. Que feraient-ils à pied désormais?.. Il n'y a plus rien à voir, rien à entendre! Hélas! hélas! que les temps sont changés... et Paris aussi!

Cependant, ne nous décourageons pas trop;

continuons notre route, et peut-être trouverons-nous encore çà et là quelques vestiges de ces bons bourgeois de Paris, ou de ces nouveaux débarqués de province, flâneurs par caractère, badauds par état.

Et d'abord nous sommes sûrs d'en rencontrer au moins trois ou quatre sur le quai de l'Horloge, autrement dit le quai des *Morfondus*, se morfondant devant le thermomètre de l'ingénieur Chevalier, pour s'assurer, *de visu*, en soufflant dans leurs doigts, si la température est remontée au-dessus de zéro.

Nous en trouverons encore, et en plus grand nombre, sur la place du Palais-de-Justice, si c'est jour d'exposition; car il n'y a plus que cela à voir, depuis qu'on n'exécute plus les *particuliers très-connus* en place de Grève. Souhaitons aux badauds qu'on ne leur ôte pas aussi le *carcan*, ce qui les réduirait à la Morgue, pour unique récréation.

Vous pensez bien qu'il y aurait un volume à écrire sur chaque pont, sur chaque quai, sur chaque place, et un volume encore sur les maisons qui bordent ces quais et ces places, et puis des chapitres qui n'en finiraient pas sur les maisons qui étaient autrefois sur les ponts, etc., etc.;

mais, à la longue, cela deviendrait fatigant pour moi et surtout pour le lecteur.

D'autant qu'il y a à Paris quarante-sept places, grandes ou petites, vingt-sept ponts, vieux ou nouveaux, et trente-trois quais, dont quatorze sur la rive droite, onze sur la rive gauche, quatre autour de la Cité, quatre autour de l'île Saint-Louis.

L'Hôtel-Dieu est le seul bâtiment riverain qui ne repose pas sur un quai.

On voit que les *bords fleuris* de la Seine n'existent plus qu'au quai aux Fleurs, et encore les jours de marché.

Je ne vous ferai donc pas l'histoire détaillée de tous les ponts du vieux Paris : Pont-Rouge, pont aux Marchands, pont aux Meuniers, pont Saint-Michel, pont au Change, pont Notre-Dame, pont-Marie, pont de la Tournelle, dont l'histoire à tous est, du reste, à peu près la même : construits en bois d'abord, ensuite en pierre, quelques-uns fortifiés par des tours, gardés par des portes, comme, par exemple, le pont Saint-Bernard-aux-Barres, du temps de Charles V, et tous, l'un après l'autre, renversés par les débordemens, entraînés par les glaçons, ou détruits par l'incendie, avec leurs tours, leurs portes, leurs maisons, ou leurs moulins.

La pièce du *Pont cassé*, qui fait encore aujourd'hui partie du répertoire de *Séraphin*, a dû être bien long-temps à Paris une pièce de circonstance ; elle a même été reprise, il y a quelques années, à l'occasion du pont des Invalides ; mais ne revenons point sur nos pas ; hâtons-nous plutôt de parcourir le chemin qui nous reste à faire jusqu'au pont d'Austerlitz.

Et quel chemin prendrons-nous pour y arriver ? Il n'y a que l'embarras du choix ; car, à partir de la cité, les quais et les ponts se multiplient, se croisent et s'enlacent comme les détours d'un labyrinthe.

Impossible aussi de stationner sur toutes les places, quand on n'a pas l'avantage d'être cheval de fiacre, ou cabriolet numéroté. Aussi, c'est sans remords que je laisse en arrière la place Dauphine, dont la construction a suivi celle du Pont-Neuf, et la place des Trois-Maries, nom emprunté à l'enseigne d'un marchand : ces deux places, d'ailleurs, n'offrent rien de remarquable.

Quand je ne vous parlerais pas du quai des Grands-Augustins, vous ne pourriez toujours manquer de le trouver sur la couverture de ce livre, à l'adresse de notre éditeur. Ce quai est à la fois une colonie de libraires et le bazar de la volaille. C'est le quartier des gens de plume.

Le quai des Orfévres, qui lui fait face, a conservé son nom et sa spécialité; mais le quai de la Mégisserie, *quantum mutatus ab illo*, depuis qu'il n'est plus le quai de la Ferraille, surtout depuis qu'il n'est plus le rendez-vous des *racoleurs*, qui devaient donner lieu à tant de scènes militairement burlesques! Je suis bien sûr que *Bellangé, Charlet et Henry Monnier* regrettent les racoleurs; moi aussi je les regrette, car ils nous auraient valu quelques piquantes aquarelles de plus de la part de ces spirituels dessinateurs.

Quant aux négocians de ferrailles, leur expulsion fut motivée par un arrêté que le chansonnier *Pils*, alors secrétaire général de la préfecture de police, avait rédigé en ces termes :

« Enjoignons aux vieux ferrailleurs
» De vendre leur vieux fer ailleurs. »

C'était ce qui s'appelle unir la rime et la raison. Messieurs Mangin et Gisquet n'ont jamais été si concis, ni surtout si poétiques!

Maintenant, si vous voulez acheter des graines ou des instrumens de pêche, allez-vous-en sur le quai de la Ferraille; et si vous êtes amateur de pieds de mouton à la poulette, arrêtez-vous à la place du Châtelet, et entrez *au Veau-qui-tête* d'où vous pourrez contempler à votre aise la fontaine monumentale dont l'empereur a décoré cette place.

Celle de l'Hôtel-de-Ville est vraiment trop ancienne, trop connue, pour qu'il soit nécessaire d'en parler dans le Paris moderne. Seulement, j'ajouterai à ce que j'ai dit plus haut, que la translation de la guillotine à la barrière Saint-Jacques date de la prise de l'Hôtel-de-Ville par le peuple en 1830.

A cette même époque, le pont d'Arcole, dont la direction est celle de l'axe de la place de Grève, a été le théâtre d'une affaire non moins chaude que celle qui lui a donné son nom. Il communique au quai de la Cité, non loin de cet Archevêché que l'on pillait le 13 février 1831, pendant que les masques se promenaient tranquillement sur le boulevart... Le singulier carnaval! Et quelle date! Le 13 février! il y aurait trop à dire, ou plutôt l'on a tout dit et beaucoup mieux que je ne le dirais.

Enfin nous touchons au terme de notre promenade; car, je vous ferai grace du pont Saint-Charles, qui communique aux salles de l'Hôtel-Dieu, du pont aux Doubles, qui l'avoisine, et du pont de la Cité, qui sert de communication entre cette dernière et l'île Saint-Louis. Je vous ferai grace du port au Blé, du port aux Tuiles et du port aux Vins, ces trois ports ne différant entre eux que par le vin, les tuiles, ou le blé.

Malgré tout le désir que j'éprouve d'épargner au lecteur une plus longue nomenclature, je ne puis passer sous silence le pont *Louis-Philippe*, qui s'achemine du quai Napoléon à la rue de la Mortellerie. C'est du nouveau, c'est du moderne, et cela rentre dans notre cadre. Je demanderai à ce pont, dont l'utilité ne me paraît pas suffisamment démontrée, pourquoi sa dernière arche vient se prolonger jusque sur le quai des Ormes. Cela peut être commode pour ceux qui passent sur le pont et traversent ainsi le quai à pied sec; mais c'est fort gênant pour ceux qui passent dessous et qui sont obligés de s'incliner ou d'ôter leur chapeau. Outre cet inconvénient, il y a encore celui de rompre la ligne de quais non interrompue jusque-là, et qui se continue ensuite sous les noms de quai Saint-Paul, quai des Célestins et quai Morland......

J'espère qu'en voilà des quais et des ponts! je crois même qu'en voilà assez. Les personnes scrupuleuses, consciencieuses et méticuleuses qui croiraient que je n'ai pas tout dit, prendront la peine d'y aller voir. Elles pourront, à la vérité, trouver encore sur leur chemin l'île Louvier et son pont de Grammont ; mais je leur répondrai que l'île Louvier a été déjà décrite dans un chapitre de cet ouvrage intitulé : *les promenades de Paris*, ainsi que la Place-Royale. Ensuite, je répondrais bien encore que le secret de tout dire est celui d'ennuyer, si je n'étais pas malheureusement trop certain d'avoir ennuyé, en ne disant pas tout.

Frédéric de Courcy.

HALLES ET MARCHÉS.

— Où pouvez-vous aller ainsi ?
— Devant moi.
— Sans but peut-être ?
— Que vous importe ?

Ernest Mesnard.

I.

Ne montez plus sur la montagne, vous qui voulez entendre la parole de Dieu : à cette heure c'est au fond de la vallée qu'elle retentit ; et c'est plus bas, plus bas encore que le fond de la vallée. Le peuple est là ; Dieu est avec le peuple. Descendez, descendez, les superbes et les forts ; et lorsque vous ne pourrez plus descendre, couchez-vous sur le sol : vous entendrez la parole de Dieu.

Oh! qu'il y a de bruit à la base de l'humanité; qu'il y a de misères et de désolations! il y a aussi des grincemens de dents.

J'ai descendu, j'ai regardé et j'ai écouté : j'ai eu pitié et j'ai eu peur. Et le soir j'ai écrit :

Voilà donc les halles et les marchés de Paris ! voilà donc le cœur de cette grande ville, vaniteuse et folle, que l'on vient voir aujourd'hui de tous les points du globe, comme autrefois on allait voir à Jérusalem le grand tombeau du Galiléen Jésus-Christ! Et c'est là, sous ces planches, sous ces tuiles, sur ces pavés, et dans cette fange que la civilisation hache sa pâture à la métropole du monde, et lui fabrique le sang dont elle a besoin pour ne pas mourir! Otez ces hangars fétides du sein de la grande ville; ôtez ces femmes en haillons qui se meuvent au milieu des hangars, comme des vers dans un cadavre, et Paris mourra demain, et demain, nos beaux flâneurs de boulevart, les lorgneurs d'avant-scène et les coureurs de jupes, deviendront, comme le front du Dante, verts et cuivrés; et demain, nos belles promeneuses du bois de Boulogne, nos femmes de soie et de perles, jauniront dans leurs dentelles blanches et tomberont comme des feuilles d'orangers, parfumées encore sans doute et odorantes, mais jaunes, jaunes et mortes!

Ce sont les halles qui donnent la vie aux somptueux hôtels, aux palais ciselés, à toutes ces magnificences de pierre et de marbre où s'agitent d'autres magnificences de chair et d'os; étouffez le peuple des halles, et le peuple des châteaux sera étouffé; fermez les halles, et vous aurez faim.

Et voyez quel est ce peuple des halles : voyez ces hommes, voyez ces femmes : on les dirait sortis d'entre les pavés qui les portent, et appartenant à ces pavés. Ils sont là, toujours sous les mêmes traits et avec la même pensée, insoucieux d'hier et insoucieux de demain; ne demandant aucun souvenir au passé, et jetant à peine une espérance à l'avenir : la civilisation les ignore, et ils ignorent la civilisation. Lorsque Paris s'allonge d'un quartier ou d'un faubourg, ils envoient une de leurs colonies peupler un nouveau marché; mais cela machinalement, sans idée et sans but, sans savoir pourquoi, sans demander pourquoi.

Pauvres gens!... rien ne marche pour eux.

Il est rare que les heureux du monde viennent balayer de leurs pas ces mosaïques de misères appelées HALLES OU MARCHÉS, et encadrées à l'ombre des plus beaux monumens de Paris, comme à Saint-Eustache, comme à la Madeleine. Quand ils y passent, c'est qu'ils se sont égarés, perdus ; c'est que peut-être il y a coup monté à la Bourse, que l'heure approche, et que ce chemin abrége celui de leur hôtel à la Bourse ; — voilà tout.

Et ils courent alors, — ils courent à crever leurs chevaux. On dirait qu'ils ont peur de se voir tout à coup face à face avec leur origine ; avec leur passé d'un siècle ou deux, et d'autres avec leur passé d'un jour ou deux.

Ils doivent bien souffrir aussi ceux-là !

Malédiction sur Dieu ! et qu'il me damne, moi, pour tous mes frères et pour toutes mes sœurs ; mais encore une fois, malédiction sur lui ! Il a attaché une partie de ses enfans aux désolations de la terre ; il a soudé leurs pieds aux pavés de la rue ; il leur a dit : Vous grandirez et vous multiplierez dans la misère et l'abjection, et lorsque vous serez trop nombreux, et qu'il n'y aura plus assez de boue dans les villes pour vous y rouler tous, ma clémence vous soufflera la peste, et ce qu'il y aura en trop parmi les hommes mourra; et il y en aura beaucoup qui mourront de cette mort.

Et cela s'est fait comme il avait dit.

Et cela se fera encore demain et plus longtemps que demain. La dernière lettre du mot TOUJOURS n'est placée nulle part; elle est au bout de l'infini qui n'a pas de bout; après le soleil que nous voyons si loin de nous, il y a des myriades de soleils; après ceux-là des myriades encore; et l'espace, l'horizon, l'immensité, recommencent lorsque la pensée a mesuré le dernier soleil. Et le peuple souffrira toujours, toujours, toujours; il brisera ses fers, et il portera d'autres fers, et il sera esclave toujours, toujours, toujours.

Malédiction sur Dieu, malédiction éternelle!

J'ai rôdé long-temps par les halles et les marchés de Paris, et toutes mes croyances de jeune homme se sont évanouies en présence de ce livre vivant. J'ai vu le peuple qui, à de certains jours, étouffe comme des passereaux les rois sous son talon; il y avait écrit au front de ce peuple : NÉ POUR SOUFFRIR.

Et j'ai pleuré.

Aujourd'hui que ces souvenirs me reviennent

et passent tout sanglotans devant mes yeux, je me demande si ce n'est pas un rêve que j'ai fait; et je dis malheur à l'impitoyable vérité. Mais la vérité demeure la vérité; elle est immuable comme Dieu, elle est inexorable comme lui, elle est la même en toutes choses et en tous lieux.

II.

Le même caractère, les mêmes formes, les mêmes accidens se reproduisent parmi les diverses populations qui exploitent les halles et les marchés de Paris; et dans tous ces bazars on retrouve la même fatalité écrite sur les mêmes fronts. Le *Marché des Innocens* étant le plus important et le plus fréquenté, c'est par lui que je vais ouvrir cette revue. Je ferai d'abord l'histoire matérielle de tous; j'indiquerai ensuite deux ou trois nuances différentes et qui s'échappent de la teinte générale; j'expliquerai ces variations, je dirai pourquoi et comment elles ont eu lieu; et, vite, vite, et en courant, je dirai la douloureuse conclusion qui s'est dressée devant moi, au bout de mon pélerinage aux halles et aux marchés de Paris.

Le *Marché des Innocens* n'existait pas encore au commencement du XVIII° siècle ; vingt-deux paroisses envoyaient leurs morts à la place qu'il occupe, et il y avait huit siècles que cette place était un cimetière. Une galerie couverte, sombre, humide, peuplée d'écrivains et de marchandes de modes, et garnie d'épitaphes et de tombeaux, entourait ce cimetière, qui s'appelait aussi le cimetière des Innocens. Quelques monumens s'élevaient à l'intérieur, et vers l'angle formé par la rue Saint-Denis et la rue aux Fers était l'église paroissiale des Innocens.

Parmi les épitaphes qui, en 1780, existaient encore au cimetière des Innocens, on remarquait celle-ci : — « Cy gist *Yollande Bailly*, qui trépassa l'an 1514, la quatre-vingt-huitième année de son âge et la quarante-deuxième de son veuvage, laquelle a vu ou a pu voir, devant son trépas, deux cent quatre-vingt-treize enfans issus d'elle. »

François Eudes de Mézeray, l'historiographe, et Nicolas Lefèvre, habile critique, mort en 1612, étaient enterrés au cimetière des Innocens.

En 1724, 1725 et 1737, les habitans des quartiers voisins portèrent des plaintes à l'autorité contre l'existence de ce cimetière, dont les exhalaisons menaçaient incessamment leur santé. Ces réclamations recommencèrent en 1746 et 1755, et furent entendues enfin vingt-cinq ans plus tard. Au commencement de l'année 1780, le lieutenant de police chargea deux physiciens, Cadet de Vaux et Fontane, de faire un rapport sur l'état sanitaire du cimetière des Innocens. Ils déclarèrent que ce cimetière était le plus méphitique de Paris, et il fut résolu qu'il serait converti en marché.

Dulaure rapporte, dans son *Histoire de Paris*, qu'au mois de juillet 1780, un habitant de la rue de la Lingerie, dont la maison était contiguë au cimetière des Innocens, voulant descendre dans sa cave, fut frappé d'une odeur si insupportable qu'il ne put y pénétrer. Quelques personnes plus hardies y étant entrées, elles reconnurent que, le mur ayant cédé à l'effort des terres, des cadavres corrompus s'étaient éboulés dans cette cave. Des médecins y furent envoyés, et la police défendit aux journaux de parler de cet événement.

Malgré l'urgence flagrante qui les appelait, ce ne fut que dans l'année 1786 que l'on commença les travaux nécessaires à la conversion de ce cimetière en marché. Les vieilles constructions furent démolies, et on enleva, à une assez grande profondeur, les ossemens et la terre du cimetière, qui furent transportés pendant plusieurs mois dans les carrières situées au sud de Paris, et surtout dans celles creusées au-dessous de la *Tombe-Ysoire* : ces convois avaient lieu pendant la nuit. Un soir que l'on chargeait une voiture à la lueur des flambeaux, on vit tout à coup une tête de mort s'agiter et faire plusieurs bonds. A cette vue, les cheveux se dressent sur la tête des fossoyeurs ; ils reculent d'effroi, et bientôt la nouvelle du miracle a jeté la consternation dans tout le quartier. On va chercher un prêtre pour faire cesser par des exorcismes le sinistre ébranlement de cette tête de mort, et, un moment après, des éclats de rire succédaient à l'épouvante : — c'était un rat, fourré dans la tête de mort, qui avait causé cette grande terreur et tout ce bruit!...

Le sol du cimetière ayant été renouvelé, exhaussé et pavé, on éleva au centre cette belle fontaine des Innocens, que Jean Goujon avait déjà payée de sa vie, et devant laquelle on ne s'arrête jamais sans admiration, et sans donner un souvenir à la mémoire du sculpteur.

Voici la description de cette fontaine, que

j'emprunte aussi à l'excellent ouvrage de M. Dulaure.

Au centre de la place est, au-dessus de trois gradins, un vaste bassin carré. Au milieu de ce bassin s'élève un soubassement de même forme, aux angles duquel sont placées quatre figures de lions en plomb, moulées à Rome sur les lions de la fontaine de Termini. Sur les faces de ce soubassement, quatre bassins en plomb sont en saillie et les eaux supérieures y tombent par cascades. C'est au-dessus de ce soubassement que s'élève la partie élégante et riche en sculpture. Une construction quadrangulaire est percée sur chaque face par une cascade dont les côtés sont ornés de pilastres corinthiens, cannelés; entre ces pilastres est une figure de naïade en grande proportion; l'entablement, richement décoré, est surmonté par un attique orné de bas-reliefs, par un fronton et par une coupole couverte de dalles de cuivre en forme d'écailles de poisson.

A travers les quatre arcades, on voit, sur un piédestal élégant, une vasque d'où jaillit une gerbe d'eau qui s'y élève et retombe; de la vasque l'eau se rejette en nappe dans le réservoir, et retombe encore du réservoir dans les quatre bassins en plomb, placés en saillie sur les faces du monument; versée ensuite par ces chutes abondantes et lancée par les quatre lions, l'eau remplit le grand bassin carré, et va se répandre au-dehors par quatre masques placés au-dessous du bassin de plomb.

Poyet, architecte de la ville de Paris, et Legrand et Molinos, architectes des monumens publics, dirigèrent l'exécution de cette fontaine, que le marché des Innocens doit à la gracieuse sculpture de Jean Goujon, et voici comment :

A l'angle formé par les rues aux Fers et Saint-Denis était une fontaine dont la décoration se divisait en trois parties, chacune composée d'une arcade, accompagnée de pilastres corinthiens et de figures en bas-relief; cette ordonnance était surmontée par un attique et un fronton. Deux de ces parties, adossées à un bâtiment, figuraient sur la rue aux Fers, la troisième sur la rue Saint-Denis. C'est là que, pendant l'année 1551, Jean Goujon avait sculpté ses chefs-d'œuvres.

On voulait conserver ces monumens précieux de la sculpture du XVIe siècle : un ingénieur, appelé Six, proposa d'ériger une nouvelle fontaine au milieu du marché des Innocens, et de l'orner de l'architecture et des bas-reliefs dont la première était enrichie, et c'est sur cette proposition que Poyet et ses confrères commencèrent leurs travaux. Les parties qui formaient la belle décoration de l'ancienne fontaine ayant été démolies, furent transportées et mises en place avec les soins qu'elles méritaient. Suivant le plan nouveau il fallait une fontaine monumentale et isolée. Les deux faces de l'ancienne fontaine étant insuffisantes pour orner les quatre faces de la nouvelle, il fallait suppléer à cette insuffisance par de nouveaux pilastres et de nouveaux bas-reliefs; il fallait ajouter aussi trois naïades aux cinq gracieuses figures de Jean Goujon, et il fallait qu'elles fussent dans le même style.

Les pierres des deux anciennes faces furent donc employées à la construction des quatre faces qui existent aujourd'hui. En leur adjoignant alternativement des pierres nouvelles, on donna aux unes et aux autres une teinte générale qui fit disparaître la différence de leurs couleurs. Grace à cet amalgame d'assises de pierre et à la teinte commune qu'elles reçurent, l'ensemble du monument fut en parfait accord avec ses parties, et l'architecture en a conservé son caractère primitif. Les trois naïades et les autres bas-reliefs ajoutés sont l'ouvrage de Pajou. Cet habile sculpteur parvint à imiter son modèle et même à le surpasser quant à la correction; mais les attitudes si naïves et si gracieuses que Jean Goujon pliait sur la pierre, personne ne devait les reproduire, et Pajou ne les imita pas. Les ornemens et bas-reliefs qui restaient à faire sont l'ouvrage de trois autres artistes, Lhuillier, Mézières et Daujon.

Sous Louis XVI, comme sous les rois ses prédécesseurs, les magistrats de la bonne ville de Paris faisaient volontiers construire de magnifiques fontaines, sans souci de savoir si ou non elles auraient de l'eau. Celle-ci en fut privée pendant vingt-quatre ans; seulement deux bornes-fontaines placées au bas du monument fournissaient de l'eau de la pompe de Notre-Dame. La construction de l'égout de la rue Saint-Denis, en 1812, et celle de la conduite de la galerie Saint-Laurent, fournissant des eaux du canal de l'Ourcq, amenèrent à la fontaine du marché des Innocens les cascades et les jets que l'on y admire aujourd'hui.

Quelques inscriptions étaient placées sur l'ancienne fontaine : au-dessus des cinq naïades sculptées par Jean Goujon, on lisait celle-ci dans un tableau en marbre noir : FONTIUM NYMPHIS; *Aux nymphes des fontaines.* Elle a été conservée. En 1689 on y fit graver ce distique de Santeuil :

> Quos duro cernis simulatos marmore fluctus
> Hujus Nympha loci credidit esse suos.

« Les flots que tu vois simulés sur ce marbre, » la nymphe de ces lieux les a pris pour les » siens. »

Les architectes qui ont exécuté la translation et l'érection de la fontaine actuelle avaient supprimé cette inscription absurde, et qui prouve seulement que Santeuil connaissait mieux la poésie que les arts d'imitation. Il loue ce qui est le moins louable dans ce monument, les flots d'eau sculptée, et ne dit rien des Naïades qui sont tout le monument. Sous le gouvernement de Louis XVIII, la préfecture de Paris voulut restaurer aussi la fontaine des Innocens et rétablir, ici comme ailleurs, ce qui avait existé autrefois; on replaça l'inscription de Santeuil, — avec une faute monumentale en lettres d'or : au lieu de *quos*, on mit *quas*. Mais les restaurateurs étaient si pressés ! — Cette faute, relevée par les journaux, avait subsisté plusieurs mois quand on la fit disparaître.

Quoi qu'il en soit, le *marché des Innocens* devint la base d'un des plus beaux monumens que nous devions à la renaissance des arts; et, aujourd'hui, on oublie souvent le bruit que fait cette grande place et les misères qui s'y ébattent, pour ne voir que l'œuvre du grand sculpteur et ne penser qu'à la triste fin de Jean Goujon.

Tous les matins, avant le jour, on vend en gros, sur ce marché, les fruits, les légumes et les herbages que dans la journée on y revend en détail. Il est en quelque sorte le point central où arrivent tous les marchands; à quatre heures du matin, c'est un bruit d'enfer au marché des Innocens; à midi, c'est triste chose à voir. Les galeries de bois qui entourent ce marché, et où sont entassés, comme au fond d'une mine, les pauvres marchands en détail, d'autant plus malheureux qu'ils ne savent pas leur malheur, ont été construites seulement en 1813. Avant cette époque, les marchands vendaient à la pluie comme au soleil; et ils étaient là, comme à présent.

Dans un autre quartier de Paris et à quelques pas de la belle église de Saint-Sulpice, le MARCHÉ SAINT-GERMAIN est bâti sur l'emplacement de l'ancienne foire de ce nom, entre les rues Félibien, Mabillon, Lobineau et Clément. Ce marché est un des plus beaux qui existent en France; l'architecture en est simple et majestueuse; mais si l'architecte, Blondel, a pu réunir dans ce monument tous les avantages de circulation au caractère de l'édifice, il faut dire aussi qu'il eut le rare bonheur de ne trouver aucun obstacle à la réalisation de son idée. La construction de ce marché fut commencée en 1811; on démolit une foule de baraques en bois, enfermées dans une enceinte appelée *foire Saint-Germain* et qui, depuis la suppression de cette foire, ne servaient plus qu'à des marchands de vieux meubles; on exhaussa le sol d'environ douze pieds, et, en 1820, tout était achevé.

La place de cette halle offre un parallélogramme régulier de 92 mètres de longueur, sur 72 pieds de largeur. Les faces principales ont chacune vingt-deux ouvertures, portes ou fenêtres, en forme d'arcades; les faces des petits côtés en ont dix-sept. Chaque face a cinq entrées fermées par des grilles en fer, trois au milieu, et deux aux extrémités. L'intérieur présente quatre nefs éclairées par les arcades, par les ouvertures ménagées entre elles et la toiture, et par les jours pratiqués entre les deux rangs du comble. Entre ces quatre nefs est une cour spacieuse, au centre de laquelle on a placé, en 1825, une fontaine monumentale qui avait été élevée sur la place Saint-Sulpice.

Cet édifice est entouré de trottoirs, et de quatres larges rues qui ont reçu les noms de bénédictins celèbres par leurs travaux littéraires,

Lobineau, Félibien, Mabillon et Clément. — Sept rues viennent aboutir à ce marché et sur les sept, les bénédictins en ont encore baptisé deux, la rue Montfaucon et la rue Toustain.

Le bâtiment destiné aux boucheries, placé au sud de la halle, n'en est séparé que par la rue Lobineau. Il a les mêmes formes que l'édifice principal, excepté qu'une partie des arcades n'est que figurée. On y pénètre par trois portes d'entrée ornées de grilles. La principale, ouverte au milieu de la façade, correspond à l'axe de la halle. En face de cette entrée on voit une fontaine adossée au mur : c'est une figure allégorique de l'Abondance représentée par une femme assise. La face de son piédestal offre une bouche qui fournit de l'eau provenant de la pompe à feu de Chaillot.

Il y a sous cette boucherie plusieurs caves divisées en 150 cases fermées et séparées par des grilles, et dans lesquelles les marchands déposent les denrées non vendues et les abritent pendant l'hiver.

Le premier juin 1817, le gouvernement ayant cru nécessaire de faire bénir ces travaux par des prêtres, la cérémonie de cette bénédiction fut célébrée avec solennité, et le lendemain les nefs orientales et méridionales, qui étaient achevées, furent livrées au public.

Le *marché aux fleurs et aux arbustes* occupe toute la longueur du quai, entre les extrémités méridionales du pont au Change et du pont Notre-Dame. Établi autrefois sur le quai de la Mégisserie, c'est pendant les années 1807 et 1808 qu'il fut transféré où il est en ce moment. Son emplacement est coupé par quatre rangs d'arbres. On n'y vend les fleurs que deux jours dans la semaine, le mercredi et le samedi : les autres jours c'est du vieux fer que l'on y brocante, de vieux livres et de vieux tableaux ; c'est je ne sais quoi encore, mais des choses moins tristes que les pauvres fleurs du mercredi et du samedi. Quelles fleurs, bon Dieu !

On appelle *La Vallée*, un *marché au gibier*, situé au coin de la rue des Grands-Augustins, sur l'emplacement de l'église et d'une partie du cloître des religieux de ce nom. Cette halle se compose de trois galeries, divisées par des rangs de piliers liés entre eux par des grilles de fer. La galerie centrale sert aux voitures et aux marchés en gros ; la première, destinée à la vente en détail, offre de petites boutiques élégamment construites et placées toutes à une distance égale l'une de l'autre. La face ouvre onze arcades sur le quai; il y en a douze sur la rue des Augustins. L'architecture de ce monument est d'un style convenable à la destination de l'édifice et fait l'ornement du quai.

En 1810, on établit un marché sur l'emplacement du couvent des Jacobins et qui a porté depuis le nom de *marché des Jacobins* ou de *Saint-Honoré*. Ce marché, qui se tient tous les jours, est vaste et commode; des hangars couverts en ardoises et supportés par des colonnes en bois abritent les vendeurs, et deux fontaines, alimentées par la pompe à feu de Chaillot, lui fournissent leurs eaux. Ce marché est moins misérable que les autres; il a une apparence de liberté et de bonheur que ceux-ci n'ont pas; mais il est comme eux la terre promise de ces habitans : ceux qui y entrent n'en sortent plus.

Vous savez que les cendres de Molière et de Lafontaine reposent ensemble maintenant au cimetière du Père-Lachaise; elles étaient autrefois au milieu de la ville de Paris, dans une chapelle appelée Saint-Joseph, et bâtie rue Montmartre, n° 144. La révolution, passant un jour par la rue Montmartre, défit la chapelle Saint-Joseph, dont le chancelier Séguier avait posé la première pierre le 14 Juillet 1640, et elle bâtit un marché à la place de la chapelle. Le marché porte aujourd'hui le nom de la chapelle, *Saint-Joseph;* on y vend des légumes, du laitage, de la viande et des fruits ; c'est une espèce de succursale du marché des Innocens comme la chapelle était une succursale de Saint-Eustache.

Il y a une autre halle, dans Paris, que l'on peut considérer comme l'héritière naturelle de la Morgue ; c'est la *Halle au vieux linge,* située rue du Temple. Cette halle, commencée en 1809 sur les dessins de M. Molinos, fut achevée en 1811. Elle est construite en bois et se compose d'environ 1,800 boutiques. Là viennent, après lui, les dépouilles du suicide, les guenilles que le Mont-de-Piété a vendues au bout de l'année et celles que les malheureux ont vendues eux-mêmes, pour s'éviter les frais de leur premier intendant, le Mont-de-Piété. Les courtisanes y apportent aussi les leurs ; les femmes de chambre de grandes maisons s'y débarrassent des étrennes que MADAME leur laisse tomber de ses épaules au premier jour de l'an, et puis d'autres malheureux et d'autres malheureuses viennent racheter tout cela, quand ils n'ont plus rien pour se vêtir, ce qui arrive souvent, souvent ; et la *Halle au vieux linge* fait fortune tous les jours. C'est un établissement remarquable au milieu de nos établissemens philanthropiques. Entre les dépôts de mendicité et la Morgue, entre le Mont-de-Piété et les maisons de correction, il faut placer la *Halle au vieux linge;* c'est une digne sœur de nos magnifiques institutions; c'est la misère qui les a créées toutes.

Un marché spécial est consacré aux viandes et à la volaille et porte le nom de *Marché aux viandes et aux abattis.* Ce marché, situé entre les rues des deux Écus, du Four et des Prouvaires, est dominé par la belle église de Saint-Eustache, dont il n'est séparé que par quelques maisons. Il existait autrefois une *halle aux viandes* entre les rues de la Fromagerie, de la Cordonnerie et de la Tonnellerie; son emplacement étant devenu insuffisant on en a fait un *marché aux légumes.* Le marché aux viandes a 112 mètres de longueur sur 53 de largeur. Suivant un plan adopté sous le règne de Napoléon, il devait offrir une halle en maçonnerie, au lieu des hangars en bois dont il se compose. La bataille de Waterloo a empêché l'éxécution de ce projet...

J'ai parlé tout-à-l'heure de l'heureuse architecture du *marché Saint-Germain;* le *marché des Carmes*, bâti sur les dessins de l'architecte Vaudoyer, appartient à la même ordonnance et au même goût. Il doit son nom au couvent des Carmes, dont il occupe l'emplacement, dans la rue des Noyers. La première pierre de cet édifice fut posée le 15 août 1813. Il présente, sur la rue des Noyers, onze arcades, dont deux, servant de portes d'entrée, sont fermées par des grilles de fer. Quatorze autres arcades sont ouvertes sur la rue des Carmes, où trois de ces arcades, servant aussi de portes d'entrée, sont également fermées par des grilles de fer. Ce marché remplace celui si incommode de la place Maubert, dont il est à peine éloigné de quelques pas.

Il y avait autrefois, au bout de la Vieille-rue-du-Temple, un couvent appelé des Filles-Hospitalières de Saint-Gervais; ce couvent a disparu avec tant d'autres, et un marché, commencé en 1811 sur les terrains qu'il occupait, fut ouvert au public le 24 août 1819, sous le nom de *marché des Blancs-Manteaux*. Ce marché, peu étendu, contient néanmoins 168 places; elles ont été louées pendant long-temps chacune à raison de vingt centimes par jour; aujourd'hui elles se paient à l'année.

Le *marché de l'Abbaye-Saint-Martin* est situé sur une partie du jardin de cette abbaye, entre les rues du Vertbois et de la Croix. Commencé en 1813, il fut terminé en 1817, sur les dessins de

M. Petit-Radel. Il se compose de deux corps de halle, ayant chacun soixante mètres de longueur sur vingt de largeur, lesquels sont éclairés par les arcades de leurs façades. Une fontaine, d'après Gois fils, est élevée entre ces deux édifices; elle présente une vasque supportée par un groupe de trois génies allégoriques, la Pêche, la Chasse et l'Agriculture, dont les produits emplissent ce marché.

III.

Tous ces marchés ont à peu près la même physionomie, quant aux marchands qui les fréquentent; et ces pauvres demi-parias appartiennent à la même nature et sont promis au même avenir. On dirait, à voir toutes ces figures si immobiles et si inanimées, que pour elles le sang ne circule pas dans les veines, et l'on se demande si leurs cœurs battent dans leurs poitrines. Ah! sans doute, ils battent, et ils battent généreusement ; l'histoire de nos guerres civiles en fournit à chaque page la preuve écrite en rouge. — Mais pourquoi donc cette mort à la surface quand il y a tant de vie au-dedans ?

J'ai visité au hasard les principaux marchés de Paris; partout j'ai vu les mêmes choses, la même inertie, la même impassibilité, la même déplorable dévastation ! Je vais citer encore deux marchés, celui au poisson, et celui aux chevaux ; je dirai quelques mots de la Halle-au-Blé, et c'est alors seulement que cette histoire commencera. J'aurais voulu donner une liste complette de ces caravensérails de misères, que l'on dirait placés en quelque sorte comme des égouts à la base de la société, et où l'on ne trouve cependant ni aucun vice, ni aucun mauvais penchant ; cette énumération rigoureuse, sans intérêt pour personne, eût été fastidieuse pour tous ; je ne la ferai pas. Pourvu que j'atteigne au surplus le but que je me suis proposé, qu'importent les chemins que je prendrai ! et qu'importe aussi que j'abrége la route en courant !

La *Halle à la Marée* était, suivant Dulaure, établie aux Halles, en face du pilori. Des lettres patentes du 21 août, enrégistrées le 3 septembre 1784, la transférèrent où elle est aujourd'hui, sur l'emplacement de la *Cour-des-Miracles*, près des Petits-Carreaux. Elle fut construite sur les dessins du sieur Dumas. Une autre petite halle, consacrée au détail du poisson, occupe l'emplacement de l'ancienne Halle aux Blés, où elle fut bâtie en 1786.

Le *Marché-aux-Chevaux*, aujourd'hui situé

au-dessus du Jardin-des-Plantes, n'offre rien d'important, quant à sa construction; mais les marchands qui s'y rendent n'appartiennent plus à cette pauvre classe de marchands des halles, que l'on trouve cloîtrée çà et là dans Paris; on voit à l'intelligente mobilité de leurs physionomies qu'une idée de gain et d'ambition les préoccupe, et que, pour leurs enfans, ils ont rêvé une autre profession que celle de marchands de chevaux. Ceux-là n'usent pas la vie sans lui rien demander, et leurs exigences annoncent qu'ils vivent dans leur temps. Il en est de même à la *Halle-aux-Blés* et partout où la routine est insuffisante au commerce et où la ruse et l'habileté viennent en aide à la spéculation. Là, il ne suffit pas de mettre un prix à un objet et de le donner pour ce prix, sans se mouvoir, sans s'inquiéter du dehors; il ne suffit pas de jeter à l'acquéreur difficile quelque juron énergique en échange du rabais qu'il propose; il ne suffit pas que le regard ait pour horizon l'étendue d'une table de sapin, d'un éventaire chargé de fruits ou de gibier, ou de poisson, c'est-à-dire environ quatre pieds en carré, et qu'il ne voie rien au-delà; — mais il faut peser les chances cachées dans l'avenir, les prévoir avant qu'elles se signalent, et les interroger long-temps, sans exception; là, marchands et acquéreurs se posent en ennemis les uns devant les autres ; ils se fouillent les yeux comme deux athlètes au moment de la lutte; ils se demandent où ils en sont tous les deux ; l'acquéreur, si le marchand est pressé d'argent; le marchand, si l'acquéreur est pressé d'acheter. Et puis ils rusent, ils escobardent; avant de s'enlever un bénéfice, ils s'enlèvent dix secrètes pensées; il se sont dit à peine vingt paroles et ils se savent par cœur; le marchand sait d'où vient l'acquéreur; l'acquéreur, d'où vient le marchand. Ils se sont jaugés mutuellement et le plus habile gagnera le plus ; voilà.

Certes ce n'est pas petite affaire que le commerce; et il ne suffit pas de savoir compter et d'être honnête homme pour se faire marchand : — demandez aux mémoires de vos fournisseurs.

La *Halle-aux-Blés* est bâtie au centre d'un rond-point qui l'entoure, appelé rue de Viarmes et où viennent aboutir les rues de Sartines, d'Oblin, de Vannes, de Varennes, de Babille et de Mercier. Aujourd'hui cette halle est une magnifique rotonde où l'agriculture et le commerce entretiennent l'abondance, et défient les étés stériles : aujourd'hui c'est vers cette place que Paris tourne les yeux pendant les mauvais jours : autrefois il n'y avait que des friches et des ronces; en 1230, Jean II, seigneur de Nesle et châtelain de Bruges, y possédait un hôtel au milieu de quelques vignes et de quelques prés, et, en 1552, la reine Blanche, mère de Louis IX, mourut dans cette hôtellerie, cadeau du châtelain au roi.

Il y eut aussi un couvent, sur la place occupée maintenant par la *Halle-aux-Blés*, le couvent *des Filles pénitentes*, d'où nous sont venues les *Madelonnettes*, et cette dérision religieuse aurait peut-être attendu que QUATRE-VINGT-TREIZE vînt la détruire, si un astrologue n'avait annoncé à Catherine de Médicis qu'elle mourrait dans un lieu appelé *Saint-Germain*.

Ce fut en effet cette prédiction qui chassa les filles pénitentes de l'ancien hôtel d'Orléans et les conduisit à l'abbaye de Saint-Magloire, où elles ont fini leurs scandales et leurs repentirs. En 1572, pressée de fuir tous les lieux où la poursuivait le nom de *Saint-Germain*, Catherine de Médicis avait abandonné successivement le château des Tuileries et l'abbaye de Saint-Maur-des-Fossés, parce qu'ils dépendaient de la paroisse de Saint-Germain-l'Auxerrois. « On la vit » aussitôt, dit Mézerai, fuir superstitieusement

» tous les lieux et toutes les églises qui portaient
» ce nom. Elle n'alla plus à Saint-Germain-en-
» Laye; et même, à cause que son palais des
» Tuileries se trouvait dans la paroisse de Saint-
» Germain-l'Auxerrois, elle en fit bâtir un au-
» tre hôtel de Soissons, près Saint-Eustache. »

C'est dans cette préoccupation qu'elle acheta le *couvent des Filles-Pénitentes*, et qu'elle y fit bâtir un hôtel, nommé l'*Hôtel-de-la-Reine*; après sa mort, *Hôtel-des-Princesses*, et enfin *Hôtel-de-Soissons*. Catherine y avait fait élever, sur les dessins de Bullan, la colonne que l'on y voit encore; elle y montait avec ses astrologues pour consulter les astres. Cette colonne est la seule partie de l'hôtel de Soissons qui soit conservée. Le 21 janvier 1606, Charles de Bourbon, comte de Soissons, fils du prince de Condé, devint, moyennant trente mille et cent écus, adjudicataire de l'Hôtel-des-Princesses, dont la vente était poursuivie au Parlement par les nombreux créanciers de Catherine de Médicis, morte le 5 février 1589. Il le fit réparer, agrandir, et lui donna son nom. Cet hôtel, qui, au XIVme siècle, avait reçu tour à tour les noms de *Nesle*, puis de *Bohême*, ou *Bohaigne*; puis, au XVme siècle, le nom d'*Orléans*; au XVIme, celui des Filles-Pénitentes; après deux autres noms encore, reçut enfin celui d'*Hôtel-de-Soissons* qu'il a conservé jusqu'en 1763, époque de la construction de la *Halle-aux-Blés*. Ce nouvel édifice, commencé en 1762, fut terminé au bout de dix ans, sous la direction de M. Camus de Mézières et d'après ses dessins.

Le plan, de forme circulaire, dit Dulaure, laisse au centre une cour de même forme. Le diamètre total de ce plan a, hors d'œuvre, 35 toises, ou 68 mètres 19 centimètres; celui de la cour est de 10 toises, 4 pouces, ou 19 mètres 50 centimètres. La face extérieure est percée de 28 arcades au rez-de-chaussée et d'autant de fenêtres qui éclairent l'étage supérieur. On monte à cet étage par deux escaliers placés à une égale distance l'un de l'autre, et qui, différant par leur forme, sont également curieux par leur appareil, et remarquables en ce que la double rampe dont chacun est composé permet aux personnes de monter sans être rencontrées par celles qui descendent. Chaque étage est couvert de voûtes à plein cintre, construites en pierres de taille et en briques.

Cet édifice étant devenu insuffisant, on couvrit la cour circulaire d'une charpente en forme de coupole et on la convertit en une rotonde. Ce travail, commencé le 10 septembre 1782, fut terminé le 31 janvier 1783, sous la direction des architectes Legrand et Molinos. Le diamètre de cette coupole était de 126 pieds et ne différait de celui du Panthéon de Rome que de treize pieds. Elle était percée de 25 grandes fenêtres ou côtés à jour. Sa hauteur, cent pieds du pavé au sommet, et sa circonférence de 377 pieds, produisaient, dit-on, une grande sensation de plaisir et d'étonnement sur les spectateurs.

Des médaillons à l'effigie de Louis XVI, du lieutenant de police et de Philibert Delorme, étaient placés dans l'intérieur de la rotonde, sur les parois des murs; les vétérans de la garde parisienne ayant demandé, en 1791, la destruction du médaillon représentant le lieutenant de police Le Noir, ce médaillon fut détruit. Celui de Louis XVI le fut également, mais un peu plus tard; le seul que les orages politiques aient respecté, est celui de Philibert Delorme, inventeur d'une charpente nouvelle.

La *Halle-aux-Blés* était encore en cet état lorsque, en 1802, un incendie, occasioné par l'imprudence d'un plombier qui avait laissé un fourneau allumé sur la charpente de la coupole, embrasa cette coupole et la détruisit entièrement. M. Brunet, constructeur habile, dirigea les réparations nécessitées par ce désastre : il fit substituer à la charpente en bois, des formes de fer coulé, à l'ancienne toiture, des lames de cuivre, et, aujourd'hui, l'édifice entièrement construit en pierres, en cuivre, en briques et en fer, est à l'abri des dangers du feu. Ces travaux, commencés en juillet 1811, ont été terminés l'année d'après. La nouvelle coupole a les dimensions de la première; seulement au lieu de descendre dans la rotonde, autrefois la cour, par les côtés de la coupole, la lumière y est répandue par une lanterne placée au sommet et dont le diamètre est de 35 pieds.

On remarque dans la Halle-aux-Blés un singulier effet d'acoustique en se plaçant précisément au centre de la salle : chaque mot que l'on y prononce est répété sept à huit fois : on l'entend sous ses pieds, à ses côtés, au-dessus de sa tête, tout à l'entour de soi. C'est comme un chant discordant et dont les voix se cherchent. — Ne serait-ce pas un avertissement aux marchands de bien préciser leurs marchés et de s'exposer plutôt à en répéter les clauses qu'à ne les pas formuler nettement ? — Pourquoi non ?

L'hôtel de Soissons, dont la Halle-aux-Blés occupe aujourd'hui l'emplacement, eut pour dernier propriétaire Victor-Amédée de Savoie, prince de Carignan, ou plutôt les créanciers du noble seigneur. Ce prince étant mort en 1741, ceux-ci firent saisir tous ses biens, démolirent son hôtel et en vendirent les matériaux. Les magistrats de Paris acquirent alors, au prix de 28,367 livres 10 sous, l'emplacement de cet hôtel, et, ainsi que je l'ai dit plus haut, y firent commencer les constructions de la Halle-aux-Blés, en 1762. La *colonne de Médicis*, que l'on voit adossée à cet édifice, échappa en quelque sorte par miracle aux créanciers du prince de Carignan ou plutôt à leurs démolisseurs. Elle allait être détruite comme le reste de l'*hôtel de Soissons*, lorsque le sieur Petit de Bachaumont, grand amateur d'antiquités, voulant sauver ce monument de la ruine qui le menaçait, se présenta pour l'acquérir, dans l'intention de le donner à la ville de Paris, et à condition qu'il serait conservé. Les matériaux eussent à peine produit une centaine d'écus; il offrit quinze cents livres du monument, et, comme les hommes étaient alors ce qu'ils sont aujourd'hui, le monument fut sauvé.

Il est juste d'ajouter que les magistrats de Paris comprirent la leçon que leur donna si courtoisement le sieur de Bachaumont : ils lui restituèrent le prix de son acquisition, et la conservation de la *colonne de Médicis* fut décidée. Cependant la caricature avait déjà ses Philippon et ses Grandville : une gravure fut publiée où l'on voyait la colonne entourée de sauvages qui la défendaient contre des pionniers se disposant à la démolir. L'Ignorance, coiffée d'un bonnet à oreilles d'âne, commandait les travailleurs civilisés; le prévôt des marchands, Bignon, se reconnut aux oreilles d'âne et fit supprimer la gravure, qui reparut quelque temps après et en bien plus grand nombre, comme cela est toujours arrivé, — comme cela arrivera toujours, chaque fois que la sottise relèvera le gant que la civilisation lui aura jeté. Voyez les murs de Paris, aujourd'hui : il n'y en a pas un qui n'ait sa poire charbonnée; il y en a mille où la colère du peuple a ajouté à l'épigramme de l'artiste, ses terribles attributs.

Bachaumont reçut aussi sa récompense : on publia son portrait, les yeux fixés sur la colonne placée devant lui, avec ces mots écrits au bas du portrait :

Columna stante quiescit.

L'intérieur de cette colonne contient un escalier à vis par lequel on arrive à son sommet. Une échelle supplée à l'escalier qui manque à la partie supérieure, et une ouverture de deux pieds en tous sens conduit au-dessus du chapi-

teau. La cime représente à peu près la figure d'une sphère. « Ce sont, dit Pingré, dans ses
» *mémoires sur la colonne de la Halle-aux-Blés,*
» *page 13*, des cercles et des demi-cercles,
» entrelacés, qui ne paraissent avoir aucun
» trait à l'astronomie. Ont-ils quelques rapports
» avec les profondeurs de l'astrologie? On l'as-
» sure; mais je ne suis pas assez versé dans les
» mystères de cette science pour prononcer sur
» une semblable question.. »

Comment savoir en effet à quoi servaient ces cercles et ces demi-cercles, lorsque l'on n'est pas seulement d'accord sur la hauteur de la colonne? Pingré lui donne 80 pieds, y compris son socle; M. Legrand, 95 pieds; Dulaure croit avec d'autres qu'elle a 94 pieds 8 pouces, y compris la construction en fer qui lui sert d'amortissement. Son diamètre, dans la partie inférieure du fût, est de neuf pieds huit pouces et demi, et, dans sa partie supérieure, de huit pieds deux pouces.

Deux ordres d'architecture se sont réunis pour cette colonne, l'ordre toscan et l'ordre dorique; son chapiteau a la simplicité du premier, sa base appartient au second. Les proportions du fût sont également doriques ainsi que les dix-huit cannelures dont sa surface est sillonnée. On voyait autrefois dans ces cannelures, séparées de côtes dentelées, des fleurs de lis, des couronnes, des cornes d'abondance, des lacs d'amour déchirés, des miroirs brisés, et des C et des H, lettres initiales des noms de Catherine et de son époux Henri II. Ces symboles de veuvage ont disparu.

Quel que soit l'intérêt de curiosité attaché à cette colonne, sous le règne de Louis XV on voulut lui donner un mérite plus solide, en la consacrant à l'utilité publique. C'est à cette idée que l'on doit le cadran solaire établi à sa partie supérieure et la fontaine qui est à sa base. M. Pingré, le même que j'ai cité plus haut, fut chargé du cadran, chose d'autant plus difficile, qu'il fallait le tracer sur une surface cylindrique et verticale, et que, le cas étant alors nouveau dans la gnomonique, il fallut d'abord inventer un procédé nouveau. M. Pingré réussit complétement; son cadran marque l'heure précise du soleil à chaque moment du jour et à toute saison. La fontaine, de fort mauvais goût, est surmontée par un cartel appliqué au fût de la colonne.

Et c'est tout. Là finit l'histoire de la Halle-aux-Blés, son histoire de scandales et de superstition cruelle. Tout habiles qu'ils sont, nos marchands n'égaleront jamais leurs illustres devanciers.

V.

Il y a d'étranges silhouettes sous les galeries des halles et des marchés; il y a de ces têtes que l'on n'a vues nulle part, excepté dans un rêve épileptique, excepté dans les sauvages tableaux de Michel-Ange, excepté dans l'Enfer du Dante; mais qui a vu tout cela? On dirait que la nature les a faites à coups de hache, et que, dans la crainte d'amortir leur brutale énergie, elle n'en a point arraché les bavures, ni rempli les vides, ni fait sauter les éclats. C'est peut-être une haute prévoyance de sa part. — Aujourd'hui que les barbares se civilisent, qui sait si, dans un siècle ou deux, il en restera assez pour raviver notre Europe poitrinaire et greffer de nouveau l'humanité? Qui sait, lorsque nos formes se seront assez arrondies et effacées dans la débauche de notre civilisation, quels hommes viendront en redresser les angles et en rétablir les reliefs? si nous verrons venir les barbares, ou le peuple des halles, en aide à notre anéantissante dégénération?...

Nos prodigieux riront beaucoup sans doute à cette idée : et cependant c'est le dernier bastion de la royauté. Les partisans de ce système gouvernemental reconnaissent en général que son action sur la société est un envahissement continuel de la corruption sur la vie; ils sont aussi d'accord sur ce point, à savoir : qu'il arrive un temps où la civilisation, poussée à l'excès et mal dirigée, tue les peuples qu'elle avait d'abord élevés au premier rang. Alors, selon eux, le moment d'une invasion est arrivé; des barbares accourent à la parole d'un autre Attila; ils se ruent sur la société agonisante, et le grand cadavre, qui haletait au soleil, se relève avec une pensée nouvelle, avec une existence nouvelle, avec un nouveau corps. Et, comme on cite, en littérature, Aristote et la Grèce, en philosophie sociale ceux-là citent Rome et Attila. — Les aveugles ont grandi, sans jamais s'en douter, à l'ombre de la croix du juste, et ils n'ont vu que les coups de sabre d'un soldat, là où la pensée du Christ a sillonné le sol.

Mais pourquoi donc des barbares, lorsque nous avons sous nos pieds ces natures vierges, ces hommes de si robustes et de si larges constructions, les porte-faix de la halle, les Spartacus du marché ? Levez-vous donc un peu, évangélistes désolans, et, du haut de vos échasses, regardez seulement par-delà les Pyrénées : — il y a un maillot sur un trône et une reine dans ce maillot; demandez à la reine-mère d'où vient la reine-enfant, — et quelle source vive a renouvelé la royauté d'Espagne! Et si la reine-mère se taît, il y aura cent mille voix qui répondront.

Ce que la politique a fait vingt fois dans un intérêt dynastique, l'humanité doit l'accomplir en elle et dans son intérêt; c'est là son but, et c'est sa loi. Les jeunes branches renouvellent leurs aînées, les bourgeois ont renouvelé les seigneurs, le peuple renouvellera les bourgeois. Et il faudra bien que cela soit, maintenant qu'il n'y aura bientôt plus de barbares pour renouveler toute une société.

Ces régénérations humanitaires n'ont que deux voies d'accomplissement; elles s'opèrent par la pensée ou par le sang. Ou il faut retremper notre pensée dans celle du peuple, ou le peuple viendra nous refaire le sang un jour, aux vierges ardeurs du sien. Il serait plaisant que, pour transmettre leurs richesses à un héritier de leur nom, nos étiques bourgeois fussent réduits à mendier cet héritier et à le solliciter de la complaisance d'un manant! — Et si les rois en sont là déjà, pourquoi les bourgeois n'y viendraient-ils pas? Et s'ils n'y viennent pas, où iront-ils, sans force et éreintés qu'ils sont?

Calmez-vous, superbes; ce dernier moyen vous reste, et vous y viendrez. Votre bien heureuse fortune sera possédée par un homme de votre nom; et cela bien long-temps, toujours. Vous avez craint les voltaïques émotions qui vous eussent ébranlé le cerveau si la pensée, si la vie intime du peuple y fussent entrées : vous communierez encore sous les deux espèces, le pain et le vin, le sang et la chair; et, au défaut des barbares, le peuple mourra pour vous. Il y a une séve abondante sous les hangars de nos halles, sous les galeries de nos marchés : vous ne vous éteindrez pas entièrement.

La langue des halles est, comme son peuple, une chose d'autrefois, un idiome qui nous ferait trembler les dents s'il venait à les heurter de ses mots de fer. Ce sont de synthétiques images, si larges et si grandioses, que la trivialité y devient sublime; et où le cynisme revêt des formes telles, que l'on ne songe plus à sa nudité. Nous ne parlerons jamais cette langue où notre idée grelotterait dans le vide; elle déplacerait tout dans notre monde, et le tonnerre demanderait depuis quand notre pensée fait tant de bruit. — Après cela, irai-je en bégayer une syllabe, moi, si petit?

Coiffez donc de votre chapeau le dôme du Panthéon !

VI.

D'où vient cela ? les femmes de la halle sont étriquées comme si elles avaient vécu parmi nous ; elles n'ont rien de la robuste organisation de leurs maris, et leurs figures mattes et sans mouvement n'éveillent qu'un intérêt de compassion et de pitié. Elles ont toutes le teint jaune ou rouge, et, pour elles, il n'y a pas de nuance intermédiaire entre ces deux couleurs. Est-ce le sang qui les travaille ainsi ? a-t-il déjà brûlé l'épiderme des jaunes ? et les rouges, combien de temps encore vont-elles durer ? J'ignore tout cela. J'ai vu, et j'écris ; voilà tout. Elles parlent le langage des hommes, mais comme les Allemands parlent français, et, dans leur bouche, cette langue n'émeut que le rire, quelquefois la pitié. Il y en a de si frêles, que l'on se demande, après les avoir entendues, d'où est sorti le souffle qui a crié si haut un juron si puissant. On ne conçoit pas que leur poitrine ait pu le contenir, et que leur tête n'ait pas éclaté à cet enfantement. Un instant, un seul, cette pauvre tête a frissonné et s'est émue ; la parole éteinte, la vie s'est éteinte sur la tête ; les lèvres se sont refermées, les joues sont redevenues pendantes, et les regards qui semblaient s'être allumés un moment, se sont voilés tout à coup d'une expression de stupidité bizarre et d'étrange douleur. Voyez : où est la vie, là ? — Est-ce la femme qui vend la gourde, ou est-ce la gourde qui vend la femme ?

C'est pourtant la femme qui a parlé.

Il y a des haillons qui grandissent ceux qui les portent : quelle tunique de roi valait la besace d'Homère ? — sur les hommes de la halle, ces haillons sont comme un insigne de virilité ; c'est le tronc qui a lézardé l'écorce, dit la pensée ; et pourquoi chercher la vérité, lorsque le mensonge est plus beau ?

Mais qu'ils pleurent amèrement sur les épaules d'une femme, ces haillons quelquefois si grands aux reins d'un homme ! Qu'ils sont tristes et malheureux, échevelés sur des femmes qui pouvaient être nos mères, et qui sont nos sœurs ! qu'ils soulèvent de sanglots au fond de l'ame et de sombre tristesse au fond du cœur !

D'où vient cela ? Pourquoi la pitié et la douleur, au lieu de l'admiration ? Pourquoi ces deux actions de la misère? Et c'est ainsi dans tous les rangs de la société, la femme au-dessous de l'homme, même dans le malheur! — L'anathème de Dieu est-il arrivé jusqu'à vous, ô tristes filles d'Eve! et ne devez-vous jamais échapper à cette colère d'un jour? O nos sœurs, mes sœurs, — si belles! — et vous nous lavez les pieds!

La misère des femmes de la halle n'abuse ni la pensée ni les yeux; elle parle bien son langage, elle pleure bien ses pleurs; elle n'est pas menteuse, celle-ci! tout sanglote en elle; tout fait mal à voir, la draperie et les chairs. Et cependant, ce n'est pas la faim qui a dévoré ces têtes de femme; ce ne sont pas les mille besoins qui assaillent ailleurs la pauvreté, qui ont brutifié ces regards et appliqué sur ces figures vivantes ces masques de mort. Toutes ces femmes se croient heureuses; et, pour la plupart, la pratique du mot BONHEUR est dans leur condition. Il y en a beaucoup qui sont riches; surtout, un peu au-dessus des marchandes de légumes et de fruits, parmi celles qui vendent du gibier, ou du poisson. Aucune n'a souci du lendemain; et cependant, de la base au sommet de cette pyramide, il n'y a que malheurs : l'intelligence n'y est pas; il n'y a qu'un instinct machinal; un ressort tendu, et qui jouera de la vie à la mort, sans idée de la vie, sans idée de la mort. Et puis, les filles après les mères; et ainsi, — toujours.

Encore une fois, que la malédiction de Dieu retourne à Dieu et qu'elle n'en descende plus !

VII.

A mesure que l'on remonte cette spirale où le temps a échelonné l'infortune comme les damnés du poète gibelin, on trouve une amélioration progressive de la femme et de l'homme. Les derniers marchés sont les marchés aux légumes : ici la misère est une chose minérale ; elle végète aux marchés aux viandes, aux marchés aux poissons ; et elle va ainsi s'améliorant incessamment jusqu'à la Halle-aux-Blés, où elle se débaptise et prend le nom de spéculation, où elle se fait XIXe siècle, bourgeois, révolution de 1830 comme le gouvernement, c'est-à-dire égoïste, matérielle, stationnaire.

La couleur change aussi dans le même ordre sur les hommes et sur les femmes, et le ton général de ce panorama vivant subit à chacun de ses plans une nouvelle modification. A la base les femmes sont carminées, épaisses, sans expression et sans mouvement : c'est là au contraire que j'ai vu ces hommes puissans dont j'ai parlé tout à l'heure, et que j'ai senti la vie sous les membres bronzés des porte-faix et des crocheteurs. Un peu plus haut sont les marchés aux poissons, où l'instinct exagère tous les mouvemens, ceux de la figure et ceux des bras ; où les gestes sont brusques, saccadés, anguleux comme les grimaces du singe, mobiles comme elles, mais, comme elles aussi, sans intelligence et sans traduction possible. C'est de la colère, de l'irritation, quelquefois du dédain, toujours de la brutalité. Ici le ton rouge des chairs se perd en des teintes roses, en des nuances plus claires ; de loin en loin il est pâle et beau, mais alors il ne vit plus et son expression est toute de douleur. Sous les marchés aux viandes, il y a encore amélioration. Les marchands de chevaux touchent aux marchands de blés par leurs habitudes et leurs formes ; seulement ils sont plus bruyans, plus criards : ils procèdent comme les charlatans, en causant beaucoup ; les marchands de blés en observant.

Ce qui manque, avant tout, à ces populations pressées sous les hangars de nos marchés, ce sont des relations plus actives avec les choses extérieures ; c'est de voir le monde, c'est de respirer un air plus pur que celui de leurs halles, c'est de comprendre enfin ce mot : « CIVILISATION. » — Mais, pour eux, ce mot n'existe pas et jamais ils ne le sauront. Et tous, chacun selon sa loi, remplissent en leurs temps et en leurs lieux la part d'espace qui leur fut donnée à remplir entre la matière et l'esprit, entre l'homme et Dieu ; et cela sera toujours.

Il y aura toujours un sommet, il y aura toujours une base ; la richesse annonce la pauvreté comme le jour annonce la nuit ; aussi long-temps qu'il y aura des heureux il y aura des malheureux. Le peuple souffrira toujours, toujours, toujours : Il brisera ses fers, et il portera d'autres fers ; et il sera esclave toujours, toujours, toujours.

Où donc le moyen de supprimer les marchés, les porte-faix, les pauvres gueuseurs de sous ? — Et qui donc soutiendrait la société si vous en arrachiez la pierre angulaire ?

J'essaierai de rêver, à présent.

VIII.

J'ai dit qu'il y avait eu autrefois un cimetière au marché des Innocens ; que pendant huit siècles Paris y avait enseveli ses morts ; et puis qu'un jour on avait charrié tout ce passé dans les carrières de la *tombe Isoire*. Aujourd'hui, il y a de nouveaux cadavres au marché des Innocens, et ceux-là, promis au Panthéon depuis bientôt cinq années, pourrissent encore sans qu'on sache qui les recevra, de la tombe Isoire ou du Panthéon, lorsqu'on sera las de voir pleurer leurs cyprès, lorsque leur grand souvenir deviendra importun. C'est à peine, aujourd'hui, si leurs noms apparaissent encore sur leurs croix de bois. Déjà la pluie en a effacé le plus grand nombre; et au printemps, en restera-t-il un seulement? Il y en a de beaux cependant; il y en a dont le Panthéon tressaille d'envie et d'amour; — pauvres grands noms troués de balles et laissés en risée au milieu d'une place publique, — et dont nul ne se souvient maintenant!

J'ai cherché quelques-uns de ces noms, au milieu des cyprès noirs, des couronnes d'immortelle que la pluie dévore, et où la douleur d'une mère ou d'une sœur rougirait peut-être de pleurer à cette heure; et je n'ai pu en recueillir que six; — les autres, on ne les lisait plus; et personne ne les savait. J'aurais voulu les écrire tous ici, afin qu'on pût les y trouver si jamais on se souvient d'eux; j'aurais voulu que ma parole fût digne de l'oraison qu'ils attendent, et

j'aurais dit à notre France : LES BRAVES SE MEU-
RENT, LES BRAVES SONT MORTS !... Mais cette tâche
surhumaine m'a épouvanté.

Et les croix tombent, et les noms s'effacent ;
et, demain, qui saura celui-ci, sur la croix dont
le temps a déjà emporté un bras :

>Ici
>repose
>OLLET, âgé de 45 ans
>uillet 1830, il fut bon
>e ; il emporte dans la
>tombe les
>regrets de
>son épouse
>et de
>ses enfans.

J'ai interrogé quelques personnes du marché ;
elles m'ont répondu qu'elles ne savaient pas ce
nom, dont la première partie est déjà perdue.
Une femme à qui j'avais adressé la même question, s'est mise à rire et m'a demandé d'où je
venais ?

L. A. BERTHAUD.

LES BARRIÈRES

ET LES GUINGUETTES.

Paris a près de sept lieues de tour et est enfermé par cinquante-cinq barrières. Ces barrières ont moins été posées par l'ingénieur pour marquer les limites de la ville, que par l'Octroi, qui a écrit sur leurs murs, à l'usage de toutes les denrées indispensables : *Vous n'irez pas plus loin !*

La somme que rapportent à la ville de Paris les droits d'entrée aux barrières, est immense.

Le vin, les esprits, la viande de boucherie et les huiles, sont les produits les plus importans de cet impôt indirect, qui frappe surtout les classes malaisées. Je renvoie au budget les personnes qui voudront connaître la quotité de cet impôt, et à nos économistes, celles qui voudront s'occuper des moyens de l'asseoir d'une manière plus équitable : je ne veux faire ici ni un cours de statistique, ni un cours d'économie.

Les objets de première nécessité offrant au consommateur, au-delà des barrières, un grand avantage sur le prix, beaucoup de ménages modestes, obligés de compter avec leur bourse, ont transporté leurs pénates dans la banlieue ; ces habitans-métis sont là comme dans un faubourg de Paris : en moins de cinq minutes ils ont franchi la ligne de l'octroi, et redeviennent Parisiens comme s'ils n'avaient jamais quitté la rue Laffitte ou le boulevart des Italiens.

Je ne parle pas des personnes qui ont une maisonnette à un quart de lieue seulement de la barrière ; déjà ce n'est plus la barrière, c'est la campagne. La barrière proprement dite ne s'étend guère au-delà de quatre cents pas : c'est dans cet espace que sa physionomie se dessine, et qu'elle offre à l'observateur un caractère et un assemblage d'habitudes qui tranchent étonnamment avec le caractère et les habitudes de Paris.

Car on s'étonne qu'une simple ligne de murailles ait pu établir dans la même société de si remarquables différences.

Les barrières sont exclusivement dévolues à ce que j'appellerai *le peuple*, puisque l'on a donné à ce mot un sens abstrait : les ouvriers de tous les états vont passer leurs jours de repos à la barrière de leur quartier, sûrs de trouver là du vin à bon marché et du plaisir sans façons. Cependant l'aristocratie s'est introduite aux barrières comme partout ailleurs : quelques-unes d'elles ont emprunté, du quartier où elles sont situées, certaines manières, certain ton qui tranche avec d'autres lieux du même genre ; par exemple, il est bien certain que les barrières du faubourg Saint-Germain sont plus tranquilles, plus décentes, plus distinguées, si je puis me servir ici de cette expression, que les barrières de l'autre côté de la Seine. Cela tient, je crois, à ce que beaucoup de laquais des hôtels voisins vont le dimanche et le lundi y passer leurs soirées, et qu'ils y ont transporté la parodie des salons de leurs maîtres.

Les barrières ont deux physionomies bien distinctes : celle du matin et celle du soir. Tous les matins, à six heures dans l'été, et, dans l'hiver, dès qu'il fait jour, vous voyez se succéder chez les marchands de vins la foule des habitués, qui ne manqueraient jamais d'y venir prendre sur le comptoir leur canon de vin blanc. Ce sont, à chaque barrière, toujours les mêmes personnes : quelques habitans du lieu, les ouvriers qui se rendent à leur ouvrage, et les maraîchers qui viennent offrir chez tous les traiteurs de la barrière leurs salades et leurs légumes.

Il arrive souvent que plusieurs habitués d'un même cabaret viennent boire leur canon juste au même moment : si, alors, il arrive à l'un d'eux d'offrir le régal aux autres ; chacun des autres tient à honneur de payer ce qu'on appelle *la tournée*. Aucun ne voudrait se soustraire à cette politesse que l'usage a rendue obligatoire ; il faut que chacun paie et boive à son tour. Ainsi, pour peu que ces messieurs soient huit ou dix, cela fait à peu près deux bouteilles de vin blanc que chacun aura bues avant déjeuner. C'est un à-compte fort raisonnable.

Puis, lorsque arrivent neuf heures, les comptoirs se lavent, les verres qui ont servi à la consommation du vin blanc, et que l'on ne rince jusque-là qu'au fur et à mesure des besoins, se nettoient en masse ; les tables, d'un bois noir, gras et vermoulu, sont chargées de bols de faïence ayant chacun pour soucoupe une énorme assiette à soupe; le chef remplit à grands renforts d'eau la capacité de la marmite dans laquelle l'ébullition a opéré un vide sensible, et les ouvriers viennent prendre leur premier repas.

Ces consommateurs se composent en grande partie de maçons. Paris tendant toujours à s'embellir, et l'extrémité de presque tous les faubourgs contenant un grand nombre de terrains vierges de maisons, il en est toujours quelques-uns sur lesquels on élève des constructions, et ce sont les ouvriers employés à ces bâtisses qui desservent, chaque matin, les restaurans de la barrière.

Il est quelques barrières cependant qui ont deux sortes d'habitués; et ces habitués, ayant chacun leur cabaret, qui est tellement leur propriété que les pratiques d'une maison n'iraient jamais se fourvoyer dans une autre, n'ont ensemble aucune espèce de rapport. Je citerai, par exemple, la barrière Rochechouart, qui, par le voisinage des abattoirs et des carrières de Montmartre, est presque exclusivement fréquentée par des carriers et des bouchers. Les premiers se rencontrent dans les cabarets qui, plus rapprochés de Clignancourt, sont plus près du lieu de leur ouvrage; et les autres, par la même raison, fréquentent de préférence les maisons qui touchent de plus près à la barrière.

Les carriers se partagent entre plusieurs cabarets; les bouchers ne vont jamais que dans un seul; en voici la raison :

Ils prélèvent, sur les bœufs qu'ils dépouillent, une partie de l'animal qui n'est absolument utile à rien; ce sont les joues. Cette partie, pleine de nerfs, de cartilages, et qui aurait quelque chose de repoussant si on la servait sur une table, a le privilége de faire d'excellent bouillon. Les bouchers s'entendent donc avec un marchand de vin auquel ils donnent toute cette viande de rebut, et le marchand de vin, en échange, leur concède une tasse de bouillon.

Cela se fait ainsi à toutes les barrières voisines d'abattoirs : à Grenelle, à Villejuif, au Roule, à Ménilmontant et à Montmartre.

On se fera facilement une idée de ce que peut rapporter aux marchands de vin des barrières la clientèle des bouchers, lorsqu'on saura l'immense carnage qui se fait chaque semaine dans les abattoirs de Paris. Je ne parlerai que des deux principaux abattoirs : celui de Montmartre et celui de Ménilmontant, et que des deux jours de la semaine où se fait surtout la grande consommation d'animaux. Aux abattoirs de Montmartre et de Ménilmontant, on tue le mardi et le vendredi plus de quatre cents bœufs, autant de veaux, et environ deux mille moutons.

Les ouvriers de toute sorte qui viennent prendre leurs repas à la barrière arrivent presque tous avec leur pain sous le bras ; ils se mettent à une table, cassent un énorme morceau de pain dans un bol, et, sans qu'ils soient obligés de dire un mot, un garçon est là qui enlève les bols et les rapporte au bout de dix secondes augmentés d'une cuillerée de bouillon. Ce bouillon coûte trois sous aux consommateurs. La plupart d'entre eux mangent avec cela une tranche de bœuf qui leur est comptée quatre sous : la soupe et le bœuf leur reviennent ainsi à sept sous et composent ce qu'on appelle *l'ordinaire*. Quelques-uns, les plus riches, ajoutent à leur ordinaire un canon et quelquefois un demi-setier de vin rouge.

Les mêmes ouvriers reviennent dîner à deux heures ; mais alors ils ne mangent plus ni soupe ni bœuf ; passé dix heures du matin, on trouverait difficilement un bouillon à la barrière : le ragoût de veau ou de mouton défraie ordinairement ce second repas, qui conduit l'ouvrier jusqu'au soir, où il rentre chez lui manger la soupe du ménage.

On voit aussi le matin, hors Paris, un grand nombre de femmes qui demeurent dans le faubourg, non loin de la barrière, paraissant toutes appartenir à la classe du peuple, et qui viennent chercher au-delà des murs la quantité de vin dont on tolère l'entrée. C'est ordinairement une chopine, car on ne pourrait pas en passer davantage; elles renouvellent leur provision à l'heure du dîner, et elles ont ainsi une économie de quatre ou cinq sous par jour, ce qui est beaucoup dans un ménage malheureux.

Quelques personnes aussi vont acheter leur viande hors barrière, et la passent en fraude, soit tout entière dans leur chapeau, soit coupée en morceaux et répartie dans toutes leurs poches. Le droit d'entrée pour la viande au détail étant de deux sous par livre, ils obtiennent ainsi une économie fort grande en ce qu'elle porte sur un objet de première nécessité.

Le soir, les barrières sont aussi calmes, aussi silencieuses, qu'elles ont été bruyantes et agitées le matin; les cabarets sont déserts; on n'y voit guère que quelques voisins qui viennent moins pour y boire que pour passer le temps et causer avec le maître de la maison.

Il faut en excepter cependant le dimanche et le lundi. Ces jours-là, on ne peut pas se faire une idée, quand on n'y a pas assisté, du tumulte qui règne à la barrière pendant douze heures, depuis midi juqu'à minuit. C'est là que le peuple trouve son plaisir, son délassement, son bonheur; il s'impose des privations toute la semaine pour pouvoir aller le dimanche à la barrière. Là passent toutes ses économies, tout l'argent qui, mis de côté, pourrait lui faire un petit capital pour ses vieux jours. Mais que lui importe l'avenir? Le présent lui serait insupportable s'il ne pouvait pas se rendre chaque semaine à sa guinguette d'habitude. Il est des ouvriers paresseux qui ne font rien ou presque rien pendant quatre jours de la semaine, et qui travaillent assidûment les deux derniers pour pouvoir aller passer leur dimanche à la barrière. C'est, pour l'artisan, ce qu'est pour un fashionable un cabinet au café de Paris ou une loge à l'Opéra.

C'est là qu'il faudrait conduire les alarmistes qui, pour justifier leurs déclamations, sont toujours à parler du malaise du peuple et de son mécontentement. Quelle que soit la ligne politique suivie par le gouvernement; quelle que soit notre attitude devant les cabinets étrangers;

quelle que soit la tendance du ministère, réformiste, doctrinaire ou tiers-parti, les barrières n'en voient pas moins accourir, chaque dimanche, une foule empressée qui a toujours le même caractère insouciant, la même verve joyeuse, la même soif de vins et de plaisir. Allez leur parler politique à ces hommes réunis dans un but d'amusement et d'oubli de toute affaire, ils vous prieront énergiquement de les laisser tranquilles, et ils demanderont une nouvelle bouteille dont ils vous offriront un verre pour vous fermer la bouche. Une révolution venant par le peuple, *sans meneurs cachés*, ne sera jamais à craindre tant qu'on ne fermera pas les barrières.

Il est fort difficile de nombrer par la pensée la somme que rapporte à l'octroi le vin qui se consomme aux barrières : il faudrait, pour ne pas se tromper énormément, avoir à sa disposition les états des contributions indirectes. Mais s'il se consomme douze cents pièces de vin par jour à Paris, et s'il est vrai, comme cela a été dit et prouvé, que la plus grande partie de ce débit immense ait surtout pour principe les *canons* qui se boivent chez le marchand de vin, on peut supposer, sans craindre de faire une trop forte erreur, que la vente qui se fait hors barrières est dix fois plus considérable.

Et si l'on veut un terme de comparaison, on le trouvera dans le débit énorme que font quelques-uns des traiteurs de la banlieue : il est beaucoup de cabarets où il se vend, le dimanche, dans la belle saison, jusqu'à douze muids de vin, c'est-à-dire *trois mille six cents litres*, ou *quatre mille huit cents bouteilles*. La partie solide est en proportion de la partie liquide : on y mange, toujours en une seule journée, de *dix à douze veaux*, et cela sans préjudice du mouton, du poisson, de la salade et des légumes. C'est effrayant !

Les maisons dont je parle offrent, les jours de foule, un aspect fort curieux. Dans ce qu'on appelle le jardin, qui est ordinairement une vaste cour plantée de quelques arbres sans feuilles, sont placées des tables formées chacune de deux ou trois planches réunies tant bien que mal, et fixées, au moyen de quatre clous, à quatre bûches fichées profondément en terre ; de chaque côté de ces tables sont des bancs fabriqués de la même manière ; et là, autour de ces tables et sur ces bancs, sont des hommes, des femmes, des enfans, les uns sur les autres, parlant, criant, se coudoyant, mangeant presque dans la même assiette, buvant presque dans le même verre, tant ils sont serrés ; renversant sur la table et fort souvent sur leurs vêtemens la sauce et le vin; appelant les garçons qui ne savent auquel entendre, et qui leur apportent, dans des pots, des litres de vin où il manque toujours environ un huitième, qui est censé s'être répandu en route, et que le sommellier a fait habilement passer dans le réceptacle qui se trouve en-dessous du comptoir.

Le même spectacle a lieu dans la salle du premier étage, qui ne diffère du jardin qu'en ce qu'il y a des nappes sur la table, ce qui est un peu plus dégoûtant par la couleur bleue que laisse sur ces nappes le vin que l'on y répand.

On peut compter, dans les maisons dont je parle, jusqu'à mille consommateurs rassemblés à la fois.

Les convives ne s'adressent aux garçons que pour le vin, qui est à prix fixe, et sur lequel, par conséquent, il n'y a pas à marchander. Pour ce qui est de la bonne chère, chacun s'en va au comptoir, toujours chargé de morceaux de rôtis de toutes les espèces et de toutes les grosseurs. Là s'établissent, entre l'acheteur et le marchand, des colloques fort singuliers sur le prix de tel ou tel morceau. Les jours où la foule ne donne pas, le marchand daigne répondre à l'acheteur qui reste quelquefois là cinq minutes pour payer un sou de moins le plat qu'il convoite; mais, les jours de vente forcée, le marchand prend sa revanche : sûr d'écouler ses provisions, il ne rabat jamais rien sur le prix qu'il a fixé; c'est à prendre ou à laisser; si vous n'en voulez pas, un autre s'en empare : un restaurant de la barrière ressemble, ces jours-là, à un pays livré au pillage.

Les garçons préposés au service chez les marchands de vin de la banlieue peuvent être assimilés à des galériens. Levés à six heures du matin pour ne se coucher qu'à minuit, ils n'ont pas dans la journée un seul instant de repos ; et pour ce travail de fatigue et de dégoût, ils gagnent, selon la générosité du maître, de *quinze à vingt francs par mois.*

Et, là, ils n'ont pas, comme chez les restaurateurs de Paris, une tirelire qui, placée sur le comptoir, double presque leurs gages; jamais, au grand jamais on ne leur abandonne la mince fraction d'une pièce blanche; tout leur bénéfice consiste dans les quelques sous qu'ils trouvent de temps en temps en triant les ordures, et dans les os qu'ils vendent à des marchands qui ne font pas d'autre commerce. Les trouvailles, par leur éventualité, ne peuvent pas être mises en ligne de compte; les os, bénéfice positif, peuvent rapporter à chaque garçon, dans une maison considérable, quinze à vingt sous par mois.

On conçoit très-bien que, dans des détails si considérables, un maître de maison courrait vingt fois le risque d'être volé par ses garçons, s'il leur abandonnait le droit de recevoir pour son compte le prix de la consommation, ou risquerait d'être trompé par les pratiques, s'il ne les faisait payer qu'après boire. Ces inconvéniens ont été prévus, et ne peuvent jamais arriver d'après les usages établis partout uniformément. Chaque matin, le maître donne à chaque garçon cinq francs de monnaie; le garçon paie sur-le-champ au comptoir tout ce qu'il vient y prendre, et se fait ensuite payer d'avance par le consommateur. De cette façon, aucun mécompte n'est possible, et marchand, garçons et pratiques sont toujours bons amis.

Les marchands de vin de la banlieue font généralement de fort bonnes affaires; les faillites sont très-rares chez eux. Il en est même beaucoup qui se retirent avec de la fortune. Le premier adjoint du maire de Montmartre, possesseur d'au moins trente mille livres de rente, et qui est doucement retiré dans une délicieuse maison située sur la chaussée de Clignancourt, est un ancien marchand de vin dont la modeste boutique était située en face de la barrière Rochechouart, au coin du boulevart. J'en pourrais citer ainsi beaucoup d'autres qui, en vendant de mauvais vin au public, ont amassé de quoi en acheter d'excellent pour leur compte.

Il est un grand nombre de marchands de vin, qui, non contens de la maison qu'ils exploitent, établissent çà et là ce qu'ils appellent des caves. C'est-à-dire qu'ils louent une boutique, la meublent de tous les ustensiles nécessaires, de tables, de tabourets, de couteaux, de fourchettes, de verres et d'assiettes, et mettent là un homme de confiance auquel ils fournissent du vin un peu au-dessous du prix de détail. Ce préposé, ayant un bénéfice proportionné à la quantité de vin qu'il vend, est intéressé à faire marcher la maison le mieux possible. Et puis il lui est loisible de faire de la cuisine; et, alors, tout le gain qu'il en retire lui appartient. Comme, à la barrière surtout, on ne mange jamais sans boire, quoique l'on y boive souvent sans manger, le commanditaire trouve son compte à cet accroissement de commerce. Celui, peut-être, qui possède le plus de caves de ce genre est un nommé Kuszner, qui tient un des cabarets les plus considérables de la Courtille, et qui a des maisons de détail tenues par des tiers intéressés, à la Villette, à la barrière Poissonnière, à la barrière Rochechouart et autre part encore. Cet homme, extrêmement riche, et que l'on pourrait appeler le marquis de Carabas de la banlieue, est à son comptoir depuis le moment où il se lève jusqu'au moment où il se couche, et sert lui-même le canon de vin blanc à l'ouvrier matinal.

Mais on ne va pas à la barrière seulement pour boire et manger : ce qui surtout y attire du monde, ce sont les bals. Il n'est pas une barrière où il n'y ait au moins cinq ou six endroits où l'on danse ; il y a des bals dans les jardins, dans les salons, dans les cours et jusque dans les boutiques. Chacun de ces bals a une physionomie particulière qui lui est imprimée par le genre d'habitués qui le fréquentent : les uns sont dévolus aux militaires, les autres aux ouvriers de tout état ; ceux-ci aux petits bourgeois, aux boutiquiers, aux clercs d'huissiers ; ceux-là aux charbonniers, aux porteurs d'eau, et en général à tous les enfans de l'Auvergne, qui viennent y figurer la danse de leur pays. Tous ces bals sont sous la surveillance immédiate des gendarmes, protecteurs brevetés de la décence et des bonnes mœurs ; les habitués qui ne se conforment pas au réglement sans orthographe affiché sur le poteau le plus apparent de chaque salle, et portant qu'il est défendu de *danser des danses* indécentes, telles que la *chahut*, le *cancan*, et autres de même nature, sous peine d'être expulsés de *la société*, se voient appréhendés au corps, mis à la porte, et, s'ils résistent, envoyés au violon. Il n'est pas de jour de danse, — on ne danse que le dimanche, le lundi et le jeudi, — où la rigide exécution du réglement ne donne lieu à des querelles entre les Vestris de faubourg et les conservateurs de l'ordre. Ces querelles, qui commencent par de gros mots, se terminent assez ordinairement par des coups de poing. Mais les gendarmes de la banlieue sont de bonnes gens, pacifiques comme les soldats du pape, et auxquels l'habitude a inoculé une patience et une longanimité à toute épreuve. Il est fort rare qu'ils dégaînent du fourreau leur sabre vierge; et, dans ce cas-là encore, s'en servent-ils plutôt comme épouvantail, comme porte-respect, que comme instrument.

En explorant tout à l'heure les principales barrières, nous aurons occasion de revenir sur les bals qui s'y font remarquer, et nous pourrons signaler les différences qui existent entre ces lieux consacrés au même plaisir.

Pour qui ne les voit que par hasard et en passant, les barrières se ressemblent toutes : ce son toujours des cabarets avec des salons de cent de deux cents, de trois cents couverts, et des enseignes empruntées à toutes les histoires, à tous les règnes de la nature, avec une orthographe plus ou moins originale; témoin cette enseigne qui se fait remarquer à cent pas de la barrière d'Italie, sur la route qui conduit au village d'Ivry, qui représente des ognons gros comme des citrouilles, et au bas de laquelle on lit : *à la botte d'hoillegnions*. Les peintres d'enseignes étant payés à tant la lettre, il faut reconnaître que l'auteur de celle-ci entend assez bien son affaire.

Mais lorsqu'on a du temps à perdre, — si l'on peut appeler temps perdu le temps où l'on flâne, — et que l'on fait le tour de Paris en observateur, on peut se convaincre que les barrières offrent entre elles de notables différences, et sont comme autant de petites villes qui seraient séparées les unes des autres par un espace de plus de vingt lieues.

Consentez à me suivre, faisons le tour de la grande ville par les boulevarts extérieurs, et arrêtons-nous quelques instans aux sept ou huit barrières qui ont une physionomie distincte.

Nous sommes à la barrière du Maine : là, un nom retentissant, un nom européen se trouve dans toutes les bouches et accapare, au profit de la maison qu'il décore, tous les amateurs de la joie, de la bonne chère et de la *société*. Le nom de Desnoyer est aussi populaire que le nom de Napoléon ; des consommateurs sans expérience ou sans goût peuvent seuls défrayer les maladroits rivaux qui sont venus ouvrir auprès de Desnoyer leurs salons mesquins et leur chétive cuisine : c'est comme un homme qui s'en irait dîner au triste et malheureux café du Vaudeville, orsqu'en faisant deux pas de plus il pourrait entrer chez Parly.

La *société* qui se réunit dans le vaste local de Desnoyer est on ne peut plus mêlée ; mais ce que l'on y remarque surtout, c'est une députation de certaines dames qui ne s'appartiennent que là, et qui viennent à la barrière du Maine passer, en compagnie de leurs Sigisbés, le seul jour de relâche qu'elles aient par semaine.

Un cabaret de la barrière du Maine qui mérite encore d'être signalé, et qui jouit d'une grande renommée dans le monde des artistes, c'est la maison de la mère Saguet, située dans la campagne, au bout du chemin qui se trouve à l'angle de la maison de Desnoyer. Notre plus célèbre dessinateur, dans une de ces promenades hors Paris qu'il affectionne parce qu'il y trouve ces bonnes figures d'hommes du peuple qu'il nous rend avec tant de vérité, découvrit un beau jour le cabaret de la mère Saguet. Il le prit en amour, y conduisit ses intimes, y donna ses rendez-vous de plaisir, quelquefois d'affaires, et fit participer à sa popularité l'heureuse maison de la mère Saguet. Chaque jour, dans l'été, des peintres distingués, des littérateurs d'un grand mérite, et jusqu'à des membres de l'Institut, je n'ai pas dit de l'Académie française, viennent s'asseoir aux tables grossières de la mère Saguet, et se retirent enchantés de la cuisine et des bonnes et franches manières de la maîtresse du lieu.

La barrière du Mont-Parnasse est bien moins fréquentée que la barrière du Maine, dont elle n'est distante que d'une portée de fusil. Ce qui donne quelque mouvement à cette barrière assez obscure, c'est le théâtre de MM. Seveste.

Les frères Seveste, directeurs privilégiés des théâtres de la banlieue, ont, outre le théâtre du Mont-Parnasse, deux autres salles, l'une à la barière Montmartre, et l'autre à la barrière de Belleville. La salle du Mont-Parnasse est fort petite; mais celle de Belleville et celle de Montmartre surtout sont vastes, commodes, élégamment bâties et décorées avec beaucoup de goût.

MM. Seveste dirigent avec infiniment d'activité, d'intelligence et d'amour de l'art leur importante exploitation. Ils ont toujours une troupe nombreuse, remarquable par son ensemble et par plusieurs talens qui méritent qu'on les distingue; ils ont souvent fourni aux théâtres de la capitale des acteurs à réputation; je citerai entre autres Alcide Tousez, cet excellent comique du Palais-Royal, et, en seconde ligne, Mlle Pernon, que l'on voit avec un grand plaisir au même théâtre. MM. Seveste sont gens d'esprit, de sens, de bonne compagnie; avec eux les relations sont fort agréables, et, par leur entreprise, ils rendent de grands services à l'art dramatique.

Parmi les pensionnaires de MM. Seveste, il est une actrice que les théâtres de Paris se seraient disputée depuis long-temps, si son mariage avec un de ces messieurs ne l'attachait invariablement aux théâtres de la banlieue. Mme Jules Seveste est une comédienne de grande distinction, douée de beaucoup de grace, de finesse et d'ame, qualités qui se trouvent bien rarement réunies chez une même actrice, et qui lui permettent de jouer avec une égale supériorité les rôles de mademoiselle Mars, de mademoiselle Jenny Vertpré et de mademoiselle Déjazet.

La barrière de Vaugirard, voisine de celle du Maine, tranche avec elle comme si elle en était à dix lieues. Là, aussi, on trouve des guinguettes où l'on boit, où l'on danse; mais il y règne un ton convenable et décent qu'il faut attribuer aux jeunes filles qui s'y rendent des villages voisins. Les jeunes blanchisseuses de Vanves,—Vanves n'est peuplé que de blanchisseuses,— viennent à Vaugirard tous les dimanches passer leurs soirées dans les bals publics; et leurs manières simples, modestes, leur toilette propre et soignée, a forcé les jeunes gens qui fréquentent les bals de Vaugirard à une certaine tenue que l'on chercherait vainement dans les autres lieux du même genre.

La barrière de l'École-Militaire est à la barrière de Vaugirard, comme le revers à la médaille. Les sous-officiers de la vaste caserne font seuls les honneurs des bals qui se donnent dans ces parages exceptionnels. Et malheur au bourgeois inexpérimenté, au *pékin* qui viendrait se hasarder au milieu de ces messieurs : il lui faudrait faire tapisserie, ou supporter toutes les plaisanteries, tous les quolibets, toutes les épigrammes dont l'état-major des sous-officiers a l'aimable habitude de saluer tout ce qui est *civil*. Pour la plupart des hôtes de l'École-Militaire, le bal est une succursale de l'écurie : ils y transportent leur gaieté bruyante, leur jargon, leur laisser-aller, leur désinvolture, tout cela à la grande joie des cuisinières et des femmes de chambre, qui ne donneraient pas une soirée passée à la barrière de l'École-Militaire pour une année de leurs gages.

A la barrière de Belleville, plus connue sous le nom de *la Courtille,* vous retrouverez un mélange de toutes les barrières réunies; vous y retrouverez encore Desnoyer; mais, là, il n'est plus le roi du pays, le *primus inter pares;* il a rencontré plus qu'un rival dans l'illustre Kuszner, dont j'ai parlé plus haut : ces deux messieurs se partagent l'empire, ce qui ne les empêche pas de vivre ensemble comme de fort bons voisins, par l'excellente raison qu'un seul ne pourrait pas satisfaire la foule qui a bien de la peine à trouver place chez les deux.

Les habitués de la Courtille ne sont guère scrupuleux sur la tenue et le langage; ils accompagnent leur danse expressive d'un *argot* quelque peu risqué ; pour éviter au chef d'orchestre la peine d'annoncer les figures, ils se chargent de ce soin avec un zèle que l'on pourrait appeler philantropique, si on ne les entendait s'écrier à chaque rigodon : *Secouez les abattis ! changez de viande* (1)! et autres gentillesses du même genre ; et ce langage est tellement le langage du pays, que personne n'y fait attention.

Quand vous remontez la Courtille du côté des Prés-Saint-Gervais, et que vous êtes à deux cents pas de la barrière, vous vous croyez dans un autre pays : ce ne sont plus des cabarets bruyans, à la cohue grossière, aux nappes bleuies par le vin ; ce sont des restaurateurs de bonne façon, dont le buffet est garni de mets délicats ; dont les salons bien décorés, dont les cabinets bien clos, dont les jardins touffus trahissent les amateurs qui s'y rendent en partie fine. Il est une de ces maisons dont la réputation est devenue proverbiale dans un certain monde ; et l'ouvrière en modes, la demoiselle de boutique a parfait l'éloge de son *amoureux*, lorsqu'elle peut dire le lundi matin à ses bonnes amies : « Ma chère, il m'a menée hier dîner à l'*Ile-d'Amour*. »

Il est une barrière borgne que personne n'a bien certainement jamais remarquée, car je doute même qu'il y passe quelqu'un : c'est la barrière Pigale. Si j'en parle, c'est parce qu'elle offre une

---

(1) Balancez ! changez de dame !

spécialité. Un grand nombre de charbonneries se sont établies à la barrière Pigale ; à chacune de ces charbonneries est attaché un homme de confiance que l'on appelle le *peleur*, parce que c'est lui qui, armé d'une pelle, est chargé de remplir les sacs que chaque messager noir va porter à leur destination. En outre de sa paie, le *peleur* a un singulier profit, dont l'usage a fait un droit. Chaque charbonnier lui doit un *canon* à chaque sac qu'il vient chercher ; et comme il serait impossible au *peleur* de se déranger à tout instant pour aller boire ce canon ; que d'ailleurs il lui serait assez difficile de les absorber tous, puisque le nombre des sacs qu'il emplit se monte à cinquante ou soixante par jour, le charbonnier, dès qu'il a endossé son sac, entre chez le marchand de vin qui a la clientèle de la maison, et fait marquer sur une tuile *ad hoc* une barre qui représente le canon dû au *peleur*. Chaque fois que celui-ci va boire un verre de vin, une barre est effacée ; et, à la fin de la journée, le *peleur* règle son compte avec le marchand de vin, avale l'arriéré, ou l'emporte chez lui converti en bouteilles. La plus grande probité préside à ces arrangemens qui n'offrent jamais de mécompte.

Je ne vois plus guère qu'une seule barrière

dont je doive vous parler, et, encore, à cause d'une particularité assez singulière : c'est la barrière Rochechouart. A l'entrée de cette barrière, à droite, et en face du Petit-Ramponneau, si honorablement connu des vieux amateurs, est une vaste guinguette portant pour enseigne: *au Lion d'Or*, et où se fait la plus grande consommation de vin et d'entrechats qui ait lieu dans tous les environs. Outre la salle principale, deux autres salons plus petits ont été disposés pour contenir une douzaine de tables. Le maître du lieu a pensé qu'il convenait de réserver spécialement une de ces salles pour quelques habitués tranquilles, viveurs retirés, ennemis du bruit et de la danse, et qui ne comprennent le cabaret que dans son acception simple et primitive : boire et manger. Et voici ce qu'il a imaginé pour établir une limite infranchissable entre les deux salons: dans l'un, il a charbonné en grosses lettres sur le mur : *Chambre des Pairs*; dans l'autre, *Chambre des Députés*. Dès-lors, la classification s'est opérée toute seule : tous les vieux buveurs, calmes, tranquilles, sédentaires, se sont confinés dans la Chambre des Pairs; et tous les consommateurs jeunes, bruyans, remuans, querelleurs, ont pris place dans la Chambre des Députés; et la ligne de démarcation est si bien respectée, que les membres d'une Chambre n'ont pas même une tribune dans l'autre.

Là, comme ailleurs, le gouvernement représentatif se résume en *pots de vin*.

JAMES ROUSSEAU.

LES BUREAUX DE NOURRICES.

Il est presque impossible de parler des bureaux de nourrices sans être tenté de dresser à son tour un réquisitoire contre les mœurs des grandes cités; sans emprunter, à propos de cet abus des villes qui profite aux pauvres familles de la campagne, quelques lignes ardentes et colères au plaidoyer chaleureux de Jean-Jacques, le plus magnifique des lieux communs.

Le remords, cet accès de franchise qui nous rend sans pitié pour nous-mêmes, inspira si puissamment l'illustre concubinaire que, dans le sein même de la cour la plus corrompue, sa brillante paraphrase de quelques lignes de M. de Buffon ramena, dit-on, à leurs devoirs bon nombre de femmes, les délices et l'orgueil du siècle de Louis XV. On vit des miracles. Bachaumont en parle dans sa gazette à la main. L'école de Wateau en fit des dessus de porte. De frêles et pâles marquises, entre les intrigues et les rivalités du bal, près de la mise au net de leur correspondance amoureuse, les doigts tachés de diamans et d'encre, se parèrent dès le matin de leur enfant, à l'imitation de Cornélie; coquetterie maternelle qui fit monter le rouge au front de plus d'un petit maître admis aux baise-mains du déshabillé. Ces bonnes mères, à la vérité, ne furent pas exclusives comme la dame romaine. Tous les bijoux leur semblèrent bons; et, par une sorte de pudeur, elles cherchèrent au fond de leur écrin les plus éblouissantes parures pour se cacher un peu la gorge, qu'il n'était pas décent de montrer sans cela. Les joailliers (consultez les mémoires d'alors) vendirent des croix à la Jeannette d'une simplicité rare, au prix de vingt mille écus. Quand le devoir est à la mode, l'industrie y trouve son compte. Pauvres enfans ! ce fut pour vous un résultat fâcheux sans doute, et Rousseau vous trouva de déplorables nourrices !... Le plus grand crime du Génevois, à mon sens (et si c'est un paradoxe, passez-le-moi), n'est pas d'avoir mis à l'hôpital la progéniture équivoque et nombreuse de sa Thérèse ; mais bien de s'être prononcé pour le rappel aux principes dans cette société capable de tout, même de vertu, si l'on en donnait le ton. Je ne sais s'il est possible d'établir la statistique des malheurs que sa belle sortie amena ; mais, à supposer que trois mille femmes, tant de la bourgeoisie que de la noblesse et de la magistrature (et le chiffre est raisonnable), se prirent de la fantaisie d'être mères dans toute la rigueur du mot, je parie, devant Dieu, que cela devint un vrai massacre des innocens, et que pour le moins les quatre cinquièmes de ces pauvres petits en périrent dès la première année. L'amour maternel fut une véritable épidémie. La mortalité n'eût pas été si forte à l'hôpital.

Aussi, contrairement à l'avis de Jean-Jacques, je vous supplierai, moi, femmes de nos villes, de continuer les traditions de vos aïeules, et de vous fier de plus belle à de pauvres diables, dont vous ignorez complétement les mœurs et le caractère, du soin d'élever comme bon leur semblera vos enfans. C'est, après tout, une loterie dont il sort plus souvent qu'on ne le croit des enfans sains et vigoureux. D'ailleurs tout se perfectionne. Il y a, dans nos départemens les plus pauvres, des cantons entièrement improductifs, où l'on se procure tant que l'on veut des mères artificielles à bon marché. On leur donne même un livret, à charge de rendre l'enfant dans un temps fixe, complet, muni de ses dents, pouvant marcher tout seul. Paris livre tous les jours quelques grosses d'enfans à la campagne, comme on fait pour des manches de couteaux. Ensuite, le génie administratif s'en mêle, et c'est, comme les prospectus le démontrent, une garantie des plus précieuses. Il y a des colonies de nourrices, et l'allaitement est en régie.

Demandez à M. Charles Dupin, qui nous en doit la carte.

Il est bien clair, ne perdez pas ceci de vue, que nous ne sommes pas mis dans ce monde pour avoir toutes nos aises. Un peu plus, un peu moins, il ne faut pas y regarder de si près. La série de nos misères est à faire dresser les cheveux du plus brave, à partir de la sage-femme, qui peut nous estropier dès notre entrée dans le monde, jusqu'au fossoyeur, qui, pour terminer, peut nous enterrer tout vifs, au moyen d'une attestation bien en règle signée du médecin de l'arrondissement. Ne riez pas trop du Caraïbe, dont on écrase la tête, à sa naissance, entre deux morceaux de bois; ni de Pangloss à qui l'on fit une incision cruciale de son vivant. Tout ceci peut vous arriver.

Je ne dis rien du professeur chargé de pétrir nos cervelles, des gouvernemens qui ont mille manières d'y mettre du plomb, et qui ne s'en font pas faute, comme chacun sait; ceci est en dehors de mon sujet, et j'ai déjà grand'peur, en m'y renfermant, de m'y perdre. Il me suffit de dire que, même avant notre premier souffle, nous avons toutes sortes de tributs à payer. Avec le germe de la vie, nos tribulations commencent.

Dès le sein et pendant les neuf mois de la grossesse, des physiologistes profonds qui ont l'intelligence des choses, comme les commères et les bonnes femmes en ont l'instinct, par don de seconde vue, prétendent que nous subissons l'influence des mœurs, des caprices, et des désirs mêmes de nos mères. En conséquence de cette hypothèse, que je tiens pour vraisemblable, je suis épouvanté du bon sens et de la prévision de Mahomet, puisque ce législateur a claquemuré les femmes dans l'intérieur des harems, pour être mères et nourrices, rien de plus. Système barbare, je le dis nettement, et dont le père Enfantin, qui cherche depuis deux ans la femme libre autour du sérail, est à même de gémir dans le style que vous lui savez; mais qui doit être admirable et salutaire pour les enfans, car les enfans n'ont tout au plus besoin que de mères et de nourrices. Cette nécessité, si l'on en faisait une loi pour les femmes d'Europe, ravalerait bien durement leur condition. Dieu merci! nous ne sommes pas des Turcs; et, chez nous, les femmes sont mieux que cela. Le progrès aidant, elles seront avant peu quelque chose de mieux encore. Disons ce qui est. Elles ont, ou peu s'en faut, les mœurs des hommes, un nombre suffisant de caprices en sus des nôtres, et, lorsqu'elles se voient enceintes, des désirs effrénés dont les médecins ou les amans prêchent le respect à tous les maris. Sous les clôtures monotones du sérail, un enfant, ceci se conçoit, est tout pour la timide esclave qui devient mère; mais sous notre ciel ouvert et libre, où la vie se passe indolente et artiste, au Musée, au balcon des Italiens, sur les coussins ballonnés du tilbury qui raie les avenues de Vincennes et de Bagatelle, aux concerts de Berlioz, à l'avant-scène du Gymnase, dans les soirées et dans les bals, au milieu des complimens et des galanteries, un enfant, je l'avoue, est une gêne à certains égards. Et puis, cela dévaste cruellement la taille : pendant la grossesse et l'allaitement, on ne peut guère s'étrangler dans un corset, et l'on court le risque de substituer à des proportions gracieuses la carrure saine et vigoureusement charpentée d'une fermière flamande. Une santé de ce genre serait l'éternel désespoir d'une jolie femme. Si donc l'on se permet un ou deux enfans, c'est qu'il traîne encore des lambeaux de maternité dans le cœur humain ; mais on jetterait la pierre au mari brutal qui se piquerait d'avoir de la famille, suivant le proverbe, comme un gueux. Aussi, les traditions célibataires de Diogène pénétrant presque dans le mariage, s'est-il établi (je veux tout dire) un ordre de conduite, en matière d'amour conjugal, qui n'est pas du tout de la privation, qui n'est pas tout-à-fait non plus de l'avortement, mais qui tient de l'un et de l'autre, de l'avortement surtout, avec cette différence essentielle que l'enfant est tué tout de suite et de commun accord, en germe, au lieu de l'être au bout de deux ou trois mois : ce qui, devant la morale législative, n'est pas la même chose, puisque l'on risque les travaux forcés à vie quand on s'y prend trop tard. Je consens à passer condamnation sur le ton un peu noir de mes remarques, s'il n'est pas dans nos mœurs des villes de regarder la troisième grossesse d'un femme comme un malheur; et cela, pour mille raisons, dont la coquetterie est la première et la moins avouée, et la nécessité du courage et du travail, pour suffire à cet accroissement de famille, la seconde et la plus bruyamment proclamée. Sous un double point de vue, la stérilité étant un point d'honneur chez les gens comme il faut, l'avenir du genre humain est donc remis aux populations pauvres. Il ne peut se rencontrer de nourrices et de mères qu'à la campagne. Il n'y a, je vous le jure, que la canaille pour répondre aux vues de la providence. Encore a-t-on écrit de très-beaux livres, où cela même est traité d'inconvénient; car un livre ne manque pas plus à une théorie, qu'un sophisme à un crime. Les écrivains ne se sont pas occupés des riches, vu que les gens à leur aise ont de la retenue, et comprennent admirablement, sans que l'on insiste, que la multiplication de la famille diminue la somme de leur aisance. Chez eux le démon du patrimoine suffit pour mettre bon ordre à l'esprit de famille. On a donc sermonné le petit peuple; et, en face de la guerre qui moissonnait des milliers d'hommes pour le maintien des lois de la douane, de la guillotine qui coupait méthodiquement des têtes pour former l'esprit et le cœur des multitudes, de la propriété que l'on menait tambour battant à la répression de la misère, nous avons pu lire les doléances de Malthus sur le développement de la population, et le volume in-8° de M. Duchatel, aujourd'hui ministre, à l'adresse des ouvriers qui n'ont pas le sou ; et pour les conjurer de ne pas faire d'enfans ; et aussi le décret de je ne sais quel homme d'état de la confédération allemande, pour que le mariage fût décidément un monopole en faveur des gens qui paient *tant* de contribution. Entre ces doléances et ces prières, le décret seul est rationnel ; car, au nom de l'ordre légal, ce dogme impitoyable des révélateurs modernes, la gendarmerie peut se charger de déporter les récalcitrans. Quant aux livres, tirés à mille exemplaires, plus ou moins, plutôt moins que plus, ils n'ont pas été distribués gratuitement, et cet oubli devait porter le plus grand dommage aux théories de MM. Malthus et Duchatel. Les conseillers du genre humain disent en général de fort belles choses, très-écoutables à mon sens ; mais il faut payer si cher pour les entendre que leurs conseils vont toujours où ils n'ont que faire. Ils ne persuadent que des gens convaincus; ils n'enfoncent que des portes ouvertes. La Bible, ce livre à bon marché, continue, quoi qu'on dise, de propager des maximes subversives, en criant aux malheureux : — Croissez, multipliez et remplissez le monde !

Par bonheur, et par manière de contre-poison, nous avons déterré le secret des publications à deux sous, en attendant les publications à deux liards, et la vapeur est là pour propager l'esprit de nos grands hommes sur toute l'étendue de la terre. Par suite, le timbre tombant, et les chemins en fer permettant de diminuer les frais de poste, avant deux ou trois siècles d'ici nous enrayerons les maximes de la Bible. Les peuples, bien et dûment avertis, deviendront sages comme à la ville, ce qui n'engage à rien; et l'on fera des économies de population pour acheter des livres et s'abonner à des journaux. Je vois déjà s'élever un cabinet de lecture sur l'emplacement, alors inutile, de l'hospice des Enfans-Trouvés. On ne trouvera plus d'enfans : on n'en fera plus.

Voilà l'esprit des villes! esprit qui tend à se répandre, et qui faisait dire à Jean-Jacques, dans une de ses prévisions moroses, que l'Europe deviendrait un désert, peuplé seulement de bêtes féroces. Jean-Jacques ne voulut pas en donner la raison. Je vous la donne.

Mais, je le répète avec une conviction nouvelle, il fit mal, Jean-Jacques, et dans l'intérêt de ses remords de mauvais père, et dans l'intérêt de la réaction qu'il essaya d'opérer dans les mœurs, d'appeler ses contemporaines aux vétilles de la maternité. Il ne s'agissait pas de métamorphoser en nourrices ces femmes nerveuses et fragiles qui se faisaient lire l'*Émile* à la bougie, par des abbés, dans leur ruelle, à trois heures du matin, en sortant de l'Opéra, avec des bruits de musique dans la tête, et, sur le front, la trace des diamans et des fleurs artificielles qu'elles venaient d'en arracher. En fait de révolution, demandez tout, ou ne demandez rien. L'idylle n'était pas complète. Au risque d'un paradoxe de plus, que n'essayait-il, c'était hardi cela, de les travestir en vraies campagnardes, en grossières et robustes villageoises? L'œuvre était digne de son éloquence. Eh! mon Dieu, mon ami, nous savons bien que, philosophiquement parlant, et grace aux vues intelligentes de la nature, le lait maternel est une substance qui se proportionne d'abord à la délicatesse de l'enfant et qui se fortifie à mesure que l'enfant se développe; que, par conséquent, la mère est indiquée tout de suite comme nourrice, sans qu'il faille, à l'effet d'en avoir une, expédier des courriers dans la banlieue, ou plus loin encore. Quoi de plus banal! Personne assurément, Jean-Jacques, ne vous attendait pour en avoir la première nouvelle. Mais n'oubliez-vous pas quelque chose, beau raisonneur? Est-il déjà si simple d'être nourrice? Il faut un régime sain, ce me semble, une vie réglée, des mœurs pudiques et calmes, pour mener ses nourrissons à bien. N'est-ce rien que tout ceci, je vous prie? Tenez, je vous offre de parier que, pour cent enfans brutalement jetés à la Bourbe, et pour cent enfans maternellement élevés à Paris, les chances de salut seront de beaucoup en faveur des mauvaises mères contre les bonnes. Je sais que je rentre par-là dans le sens de vos accès de colère contre les grandes capitales, et que, pour le fond, nous sommes plus d'accord qu'il ne le paraît à la surface de cette controverse; mais quand on fait tant que de conseiller, monsieur, il ne faut rien se permettre à demi, et le précepteur qui ne dit pas les choses d'un bout à l'autre assume la responsabilité des bévues de son auditoire. Me direz-vous que vous ne saviez pas à quel auditoire vous aviez affaire?...

Bénissons donc cette fée prestigieuse des villes, que nous appelons avec un peu d'emphase *la Civilisation*, de ce qu'elle a permis, concurremment avec les magnificences dont elle nous émerveille, que, en dehors des murs de l'octroi et du rayon de la banlieue, il y eût, et en grand nombre, des paysannes appelées par la faim et la misère à cette mission de maternité que nos femmes ne sauraient accomplir sans risque pour leurs enfans, sans risque pour elles, et peut-être même sans risque pour nous : pour nous qui tenons (excellens maris que nous sommes!) à ce que nos femmes dorment en paix, et nous aussi. La misère, mes amis, c'est une belle et magnifique ressource ; c'est l'appendice indispensable de notre bien-être ; elle est notre patrimoine, notre ange gardien, notre bras droit. Sa puissance éclate partout, et nous lui devons des statues. Quel est le piédestal de notre civilisation ? c'est la misère. Je la trouve au fond du budget pour rétribuer le luxe de la monarchie et son état-major de fonctionnaires ; je la trouve dans la poussière de l'atelier pour fournir à la splendeur de nos comptoirs ; et jusque dans nos landes, pour le lait et les soins maternels que réclame le premier âge. Dieu nous garde que la civilisation porte malheur à cet ordre admirable de choses! Bénie soit, et soit continuée la misère! Sans elle, mes amis, plus d'optimisme possible. Otez la misère de ce monde, et nous serions bien à plaindre. Sans parler du reste, je m'en tiens à ceci : — Qui est-ce qui se chargerait de nos enfans?....

Ce n'est point de l'ironie que je me permets, et il n'y a nullement de ma faute si ma conviction en revêt la forme. Soyez Fénelon, ou Jean-Jacques, dès que vous le pourrez ; ce sera très-bien vu. Ambroise Dupont et Eugène Renduel vous éditeront avec luxe et intelligence, car ils s'y connaissent ; mais, je vous en avertis, on ne change pas plus les mœurs avec le ton de l'insulte qu'avec celui de la flatterie. Elles sont ce qu'elles sont ; le moraliste baisse pavillon devant elles. Il faut en gémir et les admettre. Prétendre les améliorer par des livres qui, si courus qu'ils soient, ne se lisent après tout qu'en petit comité, c'est un projet aussi bouffon que romanesque. Il n'y a que les religions et les révolutions qui fassent de ces miracles. Nous n'en sommes plus là, et vous savez ce que nous avons fait de l'Évangile et de l'Encyclopédie. Pour ma part, je regrette l'Évangile.

Et quand je dis nous, je l'entends de la classe qui lit, parce qu'elle en a la faculté et le loisir ;

classe pour laquelle on écrit nécessairement dès que l'on veut être lu, et qu'il serait original de mettre à même de se connaître. Je l'essaierai. Que d'autres se chargent de dire leur fait aux gens qui ne les lisent pas, populace illettrée qui remplit brutalement ses devoirs, tourbe et *caput mortuum*, comme on a dit; barbares qui ne raffinent rien. Je ne trouve pas convenable de faire le brave en arrière et sur le compte des absens. C'est donc à mes lecteurs que je parlerai d'eux-mêmes, et je leur en parlerai à mes risques et périls. Je serai loyal : je n'ai rien d'aimable à leur dire.

C'est là surtout que l'on n'a pas le temps d'être père. Mais que voulez-vous? On a un emploi, une manufacture, une spéculation : tout les trois de front quelquefois. Eh bien ! jusqu'à la majorité des enfans, majorité qui nous en délivre, nous avons, de plus, sous la main, la nourrice et le collége; il faut en user. Ce sont, à divers titres, des soulagemens bien imaginés, de véritables bénédictions du ciel, pour ne pas nous accabler l'esprit des tracas de leur éducation. On paie les mois de nourrice, et l'enfant grandit comme il peut ; on acquitte les mois de collége, et son imagination devient ce qu'il plaît au hasard. Le tout se porte en compte; et avec cela, on a la tête libre, le cœur en repos, la conscience à l'aise. Je vous dis que l'argent est une belle chose. Ne suis-je pas un admirable père? Voyez cette énorme liasse de quittances.

Non que le temps nous manque absolument en dehors des intérêts de fortune! Mais on n'est pas de fer : il faut se délasser agréablement, se répandre un peu dans le monde, vivre pour la société. On y règle l'état, ce qui repose de la famille; on y réforme l'avenir, sinon le présent; de plus, dans les cercles, on rivalise en morale avec les théories de Sganarelle qui avait changé tout cela, comme vous savez. Les mœurs!... Je ne sais trop comment vous exprimer ceci, car c'est chanceux! On en a bien, si vous voulez; mais d'assez étranges. Il y a une monnaie courante de galanterie en circulation. Écoutez, et consultez-vous; puis, la main sur le cœur, démentez-moi, je vous en défie! Tous les hommes, c'est infaillible, désirent tour à tour toutes les femmes et le leur déclarent; et, quand les femmes ne succombent pas (on assure que c'est le plus grand nombre), c'est parce qu'elles résistent depuis le matin jusqu'au soir. Tant de sagesse mérite son indemnité. Parlons de l'indemnité. Le soir venu, il est presque impossible, tant ces imaginations sont enflammées par les petites escarmouches de l'attaque et de la résistance, que, faute de mieux, les maris ne soient pas amoureux de leurs femmes, et ils le sont; j'en sais qui en ont fait un reproche à leurs amies. Il est impossible, également, que les femmes ne soient pas amoureuses de leurs maris, et elles le sont; j'en sais qui en ont laissé deviner le péril à leurs amis.

Je ne prétends pas, entendez-moi, que l'adultère aille de part et d'autre jusqu'à l'infidélité matérielle; fi donc! J'affirme que c'est rare, plus rare que ne le feraient penser aux juges superficiels les maximes de promiscuité qui roulent sur le théâtre et dans les romans. Le théâtre et les romans exagèrent. Mais souvenez-vous de ce que Bussy de Rabutin a dit du mari de Mme de Sévigné, et de ce que ce brave homme de mari était devant Dieu. C'est à peu près cela. Il en résulte donc, quant à la thèse particulière dont je m'occupe, qu'une femme honnête ne pouvant sevrer son mari et ne voulant pas se sevrer elle-même, c'est l'enfant qui doit être sevré du lait maternel. Autrement, il faudrait rompre avec des habitudes; et qui sait alors si le mari se mettrait au niveau du sacrifice? Il règne, comme on voit, une merveilleuse harmonie dans les ménages de la capitale. Il ne tient qu'à vous de prendre cela pour de la vertu. Ce n'est pas tout-à-fait du siècle de Louis XV; ce n'est pas tout-à-fait non plus de l'idéal suivant Platon; c'est un mélange inouï, c'est l'un tempéré par l'autre. Il y a du juste-milieu dans les mœurs.

A ne considérer que nos jeunes femmes, qui ne sait ces matinées convalescentes, toutes de coquetterie et de douleur, passées, entre la glace qui leur sourit, et le médecin dont la sollicitude est si grave, à se plaindre des plis récalcitrans d'une boucle de cheveux, et de la migraine qui leur sied comme un amour! Quelquefois malades, presque toujours souffrantes, habituellement plaintives, et n'ayant rien de mieux à faire. Mais ce rien de mieux, n'est-ce rien? Voyez! elles veillent à la santé de leur coquetterie, bien qu'au risque éternel de la santé du corps. L'air indiscret de la rue ne pénètre pas dans ces appartemens clos dont l'atmosphère est chargée de fleurs. Les rideaux sont fermés; un demi-jour règne. C'est le calme du cloître. Une peau de tigre, en guise de tapis, protége la délicatesse de ces pieds trop potelés, je vous prie d'y réfléchir, pour qu'on leur inflige l'exercice, à moins d'une invitation, le soir, au galop de Gustave; parce que, je dois l'avouer, la musique d'Auber et les deux bras empressés d'un excellent danseur épargnent bien de la fatigue. Joignez à ceci des bains énervans et multipliés à l'excès, mais qui rendent la peau douce et polie comme de la soie; et l'otomane indolente où l'on repose des heures entières, un bouquet à la main; tandis que les eunuques de la galanterie, chastes coureurs de bonnes-fortunes sans conséquence, viennent poser tour à tour, et agacer la susceptibilité des jolies malades par des félicitations malignes sur l'éclat de leurs yeux. Il ne faudrait pas avoir dix mille francs à manger par an pour se passer de ce train de vie. Les médecins ont créé cela : cette hygiène est de leur façon. Dans une maison décente, on ne peut se passer d'une consultation par jour. C'est par suite de cette préoccupation, je le crois, que toutes les robes sont fendues au bas de la manche, et, à leurs poignets, ont des boutons de nacre. « Voyez donc, docteur, si je n'ai pas la fièvre!... » J'entends ce refrain partout. Et ma foi, tout considéré, l'on aurait la fièvre à moins. Ce n'est pas précisément de l'indisposition; c'est bien pis, c'est une manière d'être. D'après ce résumé de l'existence parisienne, vous tomberez d'accord qu'il y aurait de la barbarie, et de la plus grande, à vouloir que le martyre de la maternité fût poussé par nos femmes jusqu'à l'héroïsme. Le médecin qui passerait condamnation sur cette imprudence serait un monstre; il n'aurait aucunement l'instinct de son avenir et de sa clientèle. Ce serait un grand sot.... comme Jean-Jacques. Mon Dieu! mes chers amis, le bureau des Nourrices est là.

J'ai toujours peur, à propos des gens de ma connaissance, en décachetant le faire-part qui m'annonce l'heureuse délivrance d'une mère, qu'à force de manéges et de petites ruses diplomatiques tant d'une part que de l'autre, la femme insistant pour se dévouer, le mari s'effrayant de la proposition, le médecin restant neutre au milieu de ces débats, et les bonnes amies perdant la tête, on ne se fasse des scrupules de recourir franchement au bureau des Nourrices. Scrupule funeste! Soyez bonnes mères, mesdames! au nom du ciel, soyez-le : débarrassez-vous de vos enfans. Tout le monde y gagnera : l'enfant d'abord. Je vous demande pardon de nommer l'enfant le premier, mais le sujet m'y force.

L'allaitement, d'abord, suppose une constitution alerte, robuste, constamment la même; et vous savez où en sont vos nerfs dès que l'on brise un plateau de porcelaines, ou que le bruit précipité de la sonnette vient trop brusquement à vous par l'entrebâillement furtif d'une porte. Que serait-ce, juste ciel! avec les cris du marmot!... Vous ne vous faites pas d'idée comme cela crie, et la nuit, et le jour, les trois quarts du temps je ne sais pourquoi, sans frein ni règle, d'une façon vraiment insupportable, à rider le front le plus pur avant six semaines! Des veilles de surcroît, des adorateurs de moins : toute l'harmonie de votre intérieur en serait changée! Bien mieux, il se permettrait infailliblement, ce marmot, des emportemens! lorsque vous ne pourriez plus vous en permettre : ce qui n'est pas vivre. Et puis, entre nous, les jeunes enfans (la comparaison m'échappe) sont comme les jeunes animaux, très-indiscrets. Pourquoi vous cacher les choses? tout au plus y mettrai-je une gaze. Vous voulez bien habiter, n'est-ce pas, dans un air asphyxié par les dalias et les tubéreuses, pour entretenir cette intéressante pâleur de phthisie qui distingue si merveilleusement votre teint, et aussi cette douce exaltation qui porte au cerveau les mêmes rêves d'abandon et de volupté que l'opium et les roses de l'orient. Prenez-y garde! avec un enfant, vous ne seriez pas toujours sur des roses!..... Au bureau des Nourrices! Au bureau des Nourrices!

En y réfléchissant un peu d'ailleurs, vous retrouverez bientôt cet heureux calme d'esprit qui vient toujours à la suite d'une résignation sage. Résignez-vous ! Songez à la vie de la femme des champs. — A trois heures, sans feu et sans lumière, elle se lève : au moment où la rosée est plus pénétrante, le froid plus vif. Tombe-t-il du brouillard ou du givre, qu'importe ? Un mouchoir grossier sur la tête, un jupon de futaine autour des reins, et les pieds nus dans de lourds sabots : voilà sa toilette ; c'est l'affaire d'un clin d'œil. Elle part, une hotte sur les épaules, chargée et bourrée d'un monceau de linge qu'il faudra savonner et tordre laborieusement au prochain ruisseau, à une demi-lieue de là peut-être : corvée de tous les jours. Le soleil, en divisant les vapeurs du matin, trouve la paysanne à genoux sur le sable, au milieu des nourrices du voisinage, toutes la sueur dans les cheveux, frappant leur lessive à grands coups de battoir, à tour de bras ; prêtes, en chantant et en babillant, à l'étendre sur des piquets et des cordes, le long des saules. C'est tout au plus, à Paris, si l'on sort du bal. Ceci fait, la paysanne rentre à la maison, car l'heure est venue de lever et de nettoyer une foule de bambins maussades et tapageurs ; petits drôles qui, dans une seconde, seront méconnaissables à force de se traîner parmi les cendres et sur la paille de l'étable où mugit la vache ; la vache, cette seconde nourrice que l'on doit s'inquiéter de traire, d'autant que la marmaille a de l'appétit dès qu'elle est sur pied. Vite la crémaillère noircit dans l'âtre, le lait bouillonne dans le chaudron : on déjeune. Et le mari, s'il vous plaît ? Le mari est à la plâtrière ; il est au bois ou à la vigne, suivant la saison et l'urgence. Il faut lui porter la soupe, à cet homme ; il faut, par la même occasion, se rendre à la ville avec une charge d'œufs, de fromage ou de volailles, lorsque c'est le jour du marché. Reste une vieille mère, idiote et paralytique, accroupie dans l'âtre pour veiller sur la marmite et sur les gamins ; et, aussi, quelque jeune fille, l'aînée du ménage, surveillante obligée de ce petit troupeau, quand elle arrive des champs avec des paquets d'herbes. La mère, attifée et intelligente, s'en va cependant par la plaine, par les sentiers rompus, soit qu'il pleuve et qu'il vente, soit que le soleil frappe avec raideur. J'en sais qui ne mettent de bas et de souliers qu'à la lisière des octrois. Deux lieues pour aller et deux lieues pour revenir, c'est le moins ; et il ne s'agit pas là de nos petites lieues de poste! De retour, elle ne se repose pas encore : le mioche au berceau, las d'être bercé, réclame avidement le sein ; il mord à sa bouteille avec une sorte de fureur ; il demande que l'on s'occupe de lui, et il récompense la pauvre ménagère par des sourires, s'il n'est pas malade ou grognon ; lorsqu'il n'est donc ni l'un ni l'autre, le voilà qui se démène dès qu'il n'a plus faim pour qu'on le fasse sauter, et qui braille comme un perdu pour que l'on chante. Les heures sont rudement employées ; que vous en semble ? Trouve-t-on enfin un quart d'heure de calme ? C'est tout au plus vers le soir, à la lueur d'une mauvaise lampe, en attendant le mari, près du souper qui chauffe, en reprisant les brassières et les langes, en préparant des écheveaux de chanvre pour une filature des alentours. Dieu sait si la nuit qui s'étend sur le canton apportera du sommeil ! Un lit dur et fortifiant, sur des paillassons d'avoine, à la suite d'un repas grossier qui n'indigère pas, termine cette journée si pleine de vigilance et de lassitude, calque fidèle du jour précédent, présage du lendemain, thème éternel de la routine villageoise. A bien dire, voilà le type invariable de la nourrice. Trouvez-moi donc, dans cet emploi si serré du temps, quelques secondes de loisir pour de mauvaises mœurs! S'il y en a, ce que je veux bien admettre, uniquement pour ne pas désobliger la médisance, gens de ville que nous sommes, nous devons glisser sur ces misères; la comparaison fait pitié.

J'ai entendu des sarcasmes très-spirituels sur ces malheureuses, qui remplacent des mères, comme on remplace un conscrit, pour de l'argent. Qu'est-ce que cela prouve? qu'il y a des ames délicates et civilisées qui ne feraient leur devoir pour rien au monde. On assure que ces mères d'occasion et à bon marché, ont l'instinct mendiant et avide. C'est vraisemblable, et je devine les chagrins de l'avarice dans cet échantillon de notre sagacité; mais, en dernière analyse, lorsque l'on se sent incapable de la corvée du devoir, et qu'on se rend justice, n'est-ce pas une faveur du ciel de rencontrer des gens qui en fassent religieusement un métier? Effacez la ressource des remplaçans, vous multiplierez à l'infini les déserteurs. Moi, je l'avoue, je suis charmé que ceux qui ont du courage fassent les choses qui sont à faire, parce qu'alors elle se feront bien. Au moins ceux qui n'en ont pas le cœur auront la conscience nette.

De ce contraste est résulté, je ne sais comment, l'institution du bureau des nourrices; institution boiteuse qui s'est faufilée d'abord parmi nous, timidement et à la sourdine, sauf à prendre enfin son enseigne publiquement et bravement, comme le résultat d'un fait, l'aveu et la consécration d'une nécessité. Visitez ces bazars, assez mal tenus pour le plus grand nombre, où l'on expose des nourrices en étalage : et faites votre choix. Il y a des commis pour déployer la marchandise, des cours et des magasins, où on l'emballe et où on la déballe; des fourgons pour le transport. Cela se tient en partie double, avec brouillard, compte-courant et grand-livre. Dans un casier, plein de cartons gras, vous trouverez des attestations de mœurs sans orthographe et par ordre alphabétique : attestations signées par le maire que vous ne connaissez nullement, et auquel vous ne prêteriez pas 20 francs sur sa signature, et légalisées par le préfet, autre inconnu, très-bien en cour, qui ne réside plus dans le département depuis qu'il est devenu député. Je suppose que vous aurez le bon sens de comprendre que ces paperasses ne signifient rien du tout, et même que c'est une formalité dont l'oubli ne saurait préjudicier à personne. La gentillesse est d'ordinaire une raison déterminante, si le mari se mêle du choix. Les sages-femmes dégustent négligemment le lait à la cuiller; le médecin hasarde quelques questions banales sur l'air du pays où la nourrice est domiciliée, sur ses alimens et ses travaux: préliminaires dont on est toujours quitte à la satisfaction commune. Dans un magasin de modes, la dame du comptoir serait bien heureuse si l'on ne faisait pas plus de difficultés sur la pose d'un ruban et le velours d'un béret. Mais, que voulez-vous? il il faut, à tout prix, que l'enfant s'éloigne avant la fièvre du lait, de peur que la sensibilité de l'accouchée ne soit mise à trop rude épreuve. Dans un moment de délire, peut-on prévoir de quoi elle serait capable? C'est à faire trembler; prévenez un malheur! Profitez de ce qu'elle jouit de toute sa raison pour qu'il ne lui prenne aucun remords.

Comme la plupart des mères forment d'habitude, et durant la grossesse, le projet romanesque d'élever elles-mêmes leurs enfans, on se voit contraint de recourir à des moyens intermédiaires, à des bureaux, dès que l'obstination maternelle a fléchi; c'est-à-dire brusquement et à toute extrémité. Qu'en résulte-t-il? C'est que l'on prend ce que l'on trouve, sans trop se montrer difficile. Et puis, de bonne foi, scrupules romanesques à part, aux qualités que l'on serait tenté d'exiger d'une nourrice, connaissez-vous beaucoup de mères que l'on pourrait charger de leurs enfans ? Le hasard est le dieu auquel on fait le plus de sacrifices. Dans les momens de presse, il n'est pas de campagnarde si disgraciée qui ne trouve son nourrisson : et l'on ne cite point d'exemple qu'une seule soit restée à l'étalage, au bureau, comme fonds de magasin.

Aussi, quand j'y songe, je suis étonné que depuis beau jour les gouvernemens qui, certes, ne sont pas honteux et qui tout naturellement s'emparent de tout pour fonder des régies, pour rétribuer des créatures et pour disséminer au besoin des emplois, n'aient pas déshérité les particuliers de cette singulière branche de commerce, sous prétexte des hautes garanties, que le premier gouvernement venu ne manque jamais de promettre à chacun. Comment cela est-il échappé à nos hommes d'état ? Je ne m'en rends pas compte. J'y vois une source d'impôts, force tripotages, une armée de commis, des fournitures en nombre, un système de tracasserie en grand, et de la gendarmerie à utiliser pour la surveillance. On a mis de moindres choses en régie, en alléguant plus ou moins péremptoirement des raisons de protectorat supérieur ; et l'allaitement, cette première éducation du corps, mérite autant de sollicitude, à mon sens, que la rhétorique, cette dernière nourriture de l'esprit. Peut-être en viendra-t-on à me donner gain de cause sur ce point ; et j'en serai fort aise, car la publicité, ce coup de fouet qui réveille de temps en temps les ministres endormis et attelés aux brancards du fiacre de l'état ; la publicité, dis-je, étendra tout à coup son génie inquiet et lucide sur une foule de détails que l'on néglige, et l'on s'occupera chaudement de la réforme des mœurs, dès qu'on en pourra faire un délit ministériel.

Tenez ! allez, de porte en porte, frapper chez les familles un peu aisées de Paris, et demander, à propos des nourrices, quelques renseignemens en guise d'enquête. A peu près dans toutes ces familles, on vous contera de curieuses histoires dont vous conclurez qu'il règne sur ce chapitre bien du désordre, et que si la population n'en souffre pas, c'est que Dieu y met du sien. Quelques mères, à l'époque du printemps, lorsqu'il fait décidément beau, ou bien encore à l'époque des vendanges et lorsque tout le monde prend sa volée, tombent à l'improviste chez les paysans où s'élève leur progéniture. Écoutez-les au retour. Quelle malpropreté ! quelle misère ! quelle négligence ! Je ne sais pas beaucoup de mères qui rapportent de ces voyages un véritable fond d'estime et de respect pour ces pauvres diables où nous envoyons nos enfans en bas âge, et qui mettent leurs adultes en domesticité chez nous. Ici, on a retrouvé l'enfant qui mendiait sur la route : là, un autre, comme Scarmentado, a passé de mains en mains au risque de se perdre; ailleurs, une coquine de nourrice s'est avisée de devenir enceinte, malgré le marché fait avec elle, et, en conséquence, de sevrer le mioche à tout hasard. Mille nourrices, mille histoires de ce genre. Il faut que ce soit cela qui retienne nos ménages, non d'envoyer leurs enfans à la campagne (c'est un si grand débarras!), mais d'en faire. Oh! mes amis, soyons sobres à cet égard : ces pauvres petits sont si malheureux en nourrice!

Et cependant, il faut croire qu'il existe un principe de jalousie et d'inimitié dans la majeure partie de ces rapports; car, à voir les résultats de haut et en masse, la preuve qu'on se trouve à merveille de ce système, c'est qu'il dure. Je ne vais pas jusqu'à penser qu'on y tienne seulement dans une arrière-pensée d'extermination : la statistique me donnerait un démenti. Mais une nourrice, ne perdez pas ceci de vue, devient une rivale pour une mère dans le cœur de ses enfans, et, à tout risque, il faut bien garder par devers soi quelque prétexte pour les rendre ingrats tôt ou tard. On sait s'y prendre; et la pauvre femme redevient ce qu'elle aurait pu rester, une étrangère. Prenez au hasard vingt personnes, à peine une seule a-t-elle le souvenir de sa nourrice : sa mère le lui a ôté. C'est ainsi qu'à force de déraciner les affections, on en tarit la sève : et voilà, chez nous, où en est la famille. Passez maintenant de la famille à la société; c'est encore pis; mais ce qu'on sème, il faut bien qu'on le récolte.

J'ai hâte de conclure; car, dans cette divagation à bride abattue, qui me pèse à moi-même comme une vérité cruelle, je ne sais si l'on peut comprendre où je veux en arriver. Le voici. Il y a bien de l'abandon, bien du laisser-aller dans les soins que l'on donne à l'éducation physique de notre premier âge. Les mœurs y concourent, et nul n'y songe; ou, si l'on y songe, c'est uniquement pour s'effrayer des difficultés sans nombre qui se jettent au devant de tout ce qui est simple, honorable, urgent. A notre honte, on connaît des inspecteurs nommés par l'état et rétribués très-grassement sur le budget pour les haras et la surveillance des races de chevaux : il n'y en a pas pour les enfans ! L'air salubre et robuste des champs, les rudes mœurs de la misère, voilà le seul principe élémentaire de leur conservation. On fermera brutalement, et le sabre à la main, sous rubrique de congréganisme, des écoles qui se soustrairont à l'Université dans le but d'enseigner la croix de par Dieu et les quatre règles, sans pouvoir au préalable montrer au représentant local du fisc une autorisation de je ne sais qui. La sollicitude du fisc, à ce sujet, mérite des louanges, et je les lui donne; mais que des spéculateurs sans notoriété dans la conscience publique organisent des colonies d'allaitement, comme une affaire, et sous la raison *un tel* et compagnie, je fais la gageure avec vous qu'au ministère de l'intérieur pas un chef de bureau ne sait ce que c'est que cette boutique, soit pour les inconvéniens, soit pour les avantages. L'entreprise marche comme elle peut : d'ailleurs, il n'y a pas de législation sur la matière. Chose étrange ! on a des rapports en foule sur les denrées; on a des tableaux où l'on évalue le nombre d'œufs et les kilogrammes de farine qui se consomment en France. On sait tout, et fort exactement, quant au chiffre et à mille détails de cette force; tandis que sur une foule de points, et dans ce qui regarde les individus, nul ne trouve à tailler sa plume. Qu'en dépit de mon ignorance profonde et de la vôtre sur les résultats de cette incurie, les choses se passent décemment et convenablement, je l'admets : et pourtant, il saute aux yeux que les garanties ne sont pas organisées, et que chacun apporte dans sa confiance plus d'intrépidité que de lumière, plus d'aveuglement et de foi que de certitude et de bon sens. On s'en remet à la garde de Dieu qui mène la France, comme je l'ai ouï dire à M. Guizot.

A la place de Dieu qui, pour venir à notre aide, entend peut-être, n'en déplaise à M. Guizot, nous y mettions de la bonne grace, je demanderais volontiers, au profit de la thèse que je tourmente, et si l'esprit général du quart d'heure n'effarouchait quelque peu ma franchise, le développement d'une institution sérieuse, dont saint Vincent de Paul nous a laissé le type et le modèle. Mais à qui le demander ? Je ne sais trop....

Dites-moi ! ne serait-il pas de bonne guerre qu'un ministre, las des coups d'épingles qu'on lui donne du matin au soir, s'avisât, en prenant l'offensive à son tour, de porter la réforme dans nos mœurs, et, suppléant à notre incurie, de nous montrer que nous sommes pour le moins aussi insoucians à l'égard de la famille, que nos chefs d'escouades politiques pour organiser les institutions du pays? Il y a autant à faire pour les hommes d'état chez nous, que pour nous chez eux. Mais, dans cette tentative, il faudrait du cœur et de la verve!... C'est donc une utopie que je pose, une pure utopie. Je tirerais volontiers l'instrument de la réforme du fond des cloîtres : le célibat viendrait au secours du mariage. A l'imitation du christianisme, on donnerait des vierges pour mères à nos enfans.

Avouons-le : si le renoncement au monde peut être d'une utilité bien sentie, c'est surtout en cette occasion ; et comme je n'espère nullement (je ne suis pas si fou) amener les mères de nos grandes cités à renoncer au monde, puisqu'elles font à peu de choses près tout le contraire, je hâterais de grand cœur, par considération pour leur progéniture, le moment où les pieuses filles qui se consacrent à l'œuvre des Enfans-Trouvés, étendront plus loin encore leur sollicitude et leur vigilance. Qu'on s'en étonne ou non, peu m'importe! c'est ma proposition. Je voudrais voir, moi, les sœurs de saint Vincent de Paul se mêler à tous les détails de l'administration du bureau des Nourrices, et surtout à ces détails d'ordre, de minutie, de tendre et religieux intérêt, si nécessaires à l'enfance, et dont on n'est capable, à moins d'être une mère à part, qu'en vue d'un salaire supérieur à tous les salaires mondains. Je les chargerais de surveiller les nourrices et le bien-être des nourrices, et surtout de faire des tournées continuelles près des berceaux de nos héritiers; dussent-elles apporter dans tout ceci un peu de cet esprit de bigoterie, étroit et tracassier, qui se montre invariablement avec la guimpe et le chapelet : léger inconvénient qui s'efface devant de réels et graves avantages; les préférant à des meneurs, à des messagers, à des capitalistes, gens habiles, j'en tombe d'accord, sur le taux de l'argent et le produit de l'intérêt composé, mais peu susceptibles de dévouement, que je pense, car leur projet n'est nullement de s'en faire un point d'honneur et de mourir à la tâche. Tout au contraire, avec ces dignes femmes, la conviction d'une garantie pénétrerait dans cette institution délabrée et défaite, qui va, je le crois, mais comme tout va dans les administrations civiles et particulières, parce que la routine a un certain ressort. Ne souriez pas, mesdames, à ce contraste du recueillement et de la chasteté qui veilleraient sur votre famille, tandis que vous pétilleriez de plaisir et de coquetterie sous les feux du lustre et dans la vapeur du bal! Soyez, je vous en conjure, assez curieuses pour visiter une fois l'hôpital de l'allaitement ; c'est à mi-chemin de la belle galerie des Tableaux du Luxembourg et des curieux aquéducs d'Arcueil, stations pittoresques sur lesquelles vous serez toujours libres de vous rabattre, dans le cas où vous ne reviendriez pas de cette visite avec les mêmes pensées que moi et le même enthousiasme. Cet hôpital vous étonnera, vous émerveillera peut-être. Que d'ordre, que de régularité dans cette vaste maison ! tout y est d'un luxe de propreté devant lequel le luxe pâlirait ; et je comprends que, bon an, mal an, près de dix à douze mille mères, à Paris, abandonnent leurs enfans, non pas à demi, comme nos bourgeoises, mais tout-à-fait. Les religieuses sont de si bonnes mères, qu'il n'y a nullement de mal que tant de femmes n'aient pas la religion de la maternité. On m'a dit qu'en nourrice, et pour les enfans abandonnés, ce n'était pas tout-à-fait la même chose, parce que la surveillance des sœurs de Saint-Vincent-de-Paul ne s'étendait pas hors des murs de leur hôpital !.. Eh bien, c'est une amélioration à faire, et à faire dans l'intérêt des enfans qu'on délaisse à temps ou à perpétuité.

MICHEL RAYMOND.

L'HIVER A PARIS.

Les quatre saisons sont une stupidité astronomique; nous les abolissons. Sachez-moi dire un pays dont le climat soit coupé en quatre parties comme les termes des loyers. Où remarque-t-on d'abord un hiver bien tranché durant trois mois, pendant lesquels invariablement la neige tombe, la glace couvre les eaux, le soleil reste caché; ensuite un printemps de trois mois, qui dès son premier jour se couronne de roses et d'aubépines; enfin, un été et un automne, régnant successivement sur l'atmosphère, sans empiétement sur leurs droits respectifs? Ceci soit dit contre les préjugés de ceux qui croient que Dieu, dans sa sagesse, a voulu se régler sur les calendriers, et que l'inclinaison du soleil en hiver et son élévation en été sont établies sur des principes d'universelle convenance climatérique. Il n'y a nulle part quatre saisons; cherchez-m'en trois au Spitzberg, trouvez-m'en deux en Afrique. Sans énumérer ici les différences des saisons entre elles, par rapport aux latitudes, nous nous bornerons à dire que Paris n'a pas de printemps, pas d'été; mais en revanche un interminable hiver, dans lequel l'automne se trouve à peu près absorbé.

On comprendrait mal l'hiver à Paris, ses misères et ses fêtes, si l'on n'avait pas une idée de l'étendue des jours de cette saison, et des habitudes que fait naître leur peu de durée, parmi des habitans, les uns courbés de mille manières sous le joug du besoin, les autres éveillés par plus de jouissances qu'ils n'ont de sens. La moyenne des nuits, à Paris, moralement parlant, commence, l'hiver, à quatre heures du soir et ne finit qu'à sept heures du matin. On ne tient pas compte des journées où la lampe ne cesse de brûler dans les ateliers; ni de celles où un capricieux soleil emprunte au midi, si non sa chaleur, du moins le jaune doré de son éclat.

Huit ou neuf heures du jour sont donc vouées à l'ennui des affaires; quinze au plaisir ou au sommeil pour les heureux; quinze sont laissées à la peine, à la souffrance, au travail, au calcul, à la méditation; à la ruse, au vol, à l'assassinat; à ceux qui travaillent pour les riches, calculent pour eux, méditent pour leurs plaisirs, s'exercent à les voler et à les tuer.

Les riches sortent de leur lit à dix heures; plus tôt quand ils sont mal élevés, ou malades. Autrefois le duel était une exception à cette habitude; on se bat à deux heures maintenant, et le poétique *point du jour* des comédies de mœurs, seul endroit où on le trouve encore, est une tradition comme celle de couper les oreilles aux gens; on ne coupe plus les oreilles à personne, si jamais on les a coupées, et les rencontres ont lieu après le déjeuner.

On déjeune à onze heures : de là à quatre heures on remplit le temps selon le plus ou moins d'occupations qu'on a, lorsqu'on n'est pas ouvrier à la tâche ou à la journée. Le dîner ordinairement, à cinq heures, clôt les affaires qui meurent entre le dîner et le spectacle. Vers les dernières années de la restauration on soupait après le spectacle; la nuit se prolongeait jusqu'à trois heures du matin; mais ces soupers, renouvelés de la régence, se sont perdus sous une dynastie nouvelle. S'ils existent encore, c'est en si petit nombre que l'histoire des mœurs n'a pas besoin d'en tenir compte; c'est à peine si elle doit consigner la cause de leur désuétude. Trois ans consécutifs d'émeutes ont concentré la vie domestique, extrêmement détendue, ce qui ne veut pas dire relâchée, à l'époque de la restauration expirante. Sous toutes ses formes le passé était alors bien venu à la vieille cour, qui, des bals historiques et des meubles de la gothicité, était arrivée de siècle en siècle à l'étiquette de Louis XIV dans les costumes, au raffinement de celle de Louis XV en gastronomie; mais il faut le dire, dans des rapports de décence tout-à-fait à l'avantage de l'imitation. Ces soupers étaient plutôt une jouissance de tradition, une volupté de souvenir qu'autre chose.

Le bourgeois parisien a perdu et gagné aux changemens survenus, depuis près d'un demi-siècle, dans les usages du lever et du coucher. Neuf heures était, avant quatre-vingt-huit, l'instant marqué pour le sommeil; les boutiques fermaient à huit heures; la vie nocturne, en général, se prolongeait moins qu'aujourd'hui. Les cafés et les théâtres éteignaient leurs lumières à dix heures. Ce furent les préoccupations politiques de la grande révolution, les réunions après les débats des chambres législatives, la permanence des clubs, les jugemens des tribunaux, ordinairement rendus la nuit, les arrestations, les visites domiciliaires, qui dérobèrent les plus belles heures au repos du bourgeois parisien; le sommeil ne s'est plus relevé depuis pour lui. Il a perdu cela. Ce qu'il a gagné, c'est de se lever plus tard. Le marchand n'est sur pied, bien éveillé, prêt à répondre lucidement, qu'à neuf heures; il laisse aux commis le soin de saluer le soleil des pratiques matinales.

Entre huit et dix heures les levers de toutes les conditions libres s'opèrent dans l'état normal de Paris. Et l'hiver est cet état normal.

Il n'y a pas d'heure précise pour le lever de l'ouvrier en hiver; son coucher seul est réglé. Depuis les vidangeurs qui commencent leur fétide tournée après onze heures, jusqu'à l'employé dont le bureau plus aristocratique ne s'ouvre qu'à huit heures, des conditions en foule parcourent l'échelle indéfinie des temps. Les remonteurs de trains, les déchargeurs de bois, de charbon, de farine, sont dans la catégorie des travailleurs premiers-levés; aussi il est à remarquer que vous ne rencontrerez pas le soir dans les rues de Paris, des mariniers ni des forts de la halle: jamais ils ne sont compromis dans les troubles nocturnes; les tribunaux en font foi. Je n'en dirai pas autant des maçons, des nettoyeurs de puits, des tuiliers, des vitriers, dont les mœurs, moins recommandables, s'expliquent par un couvre-feu plus tardif. Il est juste de convenir qu'ils ne sont sur le pavé qu'au point du jour, soit l'hiver, soit l'été. On sait que la vaste place de Grève est leur lieu de réunion quand ils n'ont pas de travail, et que c'est là qu'on va les chercher lorsqu'on a de quoi les occuper; d'où le mot *faire grève*, qui signifie par extension, dans la langue industrielle, absence ou refus d'un travail quelconque. Avec le soleil se montrent les commissionnaires dont les fonctions cessent avec le jour; usage ruineux pour eux dans la mauvaise saison, et fort mal entendu dans l'intérêt de ceux qui auraient besoin de leurs services pendant la nuit. Le premier commissionnaire qui aura l'idée de rester à sa place avec une lanterne, afin de faire, la nuit comme le jour, les commissions des passans, celui-là aura sa fortune assurée. Je suis étonné d'en savoir plus qu'un Savoyard en matière d'intérêt ; il est vrai qu'il leur faudrait se coucher plus tard, et que toute la valeur des hommes est dans leur énergie à savoir se coucher tard et à se lever de bon matin. Frédéric et Napoléon n'ont été grands que parce qu'ils ne reposaient que cinq heures sur vingt-quatre.

De sept à huit heures, je parle toujours de l'hiver, seule saison appréciable à Paris, les ouvrières, couturières, brodeuses, plumassières, etc., etc., traversent les boulevarts et le Pont-Neuf. L'étranger qui veut posséder sans perte de temps le type de la physionomie ouvrière des grisettes parisiennes, n'a qu'à se placer à une des extrémités du Pont-Neuf et à regarder. Le pont des Arts n'a pas le même privilége : outre qu'il coûte un sou de péage, il aboutit au Louvre qu'on ne traverse pas avec des paquets.

Plus tard le pêle-mêle de travailleurs inonde les rues. Les oisifs remplissant des milliers d'intervalles chronologiques, les distinctions, passé huit heures, seraient trop sujettes à erreur pour qu'on se les permît.

Nous bornerons donc à cet aperçu rapide la table des levers et des couchers parisiens.

L'influence de l'hiver sur les Parisiens, sera aussi mieux comprise lorsqu'on aura rappelé comment cette saison pèse sur eux, en raison des heures où le travail la rend plus dure à subir et des heures où le plaisir la rend plus légère. Un écrivain de ce siècle, écrivant l'histoire du Portugal, passa par oubli tout un règne sous silence. Ce serait tomber dans la même faute que de ne pas mentionner les bals de Paris, l'hiver, et le carnaval qui les couronne.

Les bals se présentent à l'observateur sous diverses faces, selon les quartiers, selon les mœurs, et plus encore selon les fortunes. Nous nous garderions comme d'une redondance d'écolier, de les classer, de les comparer, de les étudier, de les décrire, si nous ne devions compter que des Parisiens parmi nos lecteurs; mais, avec raison, *le Tableau de Paris* ayant pour but de faire connaître aux étrangers et surtout aux habitans des provinces le mouvement d'une capitale, d'où beaucoup de motifs les éloigneront toute leur vie, nous aurions cru laisser un vide dans notre travail, en négligeant les bals, source de richesses d'ailleurs pour le commerce.

Les bourgeois dansent chez eux, dans les soirées qu'ils se donnent et se rendent; les employés, la garde nationale, les artistes, qualification vague, mais qui comprend sous une extension généreuse, les bijoutiers, les orfèvres, les sculpteurs, les architectes, etc., ont des bals de souscription ; le haut commerce et la banque vont aux bals de l'Opéra ; les gens de qualité qui s'abstiennent de paraître aux soirées dansantes des Tuileries, à la cour citoyenne, n'ont plus de centre exclusif d'amusement, à l'époque des joies du carnaval : le faubourg Saint-Germain est resté fidèle au souvenir des bals historiques de madame la duchesse de Berry, et à la légitimité du domino d'avant 1830.

Le peuple, autre expression un peu obscure, depuis qu'il a été souverain, chair à canon, encore souverain, ne s'amuse guère que le mardi-gras quand le carnaval expire, et que le mercredi des cendres lorsque le carnaval est mort.

Cette confuse mêlée de chariots sillonnant les boulevarts, à travers la brume, roulant sur la glace de février ou de mars ; ces femmes éhontées, les joues brûlantes, les épaules nues et violettes de froid, le battant-l'œil folâtrant sur leurs fronts hardis, moins hardis que leurs bouches, moins hardis que leurs gestes ; ces hommes, dont le déguisement incline toujours de préférence *au malin*, parce qu'il est le plus national, le plus libre, et parce qu'il accorde aux gestes les allures les plus franches; ce vin, ces liqueurs, ces cris, ces épaules, ces nudités, ces voitures craquant sous leur poids, tout cela n'est pas, à rigoureusement parler, le peuple. Cette exhibition dans laquelle le carnaval s'enferme, comme l'industrie de l'année dans l'exposition, ne se compose pas d'ouvriers, mais de cuisinières de bonnes maisons, de valets de pied, de fils de pairs de France, du noyau choisi de quelques clubs fashionables les plus forts en gueule, de beaucoup de commis, d'un plus grand nombre de grisettes, et d'une quantité égale de jeunes filles dont la joie est la profession. Nous reviendrons encore sur le mardi-gras, dernière heure du carnaval, et sur le mercredi des cendres, première journée de Long-Champs.

Les bals bourgeois sont décens, bien ordonnés; mais il y a trop de mères de famille et trop de fiancés. Le hideux mariage nous attend là, et nous presse le pied au milieu de la contredanse. Chaque mot des cavaliers célibataires est interprété dans le sens le plus favorable à un engagement envers la jeune personne qu'on reconduit à sa place. Le gant ramassé, le petit mot d'éloge sur le goût d'une toilette nouvelle, détestable le plus souvent, sont des espérances pour la fille et des garans pour la mère. Toute mère au bal est un notaire déguisé. Ne faites pas danser trois fois la même personne dans ces raouts bourgeois, vous seriez marié légitimement.

J'ai dit qu'on y trouvait à côté de l'exubérance des mères, la prodigalité des fiancés. Le fiancé est un ennui à part, exceptionnel; c'est un mari en germe; qu'on juge du plaisir où l'on nage, en étant harcelé du voisinage d'un homme qui ne cesse de s'interposer, entre votre regard et celui de votre tremblante danseuse, obligée de pleurer si elle a seize ans, de pâlir si elle en a vingt, de faire une sortie si elle en a vingt-cinq : on pleure et on pâlit encore dans les bals bourgeois de Paris. En cela les romans de l'abbé Prévot n'ont pas vieilli. Le beau cavalier insolent, la jeune fille légère, l'amant irrité, la mère complaisante : collision — tableau.

Nous tenons pourtant, raillerie à part, à montrer le bon côté des bals bourgeois qui ont cessé d'être ridicules, depuis que nos institutions ne mettent plus aucune différence entre les conditions sociales. Lorsqu'il y avait des familles de robe, d'épée, de cour, et plus tard, mêlées à celles-ci, des familles de gens de finances, celle qui sortait de sa sphère était déplacée, gauche, humiliée; celle qui sortait de sa condition était ridicule. La comtesse d'Escarbagnas et M. Jourdain, l'un avec ses titres, l'autre avec ses richesses, eussent également été bafoués dans un salon d'autrefois. En éteignant les catégories de famille, la révolution française a soufflé sur des milliers de petits ridicules. L'amélioration morale qui en est résultée a rendu sans doute plus de dignité à l'homme, mais elle a pour long-temps ruiné les ressources de la comédie de mœurs en France. Du coup la bourgeoisie s'est relevée; plus tard, la richesse lui est venue en aide; enfin la considération lui a été acquise par une révolution qu'elle a faite ou qu'on a faite pour elle : elle règne.

Les bals bourgeois, et voici le bon côté que nous leur trouvons, ou qu'on leur trouve, sont des occasions toutes naturelles de marier les jeunes gens. L'église n'est plus un lien; on ne s'y voit plus sous la nef sombre, derrière le sixième pilier, près de la chapelle, par la raison qu'on n'y va pas; c'est à peine si l'église bénit les mariages; depuis long-temps elle n'est plus un motif pour les provoquer. Toute mère de famille prévoyante, toute jeune fille sage, doivent aller aux bals de Paris pendant le carnaval : rien n'est plus moral, parce que rien n'est plus moral que le mariage. Je parle des bourgeois et de Paris.

Les bals par souscription sont un abîme ; j'entre par leur côté périlleux. Ils ressemblent au budget de l'état à faire peur : on commence par un versement de cinquante ou de soixante francs, pour subvenir aux frais de l'établissement pendant toute la durée du carnaval : tant pour la salle, tant pour l'huile, tant pour la musique, tant pour les rafraîchissemens. Arrive qu'un mur s'ébranle, qu'un plafond s'écroule, que dix sociétaires se retirent, qu'on mange, ce qui se voit souvent, trois fois plus de gâteaux qu'on n'était d'accord d'en manger, et la cote proportionnelle monte à cent francs, cent cinquante francs ; on périt sous les chiffres supplémentaires.

Depuis 1830, les bals par souscription sont moins originaux à Paris, parce qu'ils réunissent moins de corporations distinctes, lesquelles, malgré l'extinction du compagnonage, aimeront toujours mieux vivre entre elles que d'essayer des sympathies étrangères. Il n'y a plus exclusivement de bals de forgerons, de maçons, de paveurs, de menuisiers ; pourquoi ? parce qu'une plus vaste association, celle de la garde nationale, les a pris en masse, et parce que l'esprit de l'institution civile les a liés plus nombreusement que l'esprit de la bannière patronnale ou le signe du compagnonage. La garde nationale a placé le tailleur à côté du menuisier, le forgeron près du tuilier, le vitrier au flanc du doreur, et les bals ont reçu le contre-coup de cette fusion tout au profit de la municipalité. Municipalité que nous veux-tu?

Cette piquante agglomération de membres de la même profession nous valut, il y a quelques années, la plus folle et la plus originale soirée de notre vie de jeune homme. Vous êtes jeunes : permettez-nous de raconter. Nous avions un ami; cet ami aimait plus que nous les nuits aux Variétés, sous le costume de pierrot; les bals de l'Odéon, cette mêlée infernale où le marquis de Sades rougirait de pudeur, et où Ève serait trouvée trop vêtue. Cet ami vint à minuit nous tirer par l'oreille pour nous dire : Debout! — Au bal! —

Je voulus résister; — il me jura sur son honneur que tout se passerait avec décence et sans sergens de ville, que nous en sortirions entiers— pour rentrer chez nous. Quel bal? — Un bal merveilleux, honnête : — à deux pas — à Belleville! — Mais enfin? — Un bal de sages-femmes; rien que de sages-femmes. Qui n'est pas sage-femme n'y est pas reçu. — Mais nous? — Nous, c'est différent. Pas de plaisanterie, au bal des sages-femmes; debout! et l'habit noir! et les chaussons! et le binocle! et le jabot! et tout ce qu'il y a de plus fin! de l'or dans les poches! du sourire sur les lèvres! Es-tu prêt? —

Nous partons : — nous arrivons. C'était exact : quarante sages-femmes! On eût dit des princesses, à leurs belles robes, à leurs beaux visages; et quelle convenance parfaite dans la réception, dans les quadrilles, quel ordre dans les rafraîchissemens! Tout était saint comme dans un baptême : c'était un baptême, moins l'enfant.

Moins l'enfant, je me trompe : de quart d'heure en quart d'heure, un geste fait de la porte, appelait une gracieuse danseuse. Un domestique lui jetait furtivement un manteau sur les épaules, et une voiture roulait rapidement la descente de Belleville. Quelquefois on entendait en passant près de l'antichambre : — Mais est-ce donc bien pressé? — Très-pressé! je vous assure. — Elle a déjà ceci — cela. — Oh! alors j'ai le temps de finir la contredanse, — et je suis à vous. — Faites dresser le lit de misère en attendant.

Quand celles qui étaient sorties revenaient, elles échangeaient un sourire avec leurs amies comme pour leur dire : C'est déjà fait.—La création comptait un être de plus.

Depuis quelques hivers nos peintres renommés transforment, à l'époque du carnaval, leur atelier en salle de bal. L'expression n'est pas de tous points juste ; car on ne danse pas sous ces voûtes où sont attachés de vieilles armures, des requins empaillés, des casse-têtes des îles Célèbes, des lampes antiques, tout ce que les temps passés, tout ce que les pays lointains ont de digne d'être suspendu au plafond. On se réunit pour se réunir, pour causer, pour boire, pour fumer même, chez quelques-uns des plus avancés dans l'hospitalité et ses raffinemens. Les femmes sont reçues à ces soirées, mais elles n'y sont pas invitées. On n'imagine pas le délicieux entourage pour une telle assemblée de jeunes artistes, que ces antiquailles poétiques ! Quel contraste que le fauteuil de la reine Blanche, en bois de chêne, servant d'appui au corps un peu détendu par le grog, liqueur merveilleuse, où le rhum des Antilles se marie au thé de la Chine et aux citrons de l'Europe ! — Quel rempart pour la fumée du houka qu'un paravent de laque, semé de Chinois d'or et de palanquins en vermillon !

Les murs s'animent au bruit de la chaude conversation ; tous ces plâtres empruntent un rayon de la lumière vacillante ; ils font galerie : Marie Stuart! Cromwel! Dante! Tasse! Tous les bustes de Dantan sont aussi de la fête : l'original fait le vis-à-vis de sa copie. Il n'y a pas jusqu'à la poupée de bois à ressort qui ne soit assise sur un sofa de bois rouge, toute parée, tout habillée, recevant d'abord les politesses de ceux qui entrent, mais qui, de licence en licence autorisée par son immobilité, finit par avoir le cigare à la bouche et les jambes nues. Rassurez-vous : les jambes sont en toile bourrée de paille. Il n'y a pas jusqu'au squelette dont on ne fasse plier les os à l'attitude d'un joueur d'écarté, méditant sur un coup, à la clarté de deux bougies.

M. Camille Roqueplan, un de nos grands peintres a donné le premier l'exemple de ces réunions d'artistes dans ses ateliers, les plus riches peut-être de la capitale en morceaux d'antiquités, en merveilles étrangères, sans parler ici de ses tableaux.

Reste à dire les bals donnés dans les établissemens publics. Si nous suivions l'ordre de l'étiquette, nous parlerions de l'Opéra d'abord ; nous prendrons l'ordre de la gaieté : en tête les Variétés.

Ce théâtre de boulevards est merveilleusement placé. On y arrive de deux côtés par le prolongement des boulevards; large chaussée pour les voitures, belle promenade pour les piétons.

C'est à minuit que ses trois portes trop étroites, du moins depuis trois ans, pour ses fidèles, s'ouvrent et laissent passer des torrens de dominos et de polichinels. Imaginez un rouleau de soie se déroulant sur un cylindre au moyen de la vapeur. Le bout de l'étoffe est saisi du plus loin, il est ramené là; et tout va se dévider dans le vaste réservoir qu'on appelait hier le parterre.

Le parterre a disparu sous les madriers qui l'unissent et le font de niveau à la scène. Dans ce cercle que frappent vingt lustres de leurs clartés, et que rougissent les reflets des loges écarlates, le bal commence : la grande mêlée !

Il existe une danse qu'on appelle le chahu : c'est la contorsion la plus ravissante, la plus nationale que nous ayons, quand elle ne dégénère pas en un dévergondage indécent. On ne décrirait pas, c'est impossible, ce qu'il y a de vif, d'amoureux, d'espiègle, de gracieux, de tendre, dans cet homme et dans cette femme avançant l'un sur l'autre comme pour se renverser, et s'arrêtant à distance pour froller leurs lèvres à leurs lèvres, leurs genoux à leurs genoux, sans se toucher pourtant — les sergens de ville sont là. Mais la gavote, l'anglaise, la russe, la mazourka ne sont pas nos danses ; notre danse la voilà : — Le chahu ! le chahu est Français comme le vaudeville ; il est Parisien, ce qui est plus que Français. Il ne s'agit pas ici de décence, je vous prie. Rien n'est décent quand on veut. La valse est-elle décente ? le boléro est-il décent ? danses d'autant plus dangereuses qu'elles supposent plus qu'elles n'expriment. Le chahu ne suppose rien : il dit tout. C'est l'amour physique hautement senti, sans énervement de l'ame. Je ne dis rien des agrémens dont l'accompagnent ceux qui possèdent cette danse. Ils sont infinis comme les caprices d'un pianiste sur un thème donné. — Purgée, avec le temps et la police correctionnelle, des écarts qu'elle se permet, elle restera la première de nos pantomimes nationales.

Revenons aux nuits des Variétés qui, depuis trois ans, mais toujours en déclinant un peu, règnent sur le carnaval populaire ; sur celui qui n'est pas plus difficile dans le choix de ses plaisirs, que ne le sont les dames appelées à lui donner un caractère. Ces dames excellent dans cette danse si gracieuse que nous avons nommée, et si scandaleuse, qu'on a presque honte de l'avoir nommée, lorsqu'on pense au déplorables excès d'articulations où elle est entraînée si facilement. *Aux Variétés*, ces excès ne sont que trop communs, et, malgré l'agent de police — trouble-fête en redingote sombre, tranchant sur le pierrot enfariné, — malgré la haute tutelle du sergent de ville, au sinistre tricorne, qui fait tache de loin comme un écueil, au milieu de cette salle, mer ardente de lumières, — malgré tout, la danse coupable se hasarde, et dames et cavaliers, bergers et bergères, colombines et arlequins, chattes et éléphans, mâles et femelles — différence de sexe qu'on ne constate qu'en prenant souvent le contre-pied du costume, c'est-à-dire en saisissant des hommes pour sévir contre des femmes, des femmes afin d'atteindre l'immoralité des hommes ; la moitié de l'assemblée va alors coucher à la salle Saint-Martin, pour paraître le matin devant le commissaire de police.

Il faut l'avouer, la séduction est grande ! — La salle est un enfer : les planches bouillonnent, les lustres tournent ; de chaque loge rouge, magnifique, brûlante, paraît une tête de démon ou de femme ; sort un cri qui vous connaît et vous jette sur la tête la plus atroce vérité du monde. Danse qui veut et avec qui veut ; les hommes sont à toutes les femmes, les femmes à tous les hommes ; les violons sont depuis long-temps brisés sous les pieds qui les ont broyés, de même qu'ils auraient broyé les musiciens s'ils fussent restés là ; mais il est deux heures et ils sont partis pour leur bonheur. Plus de violons, plus rien. Rien qu'une grosse caisse et un espèce de sauvage, qui bat cette caisse comme un ennemi. A ce bruit, à ce tonnerre, quinze-cents furieux et furieuses, mêlant leurs cris, croisant leurs cuisses de cerf, — malheur à qui s'arrête il est écrasé — allant, traînant leurs dorures en guenilles, cernent la salle d'une ronde qui, comme l'éternité, n'a ni commencement ni fin ; ils soulèvent des torrens de poussière et d'obscénités, ils ne s'arrêtent que lorsque le jour vient ; et parce qu'il est écrit dans les livres saints que le soleil n'éclairerait jamais l'enfer.

L'Odéon a quelques points de ressemblance avec les Variétés ; mais, de cathédrale qu'elle était, la salle de l'Odéon est devenue succursale : et pourtant c'est mieux à l'Odéon, beaucoup mieux. On mange du poisson frit à la buvette : et quelques dames se présentent dans le bal nues comme des Suzannes. Reliefs d'une étude consciencieuse sur *le vivant*, des fragmens de *sujet* descendent parfois des hautes galeries au milieu des danseurs. Ne faites pas attention, c'est un pied d'homme qui a failli vous démettre l'épaule : on vous a jeté en riant des muscles saignans au visage; il y aura progrès. Car le cadavre n'a pas encore été risqué : il le sera. L'Odéon donnera bal avec *tombola* de cadavres.

Autour de la somptueuse création des bals de l'Opéra, se sont groupées des imitations heureuses, qui, à défaut d'une salle capable de rivaliser avec celle de la rue Lepelletier, lui ont disputé la royauté des plaisirs, par des chœurs gracieux, le choix des invités, par une amélioration dans l'orchestre, et surtout par l'attrait de la danse que l'Opéra s'est interdite. On ne danse pas aux bals de l'Opéra. Mais en revanche on danse à l'Opéra-Comique, et joyeusement, au son d'une musique de cent artistes placés sur un pont suspendu, jeté entre les deux galeries de la salle. La mer passe dessous. Venise. Nous nous plaisons à constater pour la curiosité des lecteurs à naître, des archéologues à venir, que les bals de *l'Opéra-Comique* n'ont commencé que cette année 1835, et que le prix d'entrée était de dix francs. Le théâtre de l'Opéra-Comique est situé sur la place de la Bourse; la place de la Bourse entre la Seine et les boulevards. A chose grave, indication précise.

Autre liberté avantageuse qu'ont su prendre les salles en rivalité avec l'Opéra, c'est celle de permettre l'entrée à tous les déguisemens ; tandis qu'à l'Opéra le sombre domino est seul admis, et admis à la condition de ne pas danser. A *l'Opéra-Comique* et *au Palais-Royal* on est reçu sous tous les costumes imaginables. Je ne donne pas une grande importance aux bals du *Palais-Royal*, parce qu'ils m'ont paru plus moraux que ses pièces ; ce qui est un contre-sens : se déguiser pour se réformer, être toute l'année en verve de gravelures, pour, pendant le carnaval, danser comme tout le monde, autant vaut ne pas se mettre en frais. Le Théâtre-Français n'a pas de bals ; madame Saqui non plus ; les théâtres classiques savent se respecter.

M. Mira tient de M. Véron, par concession annuelle, la ferme de l'Opéra, pendant toute la durée du carnaval. Nous sommes à la seconde année du marché ; nous ignorons si M. Mira y a gagné ou perdu. Nous n'avons qu'à publier les efforts constans qu'il a faits pour rendre les bals de l'Opéra dignes de la réputation de l'Académie Royale de Musique ; pour lutter avec M. Véron, ce fermier-général dans l'art de varier les plaisirs du public.

Si cette entreprise, très-onéreuse pour M. Mira, lui réussit, nous aurons consigné dans ce livre, annales fidèles des mœurs, la nouveauté des spectacles qu'il aura introduits; et si les années à venir ne les voient pas se continuer, au grand blâme et dommage de la société parisienne, nous aurons fait connaître du moins la forme et le caractère des plaisirs délicats qui convenaient le plus aux ames blasées de l'époque.

Afin de ne laisser aucun prétexte à l'insouciance, aucune réserve à la routine, aucune ressource à l'hésitation, M. Mira a assiégé les habitudes, les caprices, les passions du citadin, par mille séductions neuves, inconnues, infaillibles, si quelque chose pouvait l'être.

Il a étalé dans le foyer de l'Opéra, cette rue de soie et de glaces, des tableaux de Roqueplan, de MM. Tony Joannot, de Baume, de Robert-Fleury, des bracelets d'une grande valeur, un superbe piano carré, de Pleyel, un cachemire des Indes long, vert-émir, à galerie arlequine, un thé complet dans le goût anglais, posé sur une table de palissandre des ateliers de *Lesage;* enfin il a joint à ces petits trésors, la promesse d'une loge à l'Opéra aux secondes de face pour un an, avec son mobilier élégant et délicat. M. Mira a dit ensuite au public : Entrez, tout cela est à vous. Le 10 janvier, l'Opéra ouvre ses barrières de minuit, en prenant votre billet, vous en aurez deux; l'un que vous paierez, l'autre qui vous paiera ; avec l'un vous verrez danser la mazourka, des boléros, des fandangos, toutes les danses nationales de tous les pays ; avec l'autre vous pourrez emporter le thé complet ou un tableau de Roqueplan ; avec 10 francs pour votre entrée, vous verrez Mlle Taglioni et Mlle Elssler que vous n'emporterez pas ; des danses méridionales : *las trejas et lou chibalet*, (les treilles et le chevalet), et pour rien vous deviendrez possesseur du cachemir vert-émir, que vous ferez porter à votre femme ; pour ces dix francs vous entendrez la musique si originale de Musard et de Dufresne, et, après l'avoir entendue, vous enlèverez le piano de Pleyel sur les touches sonores duquel il vous sera loisible de répéter l'air dont vous aurez été charmé. Excepté Musard et Dufresne, vous ne laisserez rien à l'Opéra de l'harmonie au son de laquelle vous aurez écoulé votre nuit. Ainsi M. Mira vous aura enrichi en vous amusant, et vous aura amusé en vous enrichissant ; seulement pour condition unique vous aurez dans la main le double du numéro tiré sur la scène, car sur la scène il y a une loterie où tous les objets de porcelaine, d'ébène, d'argent et de vermeil étalés au foyer sont représentés par une série de chiffres ; ce que l'on appelle *la Tombola*, mot napolitain. Il ne s'agit que de gagner : vous en êtes précisément au point difficile où en est M. Mira lui-même ; car s'il vous ménage une loterie pour vous attirer, par réciprocité vous êtes la sienne ; il risque une tasse pour avoir cent spectateurs, il joue à *la Tombola* des spectateurs. Dieu veuille qu'il ait le piano.

Maintenant, figurez-vous la salle de l'Opéra illuminée d'un bout à l'autre, le parquet au niveau des premières galeries; des dominos sombres, des habits noirs, et des taches de cire sur ces habits noirs; des agaceries qui veulent être spirituelles, et qui à grand'peine sont méchantes; une gaieté froide comme les rafraîchissemens qu'on boit au foyer; deux ou trois actrices de quelque petit théâtre, qu'on ne remarquait pas hier sur le leur; et voilà les bals de l'Opéra. Ainsi, tout ce que M. Mira dispose est bien, ingénieux, plein de motifs pour être payé de ses efforts ; tout ce que fait son public est détestable, guindé, mesquin autant qu'on peut dire. C'est que ce public est une coterie de fashionables burlesques, de prudes ridicules, qui ont obtenu de M. Mira qu'on ne danserait pas aux soirées de l'Opéra pendant le carnaval.

Nous avons à peu près dit la physionomie des bals de Paris, sauf celle de quelques établissemens trop temporaires sauf la Courtille et sa fameuse descente, dont les étrangers et les provinciaux ne seront peut-être pas fâchés de trouver ici une courte description. Ils apprécieront la jactance du Parisien, qui, à défaut de courses de taureaux, parle de la descente de la Courtille avec une exagération espagnole.

Il n'y a rien à voir de curieux, le mercredi des Cendres, à la Courtille; tout se borne à attendre sur les boulevarts les masques qui, dans la nuit, ont escaladé le faubourg du Temple et la montagne de Belleville. La Courtille n'est pas d'ailleurs une place où l'on danse, un théâtre, comme on le croit en province, c'est tout simplement le restaurant d'un des mille Desnoyers qui garnissent les barrières de Paris. Ce restaurant très-vaste à la vérité, mais non de trois mille couverts, — exagération que se permettent trop souvent les restaurateurs de la banlieue sur leur enseigne, — est le rendez-vous des petites fortunes parisiennes le dimanche; appelé alors Desnoyer tout court, comme Véry ou Borel, il devient, vers les derniers jours du carnaval, la Courtille, la fameuse Courtille. Les salles voient disparaître leurs mille couverts, par précaution de prudence et nécessité d'espace, et l'on saute où l'on mangeait le civet de lapin, où on le mange encore, mais en dansant, mais debout. Le danseur s'identifie au convive dans ces nuits d'ivresse; le couvert seul a disparu.

Comme on y va en foule à la Courtille, et qu'il faut aussi bien que les autres en descendre, on devient, sans s'en douter, le spectacle qu'on allait chercher.

Au reste, je le répète, ce spectacle est fort peu original; on dirait Thespis dont le tombereau a versé; et a versé non sur le pavé d'Athènes, mais dans la boue de Paris, la plus noire des boues. Comme la descente de la Courtille a toujours lieu entre les mois de février et de mars, dans une saison peu avantageuse au climat de Paris, rien n'est triste alors comme le ciel, les arbres dépouillés, ce pavé humide et froid, comme ce canal Saint-Martin placé sur le passage de la descente, et que la glace couvre souvent de sa triste écorce.

Il faut s'étonner de la force de poumon du Parisien. Après avoir crié la veille tout le jour, harangué les passans d'une furieuse façon, insulté toutes les femmes, fait rougir les jeunes filles, épouvanté par des haillons informes les petits enfans, et menacé les vieillards de les écraser sous les roues d'un char ivre comme lui; après avoir bu à chaque cabaret, fumé, hurlé, passé la nuit, une nuit d'hiver, de douze heures, dans un bal, autre enfer où Satan aurait chaud, le parisien trouve encore assez de puissance en lui pour gravir une montagne scabreuse et glacée, pour la redescendre ensuite, en vomissant des injures et des plaisanteries qui ne lui brisent pas l'estomac et ne lui emportent pas la langue.

Mon étonnement est personnel au Parisien ; car le Parisien, par une exception notable, embellit seul de sa présence cette orgie nationale ; les étrangers et les provinciaux n'y trempent pas ; soit qu'ils ne la comprennent point, soit qu'ils en aient peur. De moitié à peine dans les autres réjouissances publiques de la capitale, le Parisien est tout dans les bacchanales de la Courtille. Il en est le créateur, le maître, le possesseur, le chantre et le poète. Le *catéchisme poissard* est son œuvre, et ce catéchisme résume la descente de la Courtille, qui est le formidable symbole du carnaval.

Le mercredi des Cendres ayant clos le carnaval, les soirées reprennent leur cours interrompu ; elles se repeuplent graduellement. On revient au foyer, au fauteuil, au salon, aux causeries tranquilles. C'est la paix après la guerre.

Les soirées de Paris sont de pures spéculations politiques, commerciales ou littéraires. On ne les donne que pour s'y faire une réputation, se ménager un succès dans le monde, ou soutenir une entreprise.

Sans comprendre les soirées à la cour dans ce nombre, nous ne les en excluons pas absolument. La cour a aussi besoin d'amis et de popularité. Depuis la nouvelle dynastie, l'invitation des Tuileries est allée trouver la bourgeoisie à son comptoir, derrière la grille de l'agent de change, et surtout sous l'habit de député et de garde national. Peu de misanthropies politiques résistent à l'honneur de monter en bas de soie les marches polies des Tuileries, au plaisir de fouler les tapis des Gobelins, quand sur ces tapis on doit se trouver de niveau avec des ambassadeurs, des princes, des maréchaux, des reines, des héritiers présomptifs et un roi. Que la province se tienne avertie. Ces fiers députés dont elle a lu avec enthousiasme, la veille, les discours flamboyant d'économies et de réductions d'impôts, se voteront le lendemain dans la soirée, par assis et levé, aux Tuileries, des glaces délicieusement frappées par Tortoni, et rogneront de la liste civile tout ce qu'ils n'auront pu en détacher par leur éloquence. Ils se bourreront de gâteaux en désespoir de cause. C'est autant de pris sur le budget de la maison Royale.

Depuis deux ans les soirées de M. Dupin ont quelque réputation dans le monde journaliste. On les dit brillantes; d'ailleurs les feuilles quotidiennes du *Tiers-parti* ont soin de nous tenir au courant de leur personnel un peu changeant. Par une ressemblance de famille avec celui qui en fait les honneurs, elles réunissent sous le bénéfice d'une tolérance commune, les opinions les plus opposées. M. Odilon-Barrot y écoute d'une oreille charmée les poésies de M. Viennet; M. de Lamartine y tient la partie avec un radical qui n'a rien de lyrique dans ses méditations. Plus loin, le prince royal et M. Mauguin causent ensemble. On a vu le sorbet destiné à un ministre s'égarer parfois dans sa route pour aller rafraîchir, à quelques pas plus loin, le député dont les lèvres sont encore émues d'une sortie réformiste au palais législatif. On a remarqué sans étonnement que la littérature seule, à laquelle n'appartient nullement M. Dupin, n'était pas représentée à ce concours d'avocats, de banquiers, de ministres, et de marchands de bois de la Charité. — Au reste, ces soirées n'ont aucun caractère officiel; on y parle plus qu'on n'y apprend; les secrets de la politique y circulent beaucoup moins que les glaces de Desmares.

Moins prétentieuses, les soirées que donne

M. Coste, dans son hôtel de la *rue de la Victoire*, réunissent les hommes non-seulement de beaucoup d'opinions différentes, mais les capacités les plus diverses de Paris. Les salons du propriétaire du *Temps* ont des points de ressemblance très-frappans avec le journal de ce nom. La littérature s'y resserre pour faire place à l'économie sociale représentée par M. de L'herminier ; la députation du feuilleton y est un peu écrasée par les *Nouvelles étrangères* incarnée dans M. Klaproth ; la linguistique de M. Nodier, sous les traits de son spirituel inventeur, ne fléchit son naturel causeur que pour laisser la place nette *au premier Paris*, dont les personnifications peu connues, ne le seraient pas davantage en les nommant. La réunion de ces soirées est brillante et mêlée ; mais elle est avant tout colorée d'une excellente teinte d'art.

La musique y remplit les vides de la conversation, ou plutôt c'est la conversation qui se glisse entre deux partitions pour joindre les lacunes que laisse la musique entre madame Damoreau et M. Nourrit, lorsque l'une ne chante plus, et que l'autre n'a pas encore commencé à chanter. Ainsi les arts, l'industrie, la littérature, le barreau, le théâtre, dans leurs plus nobles représentans, se pressent à ces soirées, que préside avec une grâce infinie, avec un tact admirable des convenances, la maîtresse du logis. Personne ne sait mieux que madame Coste gouverner ces susceptibilités nerveuses d'artistes qu'on ne paie pas avec de l'or, mais avec de l'esprit; ce qui est bien plus cher, et beaucoup plus rare. Elles sont largement rétribuées.

Après les bals et les soirées, les théâtres viennent naturellement nous offrir leur aspect, bien distinct de l'été pendant la saison dont nous traçons l'histoire.

L'hiver relève les théâtres de Paris des pertes de l'été et des désastres de l'automne. — En été aucun théâtre ne gagne, beaucoup perdent; mais en hiver, au contraire, il n'y a que ceux dont le répertoire est totalement dépourvu d'intérêt, dont les acteurs sont nuls, qui ne compensent pas avec avantage les mauvais mois de la saison chaude.

Il serait impossible de nommer le théâtre qui alors gagne proportionnellement le plus, tous étant pleins, non sans exception néanmoins des jours de la semaine qui sont reconnus néfastes par le caissier, au milieu de ceux qui sont salués infaillibles en recette. Le vendredi se marque à l'Opéra avec une pierre blanche — six mille francs de recette — le même vendredi au contraire se constate par une pierre noire aux autres théâtres. Cette règle, qui n'est pas une superstition, est vraie pour les douze mois de l'année théâtrale, comme elle est applicable à tous les théâtres, excepté l'Opéra.

Une ordonnance de police voulait les obliger il n'y a pas long-temps, à baisser le rideau dès onze heures ; comme la mesure avait été dictée par des méfiances politiques, l'opinion se souleva et l'ordonnance fut retirée le lendemain. Février est venu, et les spectacles finissent quand il leur plaît ; la liberté est trop indéfinie. Onze heures c'était trop tôt pour les obliger à clore la soirée. Maintenant que la fermeture des théâtres est laissée à l'arbitraire des directeurs, quelques-uns sont encore ouverts passé une heure; c'est trop tard, dans cette saison où les voleurs, les assassins, attendent au coin de la rue le spectateur insouciant, qui a les bras cachés dans son manteau. Ainsi un acte mal conçu par la politique d'effroi qui règne, a rendu impossible désormais une mesure de sécurité publique dont on a besoin aujourd'hui : on ne la demande pas, parce qu'une fois accordée et appliquée, elle subsisterait au-delà de la nécessité. Résignons-nous à faire égorger en février, de peur de perdre trois actes de spectacle en septembre.

Le règne de l'été est insuffisant pour réparer à Paris les ravages de grande et petite voirie causés par l'hiver. La neige est fondue sans doute au mois de juillet, les rivières ne sont plus embarrassées de glaçons en octobre, mais ce n'est qu'imparfaitement que le pavé, disjoint par le coulage des neiges, par l'infiltration des eaux, par le séjour permanent des glaces, se redresse et se nivelle. A la façade des maisons il reste une efflorescence verdâtre sur laquelle le soleil ne peut rien; les murs conservent la moiteur des brouillards de février; les rampes l'oxide de l'humidité de mars; ceci ne doit pas étonner si l'on veut tenir compte de la statistique connue de la constitution physique de Paris. L'année climatérique s'y compose de 57 jours seulement de chaleur, de 58 où il gèle, de 12 où il neige, de 180 où le brouillard règne, de 140 où il pleut. Ce calcul serait faux, le chiffre total dépasserait le nombre des jours de l'année, si l'on ne supputait pas par journées météorologiques. S'il pleut une fois, qu'il neige deux fois, qu'il vente trois fois dans vingt-quatre heures; on portera au total un jour de pluie, deux de neige, trois de vent.

L'atmosphère de la capitale, d'après ce relevé, lutte entre la domination de la pluie et du brouillard, qui en dernier résultat l'emporte. Février et mars sont les mois où le brouillard enveloppe Paris et l'étouffe. Rarement quelques rayons épars d'un soleil pâle percent-ils la condensation brumeuse de l'air, pour dorer à peine l'or et les flèches des hauts monumens. Des jours, des semaines, des mois s'écoulent souvent sans que ce brouillard s'évapore. Quand il règne avec quelque intensité, il fait nuit dans les rues, très-dangereuses alors par la rencontre des fiacres, qui diminuent de peu leur vélocité si maladroite à se diriger. Tout perd sa forme sous le voile du brouillard; la rivière disparaît : on ne distingue pas d'un pont à l'autre pont; les bruits meurent dans cette enveloppe sourde. Privé de son élasticité, l'air n'apporte plus d'odeur aux sens. A un jour gris, à un air fade, à un pavé mou, se joint une pluie fine et piquante comme du poivre. Dans cette vapeur malsaine les yeux cuisent, les nerfs se détendent, les cheveux tombent en pluie, la bouche s'empâte; on languit; on bâille; le cerveau s'apathit, la plèvre s'irrite, en Angleterre, on est poussé au suicide, en France au sommeil. Les brouillards exercent sur les peuples du nord une influence égale à celle du vent du nord sur les méridionaux.

Les voleurs sont heureux de ces brouillards : c'est pendant qu'ils pèsent sur Paris et bourrent les rues d'un coton sans sonorité et sans transparence, qu'il arrêtent les piétons tardifs, les assassinent sans être vus, ou en obtiennent ce qu'ils veulent en tendant un pistolet dont la menace n'est sentie qu'à l'instant où le froid de l'acier sur le front la rend inévitable.

Il faut attribuer à la durée des hivers le teint pâle des Parisiens. La longue résidence dans les appartemens les blêmit, ainsi que les enfans dont la santé n'en est pas pour cela beaucoup altérée.

Quoique Paris ne voie plus dans son sein des abattoirs ruisselant le sang, des manufactures infectes, des établissemens industriels dont le moindre inconvénient était de noircir les habitations de fumée; quoique les égouts plus nombreux reçoivent les eaux pluviales et les eaux ménagères ; quoique Paris ait repoussé pied à pied, d'abord, par pétitions et par ordonnances, puis par violence et par coup d'autorité, les dépôts malsains, les charniers, les buanderies, les cimetières, les séchoirs de peaux et de laine ; Paris n'en est pas moins l'hiver un triste séjour. S'il pleut, les rues sont des mers; s'il gèle, des casse-cou; s'il bruine, des coupe-gorge ; s'il dégèle, les murs des maisons sont dans une moiteur qui pénètre jusqu'aux os, et les appartemens pleins d'exhalaisons morbifiques. La cause des inondations provient du mauvais pavage et du détestable alignement des rues; — pavez et alignez; — le danger de la glace, du peu de soin qu'on prend de la briser avant que la tâche ne soit devenue impraticable aux vieillards qui en sont chargés; — balayez sans relâche; — les assassinats reviennent de droit à la police, dont les agens ont peur de s'enrhumer passé dix heures; — ayez des agens à l'épreuve des rhumes; — quant aux inconvéniens du dégel, c'est aux propriétaires d'en garantir les habitans, en stucant les murs, en faisant désinfecter les fosses par le chlorure, au moins six fois par an.

Tous les hivers, — et ceci donnera la mesure de ce qu'il reste à faire à l'administration pour rendre Paris habitable dans cette saison. Dès que l'eau de la Seine, parvient à treize pieds au-dessus du zéro du pont de la Tournelle, elle déborde sur les quais, envahit les magasins du port au blé, descend dans les caves de la rue de la Mortellerie qu'elle emplit, et ruine ainsi le commerce des riverains obligés de déloger du quartier avec leurs marchandises. Ces inondations n'ont pas lieu a Tornéo, au fond de la Baltique;

ni dans une ville de la Laponie, mais à Paris, sur le prolongement du Louvre, *qui en défend les rois* par des quais élevés et des parapets de pierre. Nous ne parlons pas des années plus rares, où les sources de Belleville, de Montmartre, se déchaînent sur les marais du Temple; l'administration empêcherait difficilement ces déluges qui mettent en défaut la largeur des ruisseaux, leur pente et leur rapidité; aussi bien qu'ils braveront la prévoyance des égouts, si dispendieusement construits depuis trois ans.

A l'approche de la calamiteuse saison, les animaux les moins intelligens émigrent dans des contrées plus chaudes, se creusent des abris dans le tronc des arbres qu'ils tapissent de feuilles; et il en est peu qui ne soient forts contre le froid, lorsqu'il arrive, des précautions prises avant son retour. Cet instinct manque au Parisien; il ne prévoit aucune saison; légèreté pardonnable à l'égard du printemps et de l'été, mais cruellement payée quand les nuits de décembre blanchissent les ardoises des toits, hérissent les carreaux d'une congélation mate et dépolie. Alors il commence à reconnaître la nécessité du bois, du charbon, du coke, et de tous ces combustibles auxquels il ne pense durant les beaux jours qu'à l'occasion des trains amenés de la Nièvre à Paris au fil industriel de la Seine, et tandis qu'il s'amuse à les voir passer des hauteurs de la Samaritaine sous le Pont-Neuf. Seulement alors il évalue la dépense des falourdes, des cotterets et de la voie de bois flotté. A regret il s'exécute ; avec douleur il empile dans son étroit grenier et dans les interstices de son modeste mobilier, le pin scié en trois traits. Il n'est pas de sacrifice plus cher au Parisien, lui si prodigue de jouissances ruineuses, que celui dont l'hiver réclame à impérieuse voix l'indispensabilité. Payer le médecin, quand la santé l'a mis en oubli, acheter la provision du bois, lorsqu'elle est devenue un besoin comme le pain de chaque jour, sont deux contraintes auxquelles le Parisien se plie avec une douleur toujours nouvelle.

Ses pleurs ne touchent guère les marchands de bois, dont les chantiers se couronnent des forêts de l'Allier, du Nivernais, de Fontainebleau, étagées dans leurs vastes enclos du boulevart du Temple, de Bercy et de la Rapée. Quelle étonnante industrie a créé ce marinier de Nevers à qui la reconnaissance française a élevé une statue, qui devrait être en bois flotté au lieu de marbre, pour être digne du héros. Ce marinier, dont le nom m'échappe, surpris du trajet que faisait le bois pour être rendu à Paris, — trajet long, pénible, dispendieux, impossible souvent, quand les routes étaient ravagées par les orages de l'automne, — imagina de lier, les abattis des forêts de la Nièvre avec des écorces d'arbre ; de les aligner et de les fixer par d'autres branches transversales en manière de berceau, puis de livrer le berceau flottant, monté seulement par trois hommes au courant rapide de l'Allier. Il fit mieux, cet immortel marinier, il plaça sur ce plancher mobile des troupeaux de moutons et de porcs, des caisses de pommes, triple richesse du sol, et poussa ces pommes et ces troupeaux et sa forêt horizontale du pied. Plus de mauvais chemins à franchir, de montagnes à traverser, de chevaux à lasser, plus de cortége ruineux, plus de frais qui dévoraient le bénéfice de l'exportation. L'eau court, et avec elle le bois descend. Là, les argonautes s'arrêtent et déposent les moutons ; plus loin ils laissent leurs porcs et reçoivent de l'or en échange ; plus loin ils vendent leurs pommes ; ces marchandises vendues, reste la plus précieuse ; mais voilà Paris, et le radeau s'attache aux anneaux de fer de la rive. En vingt coups de hache, les liens sont rompus, le bois se désunit ; il est déjà divisé en cinquante lots. Ceci en huit jours de traversée. Cherchez la barque, elle est dans notre grenier ;

elle gronde dans notre poêle, elle est convertie en beaux écus qui retournent dans le pays des bûcherons. Admirez: Dieu envoie une idée grossière à un pauvre marinier, et un département est enrichi. Je suis honteux de savoir le nom de Newton et de Chateaubriand dans ce moment où je ne puis écrire celui de ce brave marinier. Sa statue, qui décore une place du département de la Nièvre, a été élevée sur le vœu de M. Dupin aîné. Cette action vaut mieux que ses soirées.

Les marchands de bois de Paris n'exercent que sous la tutelle d'un fonctionnaire relevant de la Préfecture de la Seine. L'emploi d'inspecteur des bois et charbons est honorablement rempli depuis la révolution de juillet. Quelle que soit la probité métrique des marchands de bois, il est bon de leur rappeler quelquefois que le mètre est la dix millionième partie d'un quart du Méridien. Or, comme tout chiffre est sujet a être oublié, et que le bois s'évalue au stère, dont l'unité équivaut à vingt-neuf pieds cubes, l'inspecteur leur tient lieu de mémoire; de quoi personne n'a à se plaindre, pas même les acheteurs.

Longchamps est une fête dont le culte n'est plus guère soutenu que par les marchands de modes, les tailleurs, les couturières et les carrossiers. Elle va même, malgré cette haute protection, toujours en déclinant, depuis que l'art de s'habiller est devenu presque arbitraire; depuis que personne ne fait plus autorité en matière de costumes, ni à la ville, ni à la cour, ni au théâtre. D'ailleurs on ne conçoit pas qu'on ait choisi à Paris les premiers jours de mars pour étaler les étoffes nouvelles, les formes gracieuses qu'on leur donne. Mars et ses giboulées, ses heures tantôt glacées, tantôt pluvieuses, nous semblent peu propices pour exposer, par anticipation sur l'été, des couleurs tendres, des tissus délicats de soie et de satin. Aussi avons-nous rarement vu un beau soleil avoir pitié des nouveaux équipages bleu de ciel, que traînent six chevaux, l'un à l'autre liés par des rubans, ni de ces landaus découverts, corbeille de mariée où des jeunes têtes, parées des fleurs de Batton, se balancent. Vient un nuage; le froid violette ces chairs délicates, des larges gouttes de pluie courbent ces fleurs trop précoces, et bientôt, sous une ondée battante, Longchamps, éventail dont la première lame part du Gymnase, la dernière des Champs-Élysées, se replie, et la retraite commence. On s'est enrhumé, on a perdu sa toilette, fatigué des chevaux, ruiné un équipage; mais on se dit le soir : j'ai été à Longchamps. Et les journaux de mode ne manquent pas d'écrire le lendemain : « Une journée superbe a favorisé la promenade de Longchamps ; parmi les équipages on a remarqué celui de l'ambassadeur d'Angleterre. Ce sont toujours les chapeaux de madame Hoquet, dont le magasin est rue Vivienne, 106, qui l'emportent par leur légèreté et la grace incomparable de leur coupe. » « Dans notre prochain numéro, nous donnerons à nos lecteurs un précis historique sur l'origine de Longchamps, sur la fondation de son abbaye et sur sa destruction. » Ce précis historique est le même chaque année, et vous l'avez trop lu de fois pour qu'à notre tour nous vous rappelions ce qu'était Longchamps, abbaye, avant d'être Longchamps, fête de printemps, culte de nouveautés et de la mode. Dans six ans, la réforme aura disparu comme la fondation. Écrivez l'histoire après cela.

Quelques promenades empruntent à l'hiver un caractère de circonstance fort exceptionnel. De ce nombre sont le Palais-Royal et la Place-Royale au Marais.

La *Place-Royale*, que la province voit souvent mentionnée dans les romans, comme le chef-lieu des vieilles maisons et des quelques vieilles mœurs qui l'entourent, est un délicieux carré d'arbres, fermé par une grille en fer, orné, au milieu, d'une statue équestre de Louis XIII. La grille est oxidée par la rouille; et elle n'en est que mieux; les arbres sont nains; ils n'en paraissent que plus jolis; la statue équestre semble sortir de la lessive après avoir été, comme disent les blanchisseuses, trop passée au bleu; la statue n'en est que plus analogue avec le reste. Tout est bien. Vous êtes là avec madame de Sévigné; tenez, elle vous salue du haut de ce balcon frêle, scellé dans ce mur briqueté en rouge. Bussy, qui revient du camp devant Landrecies, est à cet entresol; ceci est l'hôtel de Soubise; plus loin les fameux salons des Tavannes.

L'illusion ne sera pas de longue durée : voici des personnages moins historiques qui s'acheminent sur la trace du soleil vers la place qu'il semble aimer. Beau soleil! il joue avec les petits enfans, enveloppe les vieillards comme d'un manteau lumineux, et fait de doux loisirs aux nourrices, aux valets de pied, aux bonnes qui, pendant que les enfans courent et que les vieux lisent le taux de la rente dans leurs journaux favoris, s'entretiennent sans médisance des affaires du prochain. D'heure en heure la place s'emplit de nouveau-venus ; les bancs se garnissent de rhumatismes, de gouttes, de catarrhes, d'enflures, de paralysies, qui prennent pour ainsi dire un bain de soleil. Par momens on croirait être en Espagne, la patrie de la paresse et des zélateurs du feu. A deux heures la réunion est au complet. Je dis la réunion, car tout le monde se connaît là. Elle se compose de cinq ou six cents rentiers de la ville de Paris, qui ne vivent qu'entre eux, qui savent leurs maladies depuis leur origine, leurs caractères depuis l'enfance, leurs places depuis la restauration, leurs journaux depuis le Mercure de France ; de deux ou trois cents marmots qui s'appellent par leur nom comme au collége, de cent ou de deux cents bonnes, toutes liées entre elles comme si elles vivaient sous la même clef. Sous cette chaleur qui la féconde et la peuple aux mois de février et de mars, la Place-Royale est presque un hospice, presque une école, presque un dépôt de nourrices. Abaissez un plafond sur la place ; élevez des murs où est la grille, et vous aurez le collége, le dépôt et l'hospice.

Le Palais-Royal a moins d'individualité que la Place-Royale. On y est moins chez soi. Les étrangers y affluent par migrations, et disputent aux Parisiens les deux allées latérales et les petits bancs qui s'avancent rez-terre, comme par charité, le long des galeries. La Place-Royale est plus française, le Palais-Royal plus européen. On sent la régence, l'empire, l'invasion et la paix dans le Palais-Royal, tandis que la place royale est encore dans la belle unité de Louis XIV et de la monarchie de Richelieu. On entend parler toutes les langues dans les allées coquettes du Palais-Royal ; et la mode y perce plus que l'habitude. Les nourrices y sont plus jolies, les marmots plus éveillés, les vieillards plus légers, les mamans plus coquettes, les oiseaux mêmes plus étourdis qu'à la Place-Royale. Le soleil n'y est pas aussi chaud ; il y a trois degrés au moins de différence entre une place et l'autre. La cause ? Je l'ignore. Peut-être est-on moins nombreux au Palais-Royal ; peut-être le jet d'eau du bassin refroidit-il l'air ; peut-être les maisons sont-elles moins élevées ; peut-être le soleil a-t-il des prédilections. Quoi qu'il en soit, ce soleil-là n'est pas doux, pénétrant, paresseux, jaune et ami du vieillard, de l'enfant et de la nourrice, comme le soleil de la Place-Royale.

En hiver, le Luxembourg et les Tuileries n'existent pas. A peine, le dimanche, quand les quais, les boulevarts et le Palais-Royal renvoient leurs promeneurs, à peine alors y voit-on quelques figures violettes, glacées comme les statues de Coustou, assises sur des chaises moisies, sous des arbres dont les branches sont rougies comme des pattes de homards. Triste aspect a le jardin royal avec son palais au fond, bloc d'ardoise taillé en palais ; avec ses gardes nationaux condensés à la porte, et ses quatre gardiens qui sont là pour empêcher qu'on ne fume. O gardiens, pour fumer il faut être, et on n'est pas dans votre jardin. Différence à observer entre un prince royal, héritier présomptif, et un roi qui n'est plus prince royal, dans leurs rapports respectifs, au sujet des libertés qu'ils accordent. Tant que sa majesté Louis-Philippe a été duc d'Orléans, il a été permis de fumer dans son jardin ; mais du moment où la couronne a ceint sa tête, le cigare a été proscrit des Tuileries, son nouveau séjour. Cependant comme il est bien que la popularité de la fumée ne soit pas contraire aux intérêts de la jeune monarchie, le fils du roi permet qu'on fume dans son jardin, tandis qu'il n'est encore, lui aussi, que duc d'Orléans : en sorte que, si nous avions deux rois, nous ne fumerions nulle part ; et que si nous n'en avions pas, nous fumerions partout. Tout bien considéré, le juste milieu de la position présente n'est pas méprisable. Ayons un roi, et fumons un peu.

Deux hivers extrêmement rigoureux s'étant succédé, pour arrêter la mortalité rapide des malheureux que dix degrés de froid au-dessous de zéro trouvaient sans nourriture, sans boisson chaude, sans couverture, sans feu, la municipalité fit un appel à la bienfaisance, et à ce cri de détresse, les deniers de la ville fournirent une somme assez forte pour placer dans différens quartiers de Paris des chauffoirs publics. Dans une salle meublée de bancs et de crochets pour suspendre les vêtemens trempés par la neige, entrent gratuitement les ouvriers, les pauvres et ceux qui passent, poussés par le froid. Elles ne manquent pas d'originalité ces assemblées formées par le sentiment d'un commun besoin. Un peintre y rencontrerait les nuances les plus variées de la sensation nerveuse produite par l'air sur des corps différemment disposés à la recevoir. Les uns ont faim et froid; les autres n'ont que froid; beaucoup n'ont que faim. Beaucoup aussi manquant de générosité, viennent manger un pain qu'ils ne partagent avec personne, à la chaleur douce d'un soleil en chambre. Oh que Murillo eût été joyeux de ces variétés de paresse! La paresse qui garde pendant quatre heures la même attitude, celle qui préfère le dos au ventre, celle dont la volupté est de se rougir les oreilles au voisinage grondant du tuyau de tôle, celle qui est muette et celle qui est causeuse. Après Murillo, le philosophe, combien de passions curieuses à étudier sur ces faces dégradées par les vices de la société, ou sublimes malgré la foudre de la misère qui les a frappées ! J'ai cru entendre parfois raisonner Socrate, en écoutant des chiffonniers à barbe blanche, aux sourcils blancs et épais, toujours sensés dans leurs opinions, toujours profonds dans leur expérience acquise à la guerre pendant la République, à la guerre sous l'Empire. Que de paroles d'airain, belles, bonnes et dures, j'ai recueillies de la bouche de ces philosophes, qui ne ramassent pas seulement des chiffons et des culs de bouteille dans la rue. Fermez vos croisées, tirez vos rideaux, parlez bas; ces hommes de minuit, ces Diogènes vous entendent, vous voient, vous connaissent, et ils sauront vous trouver sans la lanterne de leur patron, si jamais ils veulent vous trouver. Croyez-le ; ce qu'à Dieu ne plaise.

Et quand la flamme siffle, gronde, ébranle le cylindre de fer, tout rouge ; quand les cerveaux se dilatent, comme l'air où plonge le tuyau, aucune plume, aucun pinceau, ni Murillo, ni Sterne, ne pourrait rendre cette tempête où la complainte de l'aveugle, la prière traînante de l'éclopé, où l'orgue de la mère qui à six enfans, où la parole politique du chiffonnier, où les vagissemens du nouveau-né, la colère du mandiant ivre, se heurtent et se fondent dans un ensemble que domine le bruit du poêle, comme le vent sur la mer.

Il serait facile et il serait bien, profitant du motif impérieux qui rassemble ces hommes et les tient à la disposition d'un seul, de leur faire entendre au milieu de ces chauffoirs une parole de doctrine, une règle d'enseignement. La nécessité pour eux de rester là en constituerait des auditeurs forcés. Un mois d'une pareille contrainte en engagerait beaucoup à se la rendre moins pénible. La volonté, à la suite d'un peu de résignation, transformerait les paresseux révoltés en hommes attentifs. Après avoir eu des prisonniers on aurait des disciples. Ces hommes deviendraient meilleurs : et tels peut-être qui, l'année auparavant, seraient venus chercher dans ces chauffoirs un rayon mendié de chaleur, ne s'y montreraient plus l'année suivante, heureux de brûler chez eux une bûche qu'ils auraient gagnée. La bûche qu'on a gagnée chauffe si bien, mes bons amis !

Nous voici en pleine eau dans la misère de Paris; misère infinie comme les grains de sable du désert. A qui faudra-t-il en demander le précis historique, au préfet de la Seine, au préfet police, aux conseils municipaux, aux maires des douze arrondissemens, à qui?

Demandez plutôt les misères de Paris à cet homme que vous voyez là-bas debout, à l'angle du *Pont-au-Change*, vêtu d'un manteau bleu, la tête découverte, regardant impatiemment à sa montre s'il est neuf heures; son inquiétude est visible. L'air est aujourd'hui bien froid; le brouillard malsain, l'estomac a besoin, plus tôt qu'hier, d'un aliment nourricier. Il a faim; oui, mais il a faim pour ses amis.

Ses amis, les voici. Ils descendent de la rue Saint-Jacques, de la Harpe, de tout le faubourg Saint-Marceau; de là-bas, de Bercy; de là-bas, de la Rapée; de plus loin, de Vincennes; de plus loin encore, peut-être de la campagne. Ce sont des pauvres; ceux qui ont faim. Ils arrivent, et chacun d'eux, dans une écuelle que l'homme au petit manteau bleu leur donne, reçoit une bonne part de soupe aux légumes; l'air en est embaumé. Les dieux laissent leur trace. Les dieux du pauvre sont ceux qui les nourrissent; cet homme nourrit les pauvres, c'est un dieu.

Tous se groupent autour du petit manteau bleu, qui salue les vieillards comme les petits enfans, questionne les mères, et ne quitte la place que lorsque les derniers venus ont, comme les premiers, patience littéralement évangélique, mangé la nourriture qui soutient et vivifie. Deux ou trois fois, dans la mauvaise saison, l'homme au petit manteau bleu distribue à ses amis des écuelles, des cuillers de bois ou d'étain, sans parler des bienfaits sourds qu'il porte à domicile.

Et cet homme, personne ne le connaît, ne sait sa demeure, ne sait son nom, ce qu'il est, ce qu'il fut. Et le jour où le roi de France lui envoya la croix d'honneur, il est probable que le brevet et l'insigne lui furent remis sur le *Pont-au-Change*, au moment où lui et ses domestiques emportaient au logis les chaudrons vides de la distribution des soupes.

Le récit des misères hivernales des Savoyards est plus poétique qu'exact. Quoique très-court, le chapitre que leur consacre Mercier, dans son *Tableau de Paris*, vrai en partie, a vieilli sur quelques points, et, comme d'usage, il est bouffi d'enflure philosophique. Le rude philanthrope qui morigéna si fort les mœurs du dix-huitième siècle expirant pour le pousser à une révolution, et qui obtint un bureau de loterie, de cette révolution, ce qui est extrêmement moral, dit dans son chapitre des Savoyards :

« Ils sont ramoneurs et commissionnaires; ils
» forment dans Paris une espèce de confédéra-
» tion qui a ses lois. Les plus âgés ont droit
» d'inspection sur les plus jeunes; il y a des pu-
» nitions contre ceux qui se dérangent : on les
» a vus faire justice d'un d'entre eux qui avait
» volé; ils lui firent son procès et le pendirent. »

Les ramoneurs ne forment plus de confédération qui a ses lois; et non-seulement ils sont commissionnaires et ramoneurs, mais ils sont encore forts à la halle au blé, au port au charbon, marchands de bois au détail, poêliers-fumistes, porteurs d'eau et scieurs. Ils ne sont jamais, aurait dû remarquer Mercier, lui profond observateur, domestiques à gage de personne. Leur travail est une peine volontaire, et non le résultat d'une servitude. Ils ne prennent aucune habitude du sol : ils ne se marient pas à Paris, quelque parti avantageux qui se présente. Dès que leur petite fortune est amassée, ils regagnent leurs montagnes en chantant, pour voir leurs vieilles mères et s'acquitter de la promesse du retour auprès de celles qu'ils avaient déjà choisie pour femme avant leur départ.

« Ils épargnent, ajoute le Socrate des carre-

» fours, sur le simple nécessaire, pour envoyer
» chaque année à leurs pauvres parens. Ces mo-
» dèles de l'amour filial se trouvent sous les
» haillons, tandis que les habits dorés couvrent
» les enfans dénaturés. »

C'est bien là Mercier, son amertume de commande. Mort aux riches! Voyez-vous les marmots de six ans laissant mourir de faim leur père millionnaire; dénaturés parce qu'ils ont des souliers neufs, une chemise propre, et parce qu'ils sont débarbouillés. Vous ne savez pas, vous autres, ce qu'il faut de chemises absentes, de saleté sur les joues et de trous aux coudes pour s'élever à la vertu, selon Mercier. Malgré l'esprit dont il est semé, son *Tableau de Paris* est l'éternelle litanie du pauvre, l'*Hosanna* du gueux : haine aux palais, haine à l'homme en place, haine à la distinction du rang ou de la naissance, haine à l'homme heureux, tel est le résumé moral de son livre. Ici c'est le petit ramoneur qui est meilleur fils que le fils du riche, parce que celui-ci est couvert d'or; plus haut, l'honnête homme c'est le marchand de vinaigre ou de coco : gardez-vous de croire que ce soit le marchand de vin ou de sucre. Non; celui qui vend le vin gâté par l'acide étant probablement le pauvre, et celui qui le débite dans sa saveur naturelle étant le riche, la préférence n'est pas douteuse. Vertueux marchand de vinaigre !

« La rage de mettre tout en *régie* en a formé
» une *du ramonage des cheminées* : les régisseurs
» ont classé ces petits Savoyards, et l'on a vu
» dans des maisons neuves et blanches, tous ces
» visages basanés et noircis qui étaient aux fe-
» nêtres en attendant de l'ouvrage. Les régis-
» seurs n'ont enrégimenté ces petits malheu-
» reux, que pour gagner encore sur leur mé-
» diocre salaire. Puissent ces ineptes et barbares
» entrepreneurs se ruiner de fond en comble,
» ainsi que tous ceux qui ont sollicité des privi-
» léges exclusifs ! »

Ces barbares et ineptes entrepreneurs n'existent plus depuis long-temps; ou s'il est quelque maison de confiance où l'on va en toute sûreté chercher des hommes auxquels on livre ses appartemens pendant une demi-journée, les Savoyards sont maîtres d'en dépendre ou de travailler pour leur compte sans s'y soumettre.

Depuis un an, il s'est formé à Paris une société de Savoisiens de toutes les classes, établis ou naturalisés, pour venir au secours de leurs compatriotes malheureux, malades, compromis ou sans emploi. Le versement mensuel de chaque membre est consacré à acheter des outils, à payer des apprentissages à ceux dont ils sont devenus les pères. Par cet établissement d'humanité les associés Savoisiens balancent les torts d'une patrie bornée dans ses ressources, et font pardonner les fautes d'un gouvernement trop affairé à pendre des conspirateurs pour s'occuper du bonheur de ses sujets.

Nous suivrons encore Mercier pour le démentir, lorsqu'il dit des Savoyards : « Ils sont
» moins nombreux aujourd'hui, et l'on dit que
» leur fidélité, si long-temps éprouvée, com-
» mence à n'être plus la même; mais ils se distin-
» guent toujours par l'amour de leur patrie et de
» leurs parens. »

Leur fidélité est la même. On n'en voit aucun traduit devant les tribunaux pour vol, ni injures, ni voies de fait. Si l'intérêt les tient constamment éveillés, cet amour de l'argent ne va pas jusqu'à leur faire dérober le paquet qu'ils portent, ni à décrocher la montre de la cheminée qu'ils ramonent. A quelques exceptions près, ils sont très-sobres : leur liqueur favorite n'est pas le vin; ils adorent le café.

« Il est bien cruel, continue Mercier, de voir
» un pauvre enfant de huit ans, les yeux bandés
» et la tête couverte d'un sac, monter du genou
» et du dos dans une cheminée étroite, et haute

» de cinquante pieds; ne pouvoir respirer qu'au
» sommet périlleux; redescendre comme il est
» monté, au risque de se rompre le cou, pour
» peu que la vétusté du plâtre forme un vide
» sous son frêle point d'appui, et la bouche
» pleine de suie, étouffant presque, les paupiè-
» res chargées, vous demander cinq sous pour
» prix de son danger et de ses peines. »

Mercier, peu s'en faut, est sur le point de demander pourquoi les rois, qu'il nomme souvent des tyrans, ayant son bureau de loterie, ont la cruauté d'avoir de petits ramoneurs dans leurs états. Comme si le mousse qui grimpe à l'extrémité d'un mât de cent pieds, au roulis du vaisseau, ne court pas plus de danger que le ramoneur! Défions-nous de cet attendrissement de romance : il hébète. Dans une vie où l'homme souffre, l'enfant doit travailler. Le républicain Mercier n'ignorait pas cela.

Nous rendons pourtant justice à la peinture suivante; comme elle ne présente ni pensée ni observation, Mercier a touché la vérité.

» Ces Allobroges de tout sexe et de tout âge
» ne se bornent pas à être commissionnaires ou
» ramoneurs. Les uns apportent une vielle entre
» leurs bras, et l'accompagnent d'une voix nasil-
» larde; d'autres ont une boîte à marmotte pour

» tout trésor. Ceux-ci promènent la lanterne
» magique sur leur dos, et l'annoncent le soir au
» moyen d'un orgue nocturne, dont les sons
» deviennent plus agréables et plus touchans
» parmi le silence et les ténèbres. Les femmes,
» étalant leur étonnante fécondité sous le mas-
» que de la laideur, vous montrent des enfans,
» et dans leur hotte, et pendus à leurs mamelles,
» et sous leurs bras, sans compter ceux qu'elles
» chassent devant elles, le tout pour attirer les
» aumônes; dégoûtantes, maigres, noires et
» paraissant âgées, elles sont toujours grosses, et
« à pleine ceinture. »

Comme fâché d'avoir fait un tableau, sinon complétement exact, mais du moins assez vrai dans un mauvais style, Mercier s'empresse d'ajouter, la rage de philanthropie lui serrant le gosier :

« Les vielleuses des boulevarts portent sur
» une gorge souillée un large cordon bleu, qui
» a quelquefois servi à une majesté. Ce cor-
» don déchu leur sert de bandoulière. Ainsi les
» marques de dignité disparaissent ou retour-
» nent à leur véritable emploi. »

D'abord les vielleuses n'ont pas et n'ont jamais eu de cordon bleu. Mercier leur donne un cordon pour qu'elles lui rendent un parallèle. En admettant l'existence de ce terrible cordon, il est probable qu'il était non en soie lisérée, de cent francs l'aune, tels que ceux des maréchaux et des princes, mais en toile bleue tout pauvrement. Toile ou soie, Mercier voulait son rapprochement; il l'a eu. Son tort est de n'avoir pas ajouté que la robe de la vielleuse avait servi à la reine de France ou de Pologne, ses pantoufles au grand Turc, sa coiffe à l'impératrice Catherine de Russie, sa chemise à la reine d'Angleterre. *Ainsi les marques de dignité périssent ou retournent à leur véritable emploi.*

Qu'est-ce que cela veut dire: *les marques de dignité retournent à leur véritable emploi?* Que les cordons bleus sont destinés à être passés autour du cou des vielleuses, au lieu de parer l'habit d'un prince? ou plutôt qu'on doit faire des bandoulières et non des cordons avec des rubans bleus? Galimatias triple, galimatias philosophique, galimatias grammatical, galimatias politique. Quel bel ouvrage que le tableau de Paris de M. Mercier!

On nous pardonnera d'avoir réfuté un peu longuement le chapitre de Mercier, qui se rattachait au nôtre. Nous ne laisserons échapper aucune occasion d'ébranler cette vieille renommée de mauvais aloi, avec laquelle on façonne une massue pour tuer tous ceux qui osent décrire la grande capitale avec vingt fois plus de talent d'observation, vingt fois plus de style et de philosophie qu'on ne l'a jamais fait avant eux. Relisez pour preuve tous les chapitres qui précèdent le nôtre, et tous ceux qui le suivent.

Il y aurait une statistique désolante à dresser des moyens qu'emploie la pauvreté pour faire face aux duretés de l'hiver, quand, de désespoir, elle ne se précipite pas dans la Seine. Il y une disproportion qui effraie entre le chiffre de lots reçus par le *Mont-de-Piété,* l'hiver, et le chiffre des lots reçus durant les autres saisons moins rigoureuses. Les suicides sont incomparablement plus nombreux ; les meurtres remplissent les colonnes des gazettes ; les vols ne se comptent plus ; les ventes au Châtelet encombrent la place, et les meubles saisis qu'on y dépose, dépassent en hauteur la colonne, qui semble placée là pour marquer la crue de la détresse publique.

Pendant le funeste hiver que le *choléra* marqua de son doigt livide, la police fut avertie que de l'appartement d'une femme morte de l'épidémie s'exhalait une odeur fétide ; elle s'y rendit, mais elle ne trouva pas d'abord la cause de l'infection. Ayant découvert, après plusieurs recherches infructueuses, une soupente dont l'échelle avait été brûlée par la locataire avant de rendre le dernier soupir, la police y monta, et trouva dans la soupente ce qu'on n'imaginerait jamais : des collections de chiens ! Bien que la provision fût un peu diminuée, il en restait encore assez pour comprendre à quel singulier usage ces animaux étaient tour-à-tour destinés. Après avoir été étranglés, momifiés, ou boucanés dans la cheminée, la femme du logis les employait en guise de bûches ; elle faisait bouillir le pot, s'éclairait et se chauffait avec des chiens. Zémire, Fox et Azor, grands lévriers, beaux terre-neuviens, coquets carlins, servaient de bûches, de fumerons et de chandelles. Reste à savoir s'ils n'étaient pas prodigués à un autre usage.

J'ai dit la ville des brouillards qu'un rayon de soleil traverse parfois ; la capitale du monde, et la capitale de l'enfer ; j'ai dit l'Opéra et les soupentes où l'on conserve des chiens pour les brûler ; j'ai dit, au milieu de ces folies et de cet égoïsme doré, quelques traits de rare bienfaisance ; j'ai dit, je crois, l'hiver à Paris.

Léon Gozlan.

TABLE DES MATIÈRES.

	Pages.
Frédéric SOULIÉ. — Les Existences problématiques.	1
Alphonse KARR. — Les Imprimeurs, Libraires, Cabinets de lecture.	63
Ad. JUBINAL. — Les Invalides.	77
Philarète CHASLES. — Les Médecins de Paris.	105
BERT. — La Presse parisienne	131
Ed. MONNAIS. — Les Promenades extérieures.	147
Eugène BRIFFAULT. — La Chambre des Pairs.	169
Fréd. DE COURCY. — Les Quais, les Ponts, les Places.	203
BERTHEAUD. — Les Halles et Marchés.	231
James ROUSSEAU. Les Barrières et les Guinguettes.	279
Michel RAYMOND. — Les Bureaux de Nourrices.	307
Léon GOZLAN. — L'Hiver à Paris.	343

FIN DE LA TABLE DES MATIÈRES.

www.ingramcontent.com/pod-product-compliance
Lightning Source LLC
Chambersburg PA
CBHW071904230426
43671CB00010B/1469